踏上心靈幽徑

穿越困境的靈性生活指引

A PATH WITH HEART:
A GUIDE THROUGH THE PERILS AND PROMISES OF SPIRITUAL LIFE

傑克・康菲爾德 Jack Kornfield 著
易之新、黃璧惠、釋自鼐 譯

目錄

推薦序一 如實知如實見

鄭振煌

在唯物論主宰人類思潮的當今世界中，追求物欲的滿足，成爲人生至高無上的目標，也被視爲獲得快樂的不二法門。然而，眾生除了身體層面，還有更深的心靈層面，而且心靈是身體的基礎，心靈迷失，身體就變成行屍走肉，了無意義。因此，五官覺受的愉悅不足以令人眞正快樂，快樂的祕訣在於心的覺醒。

人與禽獸的不同，在於人的心識能力特別強，可以思善，也可以思惡。思善則行爲、語言皆善，必然對自己、他人和整個世界帶來利益；思惡則行爲、語言皆惡，必然對自己、他人和整個世界帶來傷害。宗教是人類知識的起源，也是人類內心的歸宿，其要旨便在求得內心的平靜和快樂。

各種宗教都注重靈修，有的藉助外力，有的藉助內力。原始佛教完全藉助內力，即使後期出現的大乘佛教（尤其是密教）有若干法門傾向外力，還是以外力喚醒內力。佛教的修行法門號稱八萬四千，都可說是禪修。禪是巴利文 jhana 或梵文 dhyana 的音譯，包括定和慧，意思是讓散亂的心安定下來，再以安定的心觀察自身和世界，必可獲知自身和世界的眞相，這就是智慧。有智慧就可遠離無知和煩惱，並產生同理心，幫助其他眾生遠離無知和煩惱，這就是慈悲。智慧和慈悲是佛教的二大綱領，也是禪修的成果。

二十世紀短短的一百年間，發生兩次世界大戰和無數小型戰爭，受害的眾生遠多過歷史上的總和。這顯然是只重物質不重心靈的災禍，做爲東方精神文明主流的禪修，便成爲人們趨之若鶩的靈修法門。

禪修是佛教探究內心的主要途徑，相關理論和技巧不可勝數，若非解行並重，很難窺其堂奧，甚至誤入歧途，未蒙其利反受其害。

禪修的目的不在求神通、異象。《金剛經》說：「一切有爲法，如夢幻泡影，如露亦如電，應作如是觀。」、「無我相，無人相，無眾生相，無壽者相。」哪怕是佛菩薩的聖相都是虛妄，「若以色見我，以音聲求我，是人行邪道，不能見如來。」、「凡所有相，皆是虛妄；若見諸相非相，即見如來。」爲什麼？因爲「唯識無境」，世界是由心虛妄分別而顯現在眾生心中，不了解這點就是具縛凡夫，了解這點就是解脫覺者。《華嚴經》說得最清楚：「譬如工畫師，分布諸彩色；虛妄取異相，大種無差別。大種中無色，色中無大種，亦不離大種，而有色可得。心中無彩畫，彩畫中無心，然不離於心，有彩畫可得。彼心恆不住，無量難思議，示現一切色，各各不相知。譬如工畫師，不能知自心，而由心故畫，諸法性如是。心如工畫師，能畫諸世間，五蘊悉從生，無法而不造。如心佛亦爾，如佛眾生然；應知佛與心，體性皆無盡。若人知心行，普造諸世間，是人則見佛，了佛眞實性。心不住於身，身亦不住心，而能作佛事，自在未曾有。若人欲了知，三世一切佛，應觀法界性，一切唯心造。」

禪修的眞正目的，是在如實知如實見吾人的起心動念皆緣起緣滅、空無自性。唯有如來如去、不來不去，才能不追憶過去，不妄想未來，活在當下，解脫自在。

禪修當然必須實際操作，操作之前最好先了解禪修是怎麼一回事，操作之後必然會出現難題。因此，禪修應有明眼人指導，而每個人的根機各有不同，故不能完全依賴書籍，這就是禪宗「不立文字，教外別傳」

的原因。雖然如此，眞理還得靠語言文字來表達，心的作用錯綜複雜，所以說明修心方法的禪書就汗牛充棟，而能契機契理的禪書就寥若晨星了。

本書絕對是契當代人之機、契佛法之理的禪修指南，不可多得。

首先，作者是臨床心理學博士、心理治療師，深諳現代人的心理，言之有物，切中現代人的心理創傷。

其次，作者曾在泰國、緬甸和印度接受出家和禪修訓練，也追隨過西藏喇嘛、禪師、印度教上師，並實際指導禪修，故本書有經證、有教證，並非徒托空言。

第三，作者出家後又還俗、娶妻生子，對於世出世間法允厥其中，不盲目偏執出家勝過在家，強調在日常生活中修禪，活潑實用。

第四，作者出生於科學及知性的家庭，又受過現代科學的理性洗禮，遵行佛陀的四依法：「依法不依人，依義不依語，依了義不依不了義，依智不依識」。對於禪修的偈限、禪修指導老師和禪修團體的錯失、禪修人的心態偏差等鄉愿所不願談者，都坦率言之。這種自省的能力和勇氣，就是禪修的必具條件。

二〇〇八年二月一日於中華維鬘學會

（本文作者爲中華維鬘學會理事長）

推薦序二 靈性——體驗生命中偉大的樂章

趙可式

是歌，還是唱歌的歌者？

在我們身旁，在世界上，我們隨時隨處可以發現有些人的生命如同一篇動人的樂章，如此美好，可以縈繞人們心頭，久久無法忘懷；有些人的生命卻聒噪刺耳，成不了譜。是歌曲本身，還是歌者的緣故？亦即是「人」有「好命」，還是「人」將「命變好」？

人是「有靈性」的動物，因此才有「靈性修行」的渴望。「靈性修行」不再是修道者的專利，而是現代人追求的生命境界。現代人的生活或內心常被迫爲諸多狀態所盤據，如：痛苦、欲望、悲傷、寂寞、恐懼、分裂、執著、妄想、懊悔、挫敗、誘惑、羞愧、憤怒、不滿足、逃避、困惑、無價値感、衝突、無意義感等。人們渴望有方法克服，有途徑能引領自己達到光明、整全、愛與覺醒的境界，於是東方或西方便出現各種法門，來協助這些渴望的靈魂，唱出自己生命的動聽樂章，在擾攘的外在環境中，也能平靜自己喧鬧的心靈。

開啓智慧與慈悲的心門

本書作者傑克．康菲爾德是「內觀禪」（vipassana）的大師兼心理治療師。他天衣無縫地整合了西方心理治療與佛教禪修，創造出一套能夠學習並實行的「內觀禪修」，開啓智慧與慈悲的心門，使現代孤寂焦躁的心靈找到觸動生命核心的修行方法。本書深入淺出地介紹了作者運用的「密集禪修」，用無數的小故事或禪學公案點醒迷惘的修行者。這部二十三章的巨著，面面俱到地介紹了內觀禪修的理論基礎與實務方法，各章末還附上「冥想練習」讓讀者具體修煉。這種教導人們找出轉化並觸動生命核心道路的修行方式，並不只限於佛教徒，任何宗教信仰者或無特定宗教的人士都可以修煉。作者是美國人，具基督宗教的文化背景，後又在佛寺出家成爲僧侶，最後從僧侶生涯還俗，攻讀心理治療。這些生命經歷使他洞察普世人類的靈性需要，因而創作出如此佳作。書中引用了許多耶穌基督的教導，以及現代聖者印度德蕾莎修女的靈性蹊徑，更使本書具有普世價值。

人類的痛苦常是「自我的」，例如戰爭，發動戰爭者不但承擔了仇恨之苦，也讓許多無辜者深陷苦海。書中有云：「眞正的慈悲所具有的非凡力量，可以轉化我們遇到的痛苦。」而慈悲的開啓來自人們的「覺醒」，「覺醒」卻需要「靈性的修爲」。靈性修行從覺察開始，經過覺醒，終至開啓了智慧與慈悲的心門。

療癒與放下

這是一個「受傷的世界」，人們心中經常傷痕累累，外表卻光鮮亮麗。我曾經問一位專治憂鬱症病人的精神科醫師：「您每天治療那麼多的憂鬱症患者，當您自己憂鬱時怎麼辦？」他回答：「我只好關起門，和著眼淚，吞服抗憂鬱的藥！」

在靈性修行的過程中，人們能夠發現自己心靈深處的創傷。本書介紹的內觀禪修，能在四個領域培養覺察力，是覺醒與洞識的基礎，即：身體與感官的覺察、心與感受的覺察、心智與思想的覺察及管理生命的原則之覺察。從覺察到療癒，作者提出了五種有益的方法，即：放下、轉化能量、擱置一旁、想像的行動與在覺察中演出。這些靈修方法並不能一步登天，而需要每日做靈修功課，天天練習，就像運動員每天的例行鍛鍊一樣，直至眞正的「療癒」，放下內在的戰爭，達到自由與愛的靈性修行目標。

從小我到連結後的大我

本書最偉大的論述在於：「人類有一種共同的渴望，就是要超越自身的限制，連結到某種比『我』更大的東西，一種比『我的小故事』更大的東西，碰觸到一種能含融萬物的廣大生命體，如此才是靈性修行的眞正目的，也才能在自己裡面發現和平與連結。」

這段話點出「靈性的眞諦」，人的「靈性」是「與天人物我的連結」。人如果天天往內心去舔舐自己的傷口，日日活在自己的「小我」中，便無法達到靈性的成長境界，就像小狗追逐尾巴，永遠只是在原地繞圈子。這也是世間有人做「靈性修行」一輩子，卻仍無法覺醒與開悟的理由，因爲「開悟就是與萬物親密」，天人物我連結成一個眞正的「我」。

追尋靈性生命者的必讀好書

我多年來照顧成千上萬的臨終病人，看到形形色色的死亡景象。有些病人平靜安詳，猶如天使般的形貌，在愛與自由中離世；有的卻在掙扎、恐懼、怨恨苦毒中斷氣。作者說：「靈性修行使我們與『死亡與再生』的奧祕有最親密的接觸，因爲我們每天、每時、每刻都活在許多『結束與開始』的連續過程中。」歲寒而知松柏之後凋，靈性的修爲在臨終時更能發現其平時下的工夫。這本書，是人人必讀的好書！

（本文作者爲國立成功大學醫學院教授・台灣安寧療護推手）

推薦序三　勘破傳統修行的迷思，走入現代修行的心路

余德慧

首先觸動我爲本書寫序的念頭有兩個來源，一是杏林心靈診所陳俊欽醫師在一篇文章談到「宗教與心理治療永遠脫鉤」的普遍趨勢❶，而本書在序曲便開宗明義提出「心理衛生專業需要整合靈性」。以前者的觀點來說，宗教本身就含有「自身絕對」的神聖信念，而坊間的心理治療則在一切皆爲相對的情況，拒絕將宗教的「自身絕對」納入紅塵生態，使得宗教的「自身絕對」也被俗世相對化，而成爲「信者恆信」的信心療法的一部分。當然，蘊含社會意識的心理治療專業能夠從聖賢業自行脫鉤，不再綁手綁腳，也毋需將聖賢角色往身上攬，確實有其現實的必要；但本書作者認爲「精神病患往往會體驗到一股巨大的力量，那就如同禪修者面對自己的貪婪、無價值感、憤怒、妄想和浮誇」，因此精神病患不應只是藥物的受控者，還需要靈修。此處靈修並不等於宗教修行，卻具有宗教修行的內涵。雖然這兩個觀點對宗教採取不同的立場，結論卻沒有太大的差別。陳醫師主張「精神疾病的生態觀」，認爲許多經疾病涉及其周遭親密他人之間的鍵結關係，不能只是從個體的病理矯治觀點妄下干預；本書作者則將「內觀」領入心理治療過程，進行深度自我修煉，也希望擺脫目前主流的藥物控制。

從這個論點出發，我們的修行生活可以有兩層，一層是把肉體放在萬丈紅塵裡，吃喝玩樂與營生，一層放在靈性領域，讓身心安頓。這兩層能像五花肉般混合，不完全相容，也不全然互斥，而是透過相互的對照獲得自我修煉的資質，這一點與傳統修行大相逕庭。傳統修行主張棄俗求聖，只要純淨地安住在靈性層次，而與本書的做法有所差異：傑克．康菲爾德在緬甸叢林修行五年，返回美國結婚生子、攻讀學位，將俗世的心理治療加入靈性的元素，而產生一種新興的現代生活修煉。

我們如何理解這種新興的生活修煉？本書並未提供清楚的答案，但從近年來此股新興生活修煉的趨勢來看，可以從三層的運動循環來了解。現代修行與傳統修行不同之處在於：現代修行不再「直指性命」，換言之，傳統修行的意識型態是「拚死求悟」，希望用最精進、最勇猛的修持直搗黃龍、勘破生死，所以修行者往往得離開紅塵；現代修行卻主張俗世生活的必要性，對生活的食衣住行、性愛、生子、就業、養生都不刻意排斥，原因並非「什麼都要」的討便宜，而是有更深刻的理由。其主要論點有二：第一，現代修行沒有專一教門的神學論，也沒有明確的教門教義，即使作者修的是阿姜查的南傳佛教，這位現代修行人並不擷取其傳統形式，而只保留其內涵（觀處），這種「毀形取質」的做法已蔚爲現代修行的共識；第二，這個理由比前一個更重要、也更深入，就是將「學習犯錯」當作功課，「清醒地學習犯錯的藝術，引導它們成爲心的轉化力量」（本書第六章），這與傳統修行戰戰兢兢地避免犯錯、遵守戒律，完全基於不同的預設立場。傳統修行主張純潔、無垢、無欲，不沾貪、瞋、癡，並避之如蛇蠍；萬一不愼沾染，則自責萬狀，彷彿墜入無間地獄，甚至視之爲沉淪。因之，傳統修行視俗世需求爲賤斥之物；現代修行則以俗世的生發爲對體的力量，透過相互較勁的力道生出修煉的精神力量。俗世的諸般作爲是修行者的動力來源，如「懶惰和昏沉是正午之魔，每天午餐之後來報到，我們才有修行的必要。」換言之，現代修行將困境當作修行的滋養品，這不是浪漫的思維，而是所謂「眞正的力道」的生發。現代修行受尼采哲學的影響，講究「眞正的力道」來自逆境的阻抗，也就是「反力」的作用；不僅如此，有些修行主張進一步藉助黑暗的力量，如拉岡（Jacques Lacan）精神分析裡的顚峰欲物、克莉絲蒂娃（Julia Kristeva）的負性（negativity）作用❷。現代修行接受苦難的折磨，並在其中轉識成智。這並非苦行，而是苦中行。苦行意識是自己去找苦頭來磨練自己，算是模擬訓練，而非實戰；「苦中行」卻是眞正的苦集滅道的運作循環，苦難是動態的過程，它帶來的苦痛必須進入實修，這與一般僅動腦想像的修煉完全不同。苦痛的實修不再仰賴書本或教條，甚至也非任何冥想或想像的修煉，而是隨著苦痛的進程進入「眞實本心」的運動，這才是實修。因此，走入黑暗是實修，而端坐禪室卻不見得是修行！

作者舉了兩個例子來闡釋這點，令我頗爲欣賞。他舉耶喜喇嘛在加護病房被藥物擊垮的臨終感受，「我的心靈像反對神的異教徒，我的話語如狂吠的老瘋狗」，唯其領悟到必須沉靜以對，才逐漸獲得安寧；鈴木大拙臨終前亦言，臨死的痛苦掙扎不是問題，修行人毋需羞恥。這與傳言的「臨終示瑞」的莊嚴法相完全相反，卻是道地的修行。

修行可以如此令人動容，並不是因爲修行者每天坐禪守戒，而是修行者的心能讓他自由地做任何事，而且充滿靈性的眞實。在本書第十三章提到瑜伽行者維瑪拉·沙卡爾，她曾隨克里希納穆提修行，成爲瑜伽師，但不久後又回到農村服務。她並不在乎自己是否以瑜伽師的身分修行，而是「當我看到農民沒東西吃而挨餓，沒有乾淨的飲水而生病，我怎能不停下來回應這苦難呢？」相對於這種令人動容的修行，則是徒具修行形式的「假靈性」：假借靈性逃避自己的弱點，或者沉溺於某種境界，無視眾生之苦。

若要破除假修行，我們只消從日常生活中反省哪些部分缺乏慈悲喜捨，我們甚至可以從性愛中體驗慈悲、從營生賺錢中體驗喜捨、從最庸俗的工作裡察覺神聖，而不是事先分類哪些行爲是修行，哪些不是。誠如前述，現代修行爲俗聖兩者所纏繞，我們可以「無我」，也可以「有我」，兩者表面矛盾，卻都必須眞實地實現，人才能覺悟。傳統修行過度強調「無我」而陷入空虛的概念，所謂「無我」的本質其實是諸種我的流轉，亦即各種的我不斷蛻變，我只處在蛻變的自由裡，我如潮汐般無常，這裡既有我、也沒有我，我只是「心無所住而生其心」的來來去去，我的眞如就如此般望盡千帆；是夢也行，是暮靄也好，是朝露也罷，是呼吸之間亦可。只有不以任何方式執著，或者如大圓滿（Dzogchen）教法的理論，讓本然之心安住在閒散的狀態下，就是修行的功夫。

本書在區別修行的眞相與假相方面有相當獨到之處。傳統修行蒙混了許多似是而非的假修行，例如在喜捨方面，許多慷慨解囊的心思卻是自私自利，人們常送出去一些，然後冀望收回來另一些，表面上喜捨，骨子裡卻巴望別人的互報；表面上「眾生平等」，其實卻對他人缺乏關注的興趣；表面慈悲，實則濫情；表面隱居修行，實則放任自己的孤僻；表面普渡眾生，實則沽名釣譽。幾乎所有表面上看似修行的形式都可能是假相。作者清楚地區辨修行的眞相與假相，其中一項頗值得玩味，即他主張「健康的自我」是修行的基礎。他認爲如果沒有「健康的自我」爲前提，就無法辨識所有的假修行，造成假修行的矯情、做作、浮誇、虛僞都會拗成修行的「特徵」。因此，他採取有限的慈悲觀，而非濫情的施捨。如此一來，他才能區辨慈悲與憐憫，前者內心溫柔，卻能堅定地對過分的事端說「不」；後者內心激動，無法說「不」，以致事端惡化。

這是一本好書，若讀者因爲誤解修行而對修行有所忌憚，本書可以幫你解套；若讀者曾被傳統修行綑綁得喘不過氣，本書可以讓你舒緩身心。順著全書讀下來，會讓人感到現代人能修行其實是最幸福的事，比起醫學上建議的「心理衛生」習慣或通俗的「心理健康之道」，其高明不知凡幾。當我們靜下來，內心通透，比起那紅塵裡的吃喝玩樂，可以想哭，可以想笑，充滿了自由。

（本文作者爲慈濟大學宗教與文化研究所教授兼所長）

注釋

❶ 陳俊欽（2007），〈尊敬憂傷〉。載於《感受台灣心希望：二〇〇四～二〇〇六心靈白皮書紀錄》，第一四九頁。台北：張老師文化。

❷ 參見克氏著，彭仁郁譯：《恐怖的力量》。台北：時報文化。

導讀 心理治療有如靈性修行的道路

易之新

本書作者傑克·康菲爾德是當代美國佛教的代表人物。他跟隨南傳佛教大師阿姜查五年，接受扎實的內觀訓練，又取得臨床心理學博士學位，實際從事心理助人工作。他身兼禪修指導老師和心理治療師，結合這兩個領域的經驗而寫成本書（作者在書中的序曲詳細介紹了自己的背景和親身經歷）。

從他的觀點來看，這兩個領域其實是不可分的，兩者的區隔是武斷的人為現象。從表面看來，在當代社會中，心理學和宗教靈性確實被劃分開來。精神科醫師和心理學家從症狀與疾病分類的角度看待「異常」（異於平常）的心理狀態，常常排斥不同於主流學說的其他可能性；宗教人士、神職人員則以信仰、靈性的追求為最高指導原則，雖然也為信眾提供諮商輔導，但畢竟只是為終極的信仰服務，並非以對等的角度看待兩者，也不見得真正接納人性的陰暗面。

我有位朋友是精神科醫師，他很坦白告訴我，他因為沒有宗教信仰的親身經驗，有時覺得很難區分宗教妄想與宗教信仰，面對病人的宗教或靈性議題時，常不知如何回應。我還有位身為諮商師的朋友，為其宗教信仰中的教友提供心理諮商，她也坦承，她的心理諮商絕不能違背信仰的教義。這兩位身具專業的朋友分別誠實說出武斷區隔兩者所造成的困擾，對他們而言，這是不得不然、是既成事實。

我參加過基督教和佛教的團體，在探討深奧教義、崇高目標時，也有許多人提出自身面臨的現實問題。老師雖然大多能耐心傾聽、諄諄勸告，但很少能針對問題本身做出深入的處理，大多還是以信仰追求的境界掩蓋眞實人生的困境。我參加過南傳佛教的十日內觀，老師承認密集禪修常會引發強大的情緒，牽涉到成長過程的經驗，甚至與累世業習有關，但我並未看到適當而具體的處理方式，多半仍以內觀修行的方法因應；觀察幾位朋友的實例，並未見到持久的效果。上述在信仰和修行路上的現象，如果能與心理學結合起來，很可能會事半功倍，這是我和許多朋友的親身經驗，應該不至於以偏概全。

有些人想追求超越境界、又願意誠實面對人生，既想探索涵蓋身、心、靈的完整全人，又不想受限於僵化教條與主流學說。對這些有心人而言，上述的必然事實與既有現象就都成為值得挑戰、有待商榷的課題。

我認為傑克·康菲爾德是一位既熟悉、尊重宗教與心理學的主流，又能跳脫教條與學說，優游於現實人生與超越境界，從全人而整體的觀念與經驗來教導靈性修行與心理探索，將兩者好好結合為一體的大師。本書就是他的代表作。

全書共分四部，第一部共五章，介紹靈性修行的基本觀念與態度，思考人生眞正的價值在哪裡？我們的時間精力是否投注在自己看重的價值？我們渴望的是愛、接納、了解，實際的現況卻是充滿外在與內在的戰爭，活在各種上癮和欲望之中。

從自己不滿的現況到追求眞正的價值，就是靈性修行。但追求眞理的道路有許多，我們要如何選擇？作者認為必須選擇一條與心連結的道路，然後堅定地投入。在過程中，一方面讓身、心、靈得到深刻的療癒，另一方面則要耐心地持續修行，像訓練小狗一樣平和地重複千百次，以破除多年積習（甚至累世）的機械性反應，得到眞正的自由、活出精采的人生。

第二部共六章，談到走上靈性修行道路後會遇到的各種困難與進展，並提出許多面對困難時有用的處理方法與態度，以及如何看待靈性的進展，避免陷入自我膨脹、屬靈驕傲的人性陷阱，並介紹修行路上可能出現異於平常經驗的身心現象（如狂喜、拙火），要學習以平衡的態度面對各種經驗。

作者在第十、十一章以南傳佛教的內觀爲例，說明靈性修行的過程與目標。書中談到許多不同層次的境界，雖然有強烈的佛教背景，但作者對各種不同宗教和靈性傳承的認識與含融，使讀者可以體會作者不自限於某種宗教信仰或教條學說的精神，發現「修行」的路雖然有許多，但「內在歷程」與「終極目標」都是一致的。

前兩部著墨的重點是修行的基本精神與實修歷程，可說是較強調「靈性修行」的部分，但也可看見「心理探索」的層面貫穿其中。第三部則是從「心理探索」的層面學習看見全人的整體觀，雖然討論的內容仍是「靈性修行」，卻是從非常「心理學」的角度來看待靈性修行。

第三部共有九章，第十二到十五章及第二十章談到如何擴大靈性修行的範圍，包括擴展到人生的各個不同階段（從嬰兒期到成人期的各階段都具有靈性的意義，甚至人生的每一件事都不是出於偶然），擴展到自我追尋的各個層面（認識並接納陰影、自我的成長、無我的體悟、眞我的實現），擴展到人與人的關係（學習有智慧地慷慨布施、健康的慈悲之道，跳脫病態的相互依賴，進入相互交融的一體感），乃至擴展到生活的所有部分（家庭、工作、社區、全體人類、所有眾生）。

第十六、十八章談到眞正願意走上這條心理與靈性的修行道路的人，不能自行其是，需要有同伴和嚮導，特別是需要在這條路上已有經驗的老師。作者除了分享如何尋找老師，並慎重說明老師可能產生的問題，這些內容也都脫離不了心理層面的議題。第十九章則從心理動機、意圖的角度介紹佛教「業」、「報」、「因果」的觀念，由此建立爲自己負責、從自己影響整個世界的態度。

第十七章直接談到「心理治療與禪修」的關係，可說是本書最重要、最特別的一章。事實上，這兩者本來就是追求終極意義的探索過程中，不可分割的部分，只是在方法上以不同的樣貌呈現出來。對作者而言，心理治療就是一種靈性修行的道路，也是其他修行道路不可忽視的部分。雖然作者強調這種觀點是針對西方社會的人，但筆者認爲，即使是屬於東方的臺灣，在現代化的影響下，靈性修行顯然也牽涉到許多心理議題，而心理治療也常需要面對靈性議題。實在有必要結合兩者，對有心追求靈性的人，才能得到完滿的成果；對有心探索自我的人，也才能得到深入的收穫。

第四部是總結，共有三章，介紹靈性成熟的特質與境界。作者以充滿詩意與人生體驗的筆觸，描寫難以用語言文字說明，卻可以追尋、體悟的豐盛與完滿人生。

心理學界從一九六〇年代末開始提出「超個人心理學」，試圖將心理學的境界提升到超越自我的高度、全人而整體的深度，從那段時間以來，就有各式各樣嘗試整合心理與靈性的學派與治療方法，其中很重要的一部分就是將東方的智慧與禪修方法，結合西方的現代心理學理論與實務。有些人擷取禪修的方法，運用到心理治療之中，得以改善許多「症狀」與「疾病」，也有些人摘取心理治療的方法，使禪修的樣貌更爲豐富。但能夠將心理學、心理治療提升到與靈性修行對等的地位，切實以整合的觀點來看待人性與人生追尋之路的人，實在不多，本書作者傑克·康菲爾德堪稱其中的翹楚，而這本代表作也可說是結合心理與靈性的典範之作。但最重要的還是爲自己找到一條與心連結的道路，誠實地面對自己、踏實地走上其中，那麼，這本書必然能成爲你的好友。

第一部

踏上心靈幽徑：基本法則

靈性修行與心理治療的結合・我是否好好愛過・停止戰爭・坐定・必要的療癒・訓練小狗

序曲 靈性修行與心理治療的結合：我的親身經歷

在本書一開始，我強調的是我個人的旅程，因為我學到的最大課題，就是普遍性必須和個人性結合，才能完滿地實現靈性生活。

傳統靈性與現代生活的調和

一九七二年夏天，在首次到亞洲學習五年之後，我頂著光頭，穿著僧袍，回到父母在華盛頓首府的家。當時美國還未有任何南傳佛教寺院，但我想知道在美國當和尚會是如何，即使是很短的一段日子也好。和父母住了幾週後，我決定去長島拜訪我的雙胞胎弟弟和他太太，於是穿著僧袍、帶著缽碗，拿著母親買的車票（身爲出世的修行者，我不花費、也不管理錢財），登上從華盛頓到紐約中央車站的火車。

我在當天下午抵達，隨後就沿著第五大道走去找我的弟媳。經過這麼多年的修行，我一直非常平靜。我行走著，就好像正在禪修一樣，擦身而過的路人和蒂芬妮之類的精品店，對我來說就像森林寺院裡的風和樹。我要在伊利莎白·雅頓的店門口和弟媳碰面，有人送她這裡的生日禮券，提供一整天的全套保養，包括護膚、做頭髮、按摩、修指甲等等。我按約定在四點鐘抵達，但她沒有出現。我等了一段時間之後，走了進去，店員驚訝地問：「我能爲你效勞嗎？」「是，我要找朵麗·康菲爾德。」「喔！」她回答：「她還沒好，請你到四樓的候客室等待。」於是我搭電梯到四樓，一出來就碰到候客室的接待員，她也用略帶懷疑的語氣詢問我：「我能爲你效勞嗎？」我告訴她，我要找弟媳，有人請我到這裡等候。

我坐在一張舒適的沙發上，等了幾分鐘之後，決定盤起腿、閉上眼睛，開始打坐。我畢竟是出家人，在那裡還能做什麼呢？十分鐘之後，我開始聽到笑鬧、喧嘩的聲音。我繼續打坐，之後卻聽到走廊那邊傳來一陣吵雜和驚呼：「他是眞人嗎？」於是我張開雙眼，看見八到十個穿著伊莉莎白．雅頓「睡袍」（店裡當天發的袍子）的婦女盯著我，許多人的頭髮還上著髮捲或長得像釣線捲軸的古怪玩意兒，有些人的臉上塗了像是綠色酪梨醬的東西，其他則敷著泥巴。我回望她們，懷疑自己到了哪個國度，然後聽到自己說：「她們是眞人嗎？」

從那一刻起，我很清楚自己必須在佛教寺院所教導的美好古老教法，以及現代世界的生活方式之間，找到調和兩者的方法。過去這些年來，在進入二十一世紀的時代，對我和許多尋求眞誠靈性生活的人而言，這種調和已成爲最爲有趣而迫切的課題。大部分美國人並不想過傳統的傳教士、和尙或尼姑的生活，然而我們當中有許多人都希望將眞誠的靈性修行帶入生活。本書將會談到這種可能性。

我的靈性旅程

我的靈性生活是在十四歲時由別人送我的一本書所引發的，那是羅桑．倫巴（T. Lobsang Rampa）寫的《第三隻眼》（*The Third Eye*）。它以半虛構的方式描述西藏的神祕之旅，是一本有趣且深具啓發的書，爲我提供一個可以遁逃的世界，而那似乎遠遠好過我所居住的世界。我成長於美國東岸一個科學與知性的家庭，父親是生物物理學家，研發出人工心臟及肺臟，在太空計畫的太空醫學部門工作，也在醫學院教書。我接受了「良好的教育」，也進入長春藤聯盟的大學，身邊有許多聰明和有創意的人，他們雖然擁有成功的事業和知性的成就，但許多人並不快樂，使我清楚看見：才智和世間的地位，與快樂或健康的人際關係並沒有太大關聯。這點在我家就明顯得令人心痛。即使在我寂寞和困惑的時候，我也知道必須往別處去尋求快樂，於是我轉向東方。

一九六三年，我在達特茅斯學院（Dartmouth College）就讀時，有幸遇到一位有智慧的老教授陳榮捷（Wing Tsit Chan）博士，他教授佛陀和中國古典文學時，是盤腿坐在桌子上的。因爲他的啓發，我主修了亞洲研究，且一畢業就在美國和平工作團的協助下，立刻去了亞洲，想到佛寺尋求教法和出家。我開始修行，後來在泰國的森林寺院巴蓬寺（Wat Ba Pong）出家和隱修，那是由年輕但後來頗負盛名的大師阿姜查（Achaan Chah）所主持，但我對所接受的教法感到意外。我雖不期待僧侶像倫巴的故事所寫的，可以飄浮在空中，卻仍希望從禪修得到特殊的效果：快樂、特殊的狂喜狀態與超凡的經驗。但老師教的完全不是那麼回事，他提供的是一種生活方式，一種終生覺醒、專注、臣服和承諾的道路。他提供的快樂完全不依靠世間變化無常的狀況，而是出於自身艱辛而自覺的內在轉化。進入寺院時，我原本期待可以將家庭的痛苦和世間的種種困難拋在腦後，但它們當然如影隨形。我費了許多年才了解這些困難是修行的一部分。

我很幸運能夠找到智慧的教導，接受傳統而古老的訓練，這些訓練在最好的寺院中仍然持續保持著。這種修行方式要求極爲簡樸的生活，只擁有一副衣缽，每天還要走五哩路以取得一頓午餐。我花了很長的時間以傳統的方法禪修，例如在森林中整夜靜坐，觀看墓地焚燒的屍體；在一個房間裡禁語閉關一年，每天靜坐和經行（譯注：以專注於當下的方式行走，稱爲經行）二十個小時。我分別在馬哈希尊者（Mahasi Sayadaw）、阿沙巴哈尊者（Asabha Sayadaw）及佛使比丘（Achaan Buddhadasa）主持的偉大寺院接受卓越的教法。在這段修行期間，我學到許多美好的事，並終生對這些師長心懷感激。然而，在這些特殊環境接受的密集禪修只是修行的起步，之後我在非常普通的地方也進行同樣嚴格的禪修，只因爲我承諾進行有系統的訓練。接受初期的訓練時，我並不知道未來會如何，而我離開亞洲時仍然非常理想化，期待特殊的禪修經驗會解決我所有的問題。

往後幾年，我又回到泰國、印度和斯里蘭卡的寺院，接受進一步的訓練，然後向一些知名的西藏喇嘛、禪師和印度上師學習。在十九年的教學當中，我十分榮幸和多位西方的佛學老師合作，在美國創立內觀禪修（Insight Meditation），這是佛教的正念修行方法。我曾經帶領爲期一天至三個月的密集禪修，合作對象包括基督徒、佛教徒、超個人心理學家及其他團體。我在一九七六年完成臨床心理學的博士學位，自此就以心理治療師和佛學老師爲業。走過這些年的經歷，我主要想嘗試回答這個問題：我如何活出靈性的修行，我如何讓它在生活中的每一天開花結果？

開始教學以來，我看到許多學生誤解靈性修行的眞意，許多人希望用它來逃離自己的生活；許多人就像我一樣，曾經用它的理想和語言來逃避人類存在的痛苦和困難；許多人進入寺院、教堂和道場，只爲了尋求特殊的效果。

由上向下的修行經歷

我個人的修行是一條由上向下的旅程，不同於一般人以爲的靈性經驗。這些年來，我發現自己是從上到下經歷不同的脈輪（身體的靈性能量中心），而非由下往上。我第一個十年的系統化靈性修行，主要是透過心智的帶領。我鑽研、閱讀，然後像僧侶一樣禪修和生活，總是使用大腦的力量來獲得理解。我發展出專注和三摩地（深層的定力），以及各種洞見；我看見異象、啓示和各種深度的覺醒。當我的修行繼續發展，我對活在世間的自己有了完全不同的認識，並以嶄新而更有智慧的方式來看事情。我以爲這種洞識就是修行的重點，並對自己新的理解感到滿意。

唉！但我以僧侶的身分回到美國時，這一切都結束了。在伊莉莎白．雅頓事件後幾週，我脫下僧袍，進入研究所就讀，找了份開計程車的工作，晚上還在波士頓的精神病院工作，並展開一段親密關係。我從寺院回來時雖然清明、開闊又興奮，但從居家生活和研究所的關係中，我很快就發現禪修對我的人際關係並沒有多少幫助。我的情緒仍不夠成熟，仍然表現出接受佛法訓練前就有的指責和恐懼、接受和拒絕的痛苦模式；更可怕的是，我開始能更清楚地看到這些模式。我可以對別處上千眾生做慈心觀（loving-kindness meditation，譯注：詳見第一章末），卻很難與此時此刻就在眼前的某個人建立親密關係。我曾經在禪修中用強大的心力壓抑痛苦的感受，卻常常在很久之後才了解自己其實在生氣、悲傷、哀痛或受挫。我在關係中不快樂的來源並未受到檢視，也缺少處理感受、投注感情或以智慧與朋友及所愛的人共處的技巧。

我被迫將整個修行方式從頭部的脈輪向下轉到心的脈輪，開始一段漫長而艱苦的歷程，以重新喚回我的情感，將覺察和理解運用到自己的關係模式，學習體會自己的感受，以及處理人與人連結的強大力量。我藉由團體和個別諮商、以心爲中心的禪修、超個人心理學，和一連串既成功又慘痛的人際關係來學習。我檢視原生家庭和早年經歷，把這種理解帶入現在的關係。最後，這個歷程將我帶進一個以困難開始而現在是幸福婚姻的關係，其中有我的妻子李雅娜及美麗的女兒卡洛琳。我逐漸了解這種心的工作與靈性修行其實是完全相容的。

在專注於情感工作及心的發展長達十年後，我才了解自己忽略了身體。在我早期的靈性修行中，我的身體就像情感一樣，只得到表面的注意。我學會敏銳覺察自己的呼吸，並能處理身體的疼痛和感覺，但我大多是以運動員的方式使用自己的身體。我有幸擁有足夠的健康和力量去爬山，或像瑜伽行者一樣在恆河岸邊靜坐，忍受劇痛，保持十或二十小時不動；身爲出家人，我可以日進一餐，而且赤足長途跋涉。但我發現過去只是在使用身體，而不是居住在其中。我一直把它當成餵食、移動，以及實現心智、情感及靈性生活的工具。

當我更全然地關注自己的情緒，就發現身體也需要關愛和注意。只用愛和慈悲去觀看、理解，甚至感受，仍然是不夠的，我必須將修行進一步移向更下方的脈輪。我了解要活出靈性的生活，就必須具體表現在每一個行動當中：在站立、走路、呼吸、照料飲食的方式，它必然涵蓋我所有的活動。在地球上居住在這個珍貴的動物身體中，就像其他事情一樣，都是靈性生活極重要的一部分。當我開始重新住進我的身體，便在新的地方發現使我遠離眞我的恐懼和痛苦，就像我打開頭腦和心的時候也曾發現的一樣。

我的修行順著脈輪向下移動時，就變得更私密、更個人化，修行路上的每一步都需要更誠實、更用心，修行也變得更爲整合。我對待身體的方式，和對待家人或投身地球和平工作的方式，並不是沒有關聯。因此，在一路向下處理的過程中，我的修行視野不僅擴展到身體或心，也涵蓋所有的生活、關係及生養我們的環境。

勇士的心

在靈性生活愈來愈深化、擴展的過程中，我看到自己的努力和動機起了很大的變化。起初，我從一個很掙扎、努力的起點開始。在禪修時，我很努力地用大腦讓身體靜止、專注、訓練心智力量，以克服疼痛、感受及分心。我用靈性修行努力追求清明和光明的狀態、理解和異象。而我開始教學時，也是教授這種禪修方法。可是，我逐漸看清，對大多數人而言，這種努力本身就增加了我們的問題。如果我們有評斷的傾向，在靈修中就會對自己更爲批判；如果我們將自己隔離起來，否認自己的情感、身體及人性，努力想要邁向開悟或某些靈性目標，便只會強化這種隔離；每當無價值感或自恨有了立足點（比如害怕自己的感受或批判自己的思想），就會被靈性的努力所強化。然而我也知道，如果沒有很大的奉獻、能量和投入，就不可能有靈性修行；若非出於努力和理想主義，它又從何而來呢？

這樣的發現對我來說是個好消息。眞正的靈性生活需要深度地開放自己，我們需要非常大的勇氣和力量，這是勇士的精神，但這種力量來自我們的心。我們需要的能量、承諾及勇氣，並不是要讓我們逃離生活，或用任何物質或靈性的哲學來掩蓋它。我們需要勇士的心來直接面對自己的生活，包括各種苦痛和限制、快樂和可能性。這種勇氣會將各種生活層面納入靈性修行之中：我們的身體、家庭、社會、政治、地球生態、藝術、教育。只有到那個時候，才能眞正將靈性整合進生活裡。

心理衛生專業需要整合靈性

我一面攻讀博士學位，一面在州立精神病院工作時，天眞地以爲我能教某些病人禪修，但我很快就發現這顯然不是他們需要的。這些人在生活中很少有平衡的專注力，且絕大多數都已喪失心智能力。若有任何禪修方式對他們是有益的，必然是需要接觸土地和落實扎根的方法，如瑜伽、園藝、太極，或者各種能促使他們與身體連結的活動。

但我接著發現醫院中有一大群人非常需要禪修：精神科醫生、心理師、社會工作者、精神科護士、助理等等。這群人負責照顧精神病人，常常用抗精神病藥物控制病人，他們這樣做是出於害怕，害怕病人身上的能量，也害怕自己身上的能量。這些照顧者當中，很少有人能親身體驗病人所面對的強大力量，而這卻是禪修中非常基本的課程：面對自己的貪婪、無價值感、憤怒、妄想和浮誇，並開啓智慧與無畏來超越這些力量。這群人可以從禪修獲得極大的益處，以此面對自己的心靈力量，這種力量在病人身上是不受控制的，藉此讓他們對自己的工作和病人生出新的理解和慈悲。

心理衛生界開始體認到，治療和處置必須涵蓋靈性生活；其他領域如政治學、經濟學和生態學，也已體認整合靈性觀點的必要性。但靈性若要有所助益，就必須植基於個人的經驗。對於想要直接學習的人，本書有許多章節提供一系列傳統修行方法和現代的禪修方式。這些練習是直接應用本書教導的方法，以求更深入自己的身體和心，使之成爲靈性修行的工具。本書的禪修核心是東南亞的南傳佛教傳統，有各種屬於「內觀」（又稱毗婆舍那〔vipassana〕）的覺察練習。內觀又被稱爲佛教禪修的核心，爲身體、心靈和心智（這副身心與周遭世界是一體的）提供了一套有系統的訓練及覺醒方法。它是我多年來追隨並教導別人的傳承，而這個核心教法也是世界各地絕大多數佛教修行的基礎。

雖然本書是根據我在佛教傳統裡的經驗，但我相信它所教導的靈性修行原則是普遍性的，前半部介紹的是一種完整的靈修生活基礎：修行的方式、常見的危險、處理創傷和困難的技巧、佛教對人類意識的靈性狀態所描繪的地圖，以及如何將這些超凡的經驗落實於日常生活。本書後半部更直接談到如何把這種修行整合到當代的生活，涉及的議題包括相互依賴（codependence）與慈悲、區隔的問題、心理治療和禪修，以及與靈性老師相處的益處和問題。最後會檢視靈性的成熟：豐盛的智慧和慈悲，以及它爲生活帶來的自在和喜悅。

在本書一開始，我強調的是我個人的旅程，因爲我學到的最大課題就是普遍性必須和個人性結合，才能圓滿地實現靈性生活。身爲人類，通往神聖的人性之門就是自己的身體、心靈及心智、我們從所來源的歷史，以及生活中最親近的關係與環境。若非從這裡進入，我們還能從哪裡實現慈悲、公義及解脫呢？

靈性的完整意義就是了解到，如果我們要將光明、智慧或慈悲帶進世界，就必須先從自身開始。只有在每個獨特、個別的情境中，才能實現靈性生活的普遍性眞理。這種修行的個人取向同時重視生命的獨特性及共同性，尊敬生死間偉大舞動的永恆本質，也看重個別的身體、家庭和社區，以及個人的歷史、喜悅與哀愁。由此看來，我們的覺醒既是一種非常個人化的事，也會影響地球上的所有生命。

第1章 我是否好好愛過

若我們不能以最樸實平常的方式感到快樂，若我們不能以心彼此接觸、碰觸自己被賦予的生命，那麼即使是最超絕的狀態和最特別的靈性成就，也都微不足道。

真誠的靈性之旅：與心連結的道路

投入靈性生活時，最重要的事其實很簡單：*我們必須確定自己的道路與心連結*。現代的靈性市場提供許多不同的版本，各種偉大的靈性傳承都有許多故事談到開悟、極樂、知識、神聖的狂喜，以及人類靈性的最高可能性。在提供給西方人的眾多教法中，我們常常最先被這些迷人和最超凡的面向所吸引。雖然這些狀態有可能實現，而這些狀態也確實代表某些教法，但從另一個角度來看，它們也是靈性商場的廣告伎倆，並不是靈性生活的目的。歸根究柢，靈性生活並不是尋求或得到某種超凡狀態或特殊能力的歷程。事實上，這種追求會讓我們迷失自我；若不夠小心，我們很快就會發現，現代社會的重大失敗都會在靈性生活中重現，如野心、物質主義和個體的孤立。

要展開一段真誠的靈性之旅，我們必須緊靠自己的家，直接聚焦在面前的當下，確定這條道路連結到最深層的愛。唐望（Don Juan Matus）在教導卡羅斯．卡斯塔尼達（Carlos Castaneda）時說：

仔細審慎地看著每一條道路。只要你認為需要，就盡可能多試幾次，然後問自己一個問題，而且只問你自己。這是只有非常老的人才會問的問題。我的恩師曾經對我提過，但我當時太年輕、血氣方剛，無法了解它的道理。但現在我可以理解了。我現在要告訴你這個問題：「這條道路是否有一顆心？」如果有，就是好的道路；如果沒有，就是無用的道路。

本書的教導就是關於如何找出這樣一條與心相伴的道路，走上一條轉化並觸動生命核心的道路。這就是要找到一種修行方式，讓我們能全然發自內心地活在世上。

當我們問：「我是否依循一條心的道路？」會發現沒有任何人能明確地爲我們界定什麼是應該走的路。相反地，我們必須讓這個問題的神祕和美麗在我們的生命中迴盪。然後，內在某處會有答案出現，了解也油然而生。如果我們靜下來，深刻地傾聽，即使只是片刻，也將知道自己是否依循一條心的道路。

直接與心對話是可能的，大部分的古老文明都知道這點。我們可以像對待好友般，和自己的心對話。在現代生活中，我們太忙於日常瑣事和想法，因而忘了花時間與心對話的必要藝術。我們向心詢問目前的道路時，必須檢視自己選擇賴以生存的價值是什麼。我們把自己的時間、力量、創造力與愛放在哪裡？我們必須不帶感傷、誇大或理想主義，來檢視自己的生活。我們的選擇反映出自己最重視的價值嗎？

生命的珍貴

佛教傳統教導追隨者將所有生命都視爲珍貴，離開地球的太空人也重新發現了這個眞理。有一組蘇俄太空人如此描述：「我們將小魚帶到太空站做某些研究，我們要在那裡待三個月。三個星期之後，魚開始死亡。我們很難過，怎麼不能做點什麼來救牠們呢！在地球上，我們從垂釣獲得很大的快樂，但當你孤獨地遠離任何陸地，任何生命的出現都會格外受到歡迎。你會看到生命是多麼珍貴。」在同樣的精神下，有位太空人在太空艙著陸後，打開艙門聞到地球上潮濕的空氣時，說：「我眞的趴下來用我的臉頰貼近地球，我趴下並親吻它。」

要看到所有事物的珍貴性，就必須對生活全神貫注。靈性修行能使我們擁有這種覺察，而不必借助太空之旅。「當下」及「單純」的特質開始逐漸滲透我們的生活時，內在就會開始顯露對地球及眾生的愛，並使修行的道路充滿活力。

爲了更深入了解是什麼喚醒這種珍貴感，以及珍貴感如何爲心的道路賦予意義，我們可以從以下的禪修來體會。在佛教的修行中，人藉由深思自己的死亡而被迫思考如何才能好好活著。針對這個目的，傳統的禪修方法是安靜坐著，感受生命的短暫無常。讀完這段文字後，請閉上眼睛，感受你被賦予的這個人身是會死亡的。對我們而言，死亡是必然的，只是還不知道死亡的時間。想像自己正走到生命的盡頭，也許是下星期、明年、十年後，或未來的某個時候。現在回憶你的一生，然後回想兩件你做過的善行。不需要是偉大的事，讓回憶自然浮現。回想這些善行時，也同時覺察這些記憶如何影響你的意識，當你看著它們，它們是如何轉化你的感受，以及心靈與心智的狀態。

完成這種回顧之後，請你仔細檢視這些處境的性質，這些從一生言行中挑選出來的善行是由什麼組成的？在這種冥想中，幾乎每一個回憶起這種善行的人，都發現它們是出奇的單純，很少會是放進履歷表的行爲。對某些人來說，良善的片刻只是很單純地在父親死前訴說自己對他的愛，或是在百忙中抽空幫車禍受傷的姊姊照顧小孩。有位小學老師憶起的單純景象，就是在許多早晨抱著哭泣而一整天難受的孩子們。

有人對這種冥想的回應是舉起手，微笑地說：「當我和別人在擁擠的街道上同時找到停車位時，我總是把車位讓給別人。」那就是她生命中的善行。

另一位兒孫滿堂、生活充實的六十多歲女護士帶來這段回憶：當時她六歲，一輛車子在她家門口拋錨，引擎蓋下冒出白煙。兩位上了年紀的人從車裡走出來看了看，其中一位走到轉角的公用電話亭，打給修車廠。他們回到車內，花了幾乎整個早上等著被拖吊。這個好奇的六歲小孩走過去和他們說話，看他們在燠熱的車內等了那麼久，便走進屋裡，沒問過他們就準備了冰紅茶和三明治，用托盤端著送去給他們。

生命中最重要的，並不是什麼驚人或偉大的事，而是人與人彼此觸動的片刻，是我們以最用心或關懷的方式待人的時刻。這種簡單而深刻的親密關係是我們都渴望的愛。這些觸動和被觸動的片刻可以成為心的道路的基礎，它們以最立即和直接的方式發生。德蕾莎修女（Mother Teresa）這樣形容：「在一生當中，我們無法做出偉大的事，只能以偉大的愛去做微小的事。」

有些人覺得這種練習非常困難，心中浮現不出任何善行，有些人雖然浮現，卻又馬上否決，因為它們被斷定成膚淺、微不足道、不純潔或不完美的。這是否意味在一生幾十萬個行為當中，連兩個善的片刻都沒有呢？並非如此！我們都有很多善行。它具有其他更深刻的意義，反映出我們對自己是多麼嚴格。我們是如此嚴苛地批判自己，只有阿敏（Idi Amin）或史達林才會僱用我們去掌管他們的法庭！許多人對自己少有寬容之心，我們很難承認真正的愛和善行可以從心中自由地散發出來。但它確實可以。

活出心的道路，就是活出這個冥想展示的方向：讓善的滋味滲透我們的生活。當我們全神貫注於行動，當我們能表達我們的愛，並看到生命的珍貴時，內在善的特質就會增長。一種簡單的關懷開始出現並滲透到生活中的更多時刻。我們應該繼續問自己的心：我們像這樣活著時，代表什麼意義？這條道路——

也就是我們選擇的生活方式，是否引導我們到此處？

愛與放下

在生活的壓力和複雜之下，我們也許會忘記內心最深的意圖。但當人走到生命的盡頭回顧時，最常問的通常不是：「我銀行帳戶裡有多少錢？」、「我寫了多少書？」、「我建造了什麼？」或其他類似的問題。如果你有機會陪伴一個知道自己死期的人，你會發現他問的問題非常簡單：「我是否好好愛過？」、「我過得充實嗎？」、「我學會放下了嗎？」

這些簡單的問題直指靈性生活的核心。當我們想要好好地愛，並充實地生活時，就會看到自我的依戀和恐懼限制我們的方式，也會看到許多打開心扉的機會。我們是否愛過周遭的人、我們的家人、社區，以及居住其上的地球？我們是否也學會了放下？是否學會以恩典、智慧和慈悲度過生命中的變化？我們是否學會寬恕，並以心而非批判的精神來生活？

當我們看見生命的珍貴與短暫，放下就成爲靈性修行的核心議題。我們需要放下時，如果還沒學會這一點，就會受到很大的痛苦，而我們走到生命盡頭時，可能需要經歷所謂的速成課程。我們遲早必須學會放下，允許不斷變化的生命奧祕穿透我們，不感到害怕，也不會想留住或緊抓著它。

我認識一位年輕女性，陪伴著癌症擴散的母親。在這段期間，她母親躺在醫院，身上接著許多管子和機器。母女兩人都同意媽媽並不想以這種方式離世，便在病情惡化時拿掉所有的醫療設備，出院回家。癌症還是繼續擴散，那位母親費了好些心力才接受自己的病情。她試著在床上做家事、付清帳單，並監督生活中所有的例行事務。她和身體的痛楚奮戰，但更常和她的無法放下掙扎。在這場奮戰中的某一天，病重而有點迷糊的母親打電話叫女兒來，說：「親愛的，現在請把插頭拔掉。」女兒溫柔地指出：「媽媽，妳身上並沒有插插頭。」關於放下，我們都有許多要學習的！

放下，並在一次又一次的變遷中走過人生，會爲我們帶來成熟的靈性生命。到最後，我們就會發現愛與放下其實是同一件事。兩者都不求擁有，都讓我們碰觸到變動生命中的每個片刻，無論接下來會發生什麼事，都讓我們全然活在當下。

有個古老的故事是關於一位住在歐洲的著名猶太教拉比，有一天，有個人從紐約搭船來拜訪他。那人來到這位偉大拉比的住所，那是一間座落在歐洲城市街上的大房子，他被帶到拉比位於閣樓的房間。他走了進去，發現大師的房間只有一張床、一張椅子和幾本書，他原本期待會看到更多東西。打過招呼之後，他問：「拉比，你的東西在哪裡？」大師反問他：「那你的東西呢？」訪客回答：「但是大師，我只是路過而已。」大師回答：「我也是，我也是。」

全然去愛和好好生活，需要我們最終能體認自己並未占有或擁有任何東西，包括我們的家、車子、所愛的人，甚至我們的身體。靈性的喜悅和智慧並不是來自擁有，而是來自開放的能力、更全然地去愛、在生活中自由前進。

迫切的課題

這個課題是不能拖延的。有位偉大的老師如此解釋：「問題就在於你以爲自己還有時間。」但我們並不知道自己還有多少時間。當我們知道這可能是自己的最後一年、最後一週、最後一天的時候，我們會怎麼生活呢？根據這個問題，我們會選擇一條心的道路。

有時需要極大的衝擊，才能喚醒我們與自己的道路連結起來。幾年前，有個男子住在舊金山的醫院，他的妹妹請我去看他。他將近四十，非常有錢，擁有建設公司、帆船、牧場、房子與許多工作。有天他開著寶馬汽車，突然暈倒，檢查顯示他罹患腦瘤，是黑色素瘤，一種快速增生的癌症。醫生告訴他：「我們要爲你動手術，但我必須警告你，那個腫瘤位於大腦的語言和理解中樞，如果切除，你可能會失去閱讀、寫字、說話及理解任何語言的能力。如果不開刀，你大概還能活六星期。請考慮一下，手術訂在明天早上，請在那之前讓我們知道你的決定。」

那天傍晚，我去拜訪那位先生。他變得非常安靜而深思，你可以想像得到，他處在一種極度不尋常的意識狀態。這種覺醒有時來自靈性修行，但對他而言，卻出於這些特殊情況。我們對談時，這個人並沒有談到他的牧場、帆船或金錢。他要走的路，不會接受銀行存摺的金額和寶馬汽車。在巨大變動的時刻，有價值的是心的存摺：我們內在不斷滋長的心的能力與了解。

這個人在一九六〇年代末期做過一點禪修，讀過一些艾倫．瓦茲（Alan Watts）的書；當他面對此一時刻，他所關切與想談的是：他的靈性生活和他對生死的了解。在一場眞誠的對話之後，他停頓靜默了一段時間，並陷入沉思，然後轉頭向我說：「我已經說得夠多了，或許我說太多話了。今天下午，我就算只是喝一口自來水，或看著醫學中心窗台外飛過的鴿子，似乎都覺得彌足珍貴。牠們對我來說是如此美麗，看著一隻鳥飛過空中是那麼不可思議，我這一生還沒有結束，或許我將只是更安靜地活著。」於是他要求進行手術。經過一位醫術精湛的外科醫生十四小時的手術後，他妹妹到恢復室探視。他抬頭看著她說：「早安！」醫生成功移除了腫瘤，他也未喪失語言能力。

當他離開醫院，從癌症中康復後，整個生活都改變了。他仍然盡責地完成工作，但不再是個工作狂。

他花更多時間和家人相處，並成爲諮詢顧問，服務其他被診斷出癌症或重症的病人。他花更多時間待在大自然裡，以及用愛和周圍的人相處。

如果我在那個傍晚之前遇見他，很可能會認爲他是靈性的失敗者，因爲他靈修過一段時間，然後完全變成一名商人，似乎徹底忘記靈性的一切價値。但是，當時候到了，當他在生死攸關時停下來沉思，即使過去的少許靈修，對他也變得非常重要。我們從來不知道別人學到些什麼，也不能很快或很輕易地評斷他人的靈性修行。我們能做的，只是觀看自己的心，並問自己：在我的生活中，什麼才是最重要的？什麼可能會使我更開放、更誠實、擁有更深的愛的能力？

愛的力量

心的道路也包含我們獨特的天賦及創造力，心的外在表現可能是寫書、蓋建築物或爲人創造彼此服務的方法，也有可能是教學、園藝、烹飪或演奏音樂。不管選擇什麼，我們對生命的選擇必須根據自己的心，我們的愛是所有創造和連結的能量來源。如果我們的行動沒有與心連結，即使是生命中最偉大的事也會變得乾枯、無意義或乏味。

讀者可能還記得幾年前，報紙上有一系列文章討論要設立諾貝爾獎得主的精子銀行。那時有位女性主義者很關心這件事，寫信給波士頓全球報說：「如果要設立精子銀行，也應該設立卵子銀行。」波士頓全球報刊登了喬治．華德（George Wald）回覆給她的信，他本人是諾貝爾生物獎得主、哈佛大學的生物學家，也是一位充滿智慧的紳士，他寫道：

妳絕對是正確的。我們需要卵子和精子，才能孕育出諾貝爾獎得主。每個人都有母親和父親，妳可以提出所有想從父親那裡得到的東西，但父親對受孕的貢獻其實比較少。

我希望妳不是真的想要成立卵子銀行，撇開諾貝爾獎不談，創設卵子銀行在技術上並不困難，但有一些問題，沒有什麼比牽涉到別種生殖反應器更困難的事了……

只要想想一個男人，徒勞無功地堅持從卵子銀行得到一個較優秀的卵子的樣子，他必須使它受精，受精後，他要把它帶到哪裡？給他太太嗎？妳可以想像他說：「親愛的，妳看，我剛從卵子銀行得到這個優秀的卵子，而且靠自己讓它受精了，妳會照顧它嗎？」她會回答：「我有自己的卵子要照顧呢！你知道你能做什麼嗎？去租個子宮！你最好也去外面租個房間住！」

妳看，這行不通的。其實人需要的並不是諾貝爾獎得主，而是愛。你認為人是如何成為諾貝爾獎得主的呢？想要愛，那就是方法。非常渴望愛時，就會花所有時間工作，成果就是諾貝爾獎。它是種安慰獎。真正重要的是愛，別再提精子銀行或卵子銀行了，銀行和愛是不相容的。如果妳還不知道，表示妳最近大概沒去過銀行。

因此，就練習去愛吧！愛俄國人，妳會發現那是多麼容易，會讓妳的清晨變得明亮。去愛伊朗人、越南人，不只是此處的人，而是各處的人。當妳已經很擅長於此時，試試更難的，例如去愛首都的政客！

我們所有的活動之下，深藏著對愛和愛之行動的渴求。我們在生活中發現的快樂，與占有或擁有無關，甚至與理解也無關，而是發現這種愛的能力，和所有生命建立一種充滿愛、自由及智慧關係的能力。這種愛不是占有，而是發自我們自身的幸福感，以及與萬物的連結感。因此，它是慷慨與覺醒的，是一種愛所有事物的自由。出於愛，我們的道路可以引導我們學習如何使用天賦去療癒和服務，去創造四周的和平，禮讚生活中的神聖，祝福我們遇到的一切，並希望一切眾生安好。

靈性生活也許看來複雜，但本質上並非如此。當我們了解生命中最重要的是心的性質時，即使在複雜的世界中也能發現澄明和單純。深受愛戴的禪宗詩人良寬（Ryokan）對此下了結論：

雨停了，雲散了，
天又晴了。
你的心若純淨，世界的一切也都
純淨……
然後月亮和花朵將指引你
前行。

若我們不能去愛，所有靈性教導終將徒勞無功；若我們不能以最樸實平常的方式感到快樂，不能以心彼此接觸，不能用心碰觸自己被賦予的生命，即使是最超絕的狀態和最特別的靈性成就，也都微不足道。真正重要的是我們如何生活。雖然困難，但我們仍要問自己這個重要的問題：「我是否全然活在這條道路上？我是否活得無憾？」好讓我們的生命不論結束在哪一天，都可以說：「是的，我已活在心的道路！」

慈心觀：關於慈愛的冥想

慈愛的性質是肥沃的土壤，由此才能孕育出完整的靈性生活。有愛心當背景，我們的意圖、經歷都更容易開放、流動。雖然慈愛可以在許多情形下自然生起，但也可以被培養。

以下的禪修練習有兩千五百年的歷史，它用重複的句子、意象和感受，引發對自己和他人的慈愛及善意。你可以試試是否有用。最好找個安靜的地方，每天複誦一或兩次，每次十五或二十分鐘，持續幾個月。一開始，這種禪修可能令人覺得機械化或笨拙，甚至引發相反的特質，感覺暴躁或憤怒。發生這種情形時，特別需要對自己更有耐心和寬容，要以友善和寬容的精神接納生起的一切。當時候到了，即使面對內在的困難，也會培養出慈愛。

以舒服的姿勢坐下，讓身體放鬆、靜止，盡可能讓心靈安靜下來，把計畫和占據內心的事放下，開始在內心直接對自己複誦下列句子。你必須從自己開始，因爲不愛自己，就不可能去愛別人。

願我充滿慈愛
願我安好
願我安詳自在
願我快樂

念這些句子時，也可以運用佛教的意象：把自己觀想成年輕可愛的小孩，或觀想現在的自己正被一顆慈愛的心擁抱。讓感受從字句中生起，可以自行調整文句和意象，找到完全適合自己的字句，能夠打開自己的慈愛之心。然後一再重複這些句子，讓這些感受滲透身體和心靈。

重複練習這種冥想數週，直到對自己產生慈愛的感覺。

當你覺得已經準備好了，在同一個禪修時期，可以逐漸擴展慈心觀的對象，將其他人帶進來。在自己之外選一個恩人，某個眞正關心你的人。在腦中想像他或她的樣子，仔細複誦相同的句子，「願他（她）充滿慈愛」，以此類推。當你培養了對恩人的慈愛，再開始把你愛的其他人帶進來，觀想他們並複誦相同的句子，喚起對他們的慈愛感。

接下來，你可以逐漸把其他人帶進來：朋友、社區成員、鄰居、任何地方的人、動物、整個地球和一切眾生。接著，你甚至可以嘗試把生活中最難相處的人帶進來，希望他們也充滿慈愛和安詳。練習一段時間後，會發展出一種穩定的慈愛感，你便能把許多人帶進這十五或二十分鐘的禪修中，從自身開始，擴及你的恩人、你所愛的人與一切眾生。

然後，你可以學習在任何地方都能練習，在塞車時、公車和飛機上、在候診室及其他千百個情境。當你在人群中靜靜練習慈心觀時，將會立刻感受到與他們奇妙的連結，這就是慈愛的力量。它能使你的生活平靜下來，並和自己的心連結。

第2章 停止戰爭

當我們步出戰場，才能重新觀看，一如《道德經》所說：「雙眼不被渴望遮蔽，就能仔細觀看（故常無欲，以觀其妙）。」

戰爭的本質

尙未覺醒的心靈很容易製造戰爭來對抗事物的本來面貌。要依循一條心的道路，我們必須了解內心及外在製造戰爭的過程與始末。戰爭的根源是無知，若缺乏了解，我們很容易就被生命中瞬間的改變、無可避免的失落、失望、老化和死亡帶來的不安全感所驚嚇。誤解會讓我們對抗生活、逃離痛苦，或緊緊抓住永不能眞正令人滿足的快樂和安全感。

我們與生活的戰爭會表現在經驗的每一個面向，包括內在和外在的經驗。孩子在高中畢業前，每人平均從電視上看過一萬八千次謀殺和暴力行爲；美國婦女受傷的主因是被同住的男人毆打。我們在內心、家庭和社區中交戰，在不同種族及世界各國之間交戰。人與人之間的戰爭反映出自身內在的衝突與恐懼。

我的老師阿姜查如此描述這種持續的戰爭：

人類一直在戰爭，用戰爭來逃避自己如此有限的事實，我們被許多無法掌控的情況所限制。除了逃避，我們也持續製造痛苦，因為善而戰、因為惡而戰、因為太小而戰、因為太大而戰、因為太短或太長、對或錯而戰，勇氣十足地戰鬥下去。

現代社會促使我們產生一種心理傾向，否定或壓抑我們對事實的覺察。我們的社會用否定的方式來制約我們，避免任何直接的困難和不適。我們竭力否定自身的不安全感，對抗痛苦、死亡與失落，不願看見自然和人類本性的基本眞理。

爲了與自然隔離，我們有了冷氣機、有暖氣的車和保護我們的時令衣服。爲了隔離可怕的老化和疾病，我們在廣告刊登微笑的年輕人，卻把老人丟在療養院和老人之家；我們把精神病患藏在精神病院，把窮人棄置在貧民窟。我們的高速公路繞過這些貧民窟，好讓有幸不住在那裡的人看不見他們的苦難。

我們以一種難以想像的程度來否認死亡，即使是九十六歲的老女人，也會在剛住院時就向醫生抱怨：「爲什麼是我？」我們幾乎假裝死人並非死人，爲屍體穿上時尚的衣服並化妝，讓它們像赴宴般參加自己的葬禮。我們對自己的僞裝也一樣，假裝戰爭不是眞正的戰爭，將戰爭部改爲國防部，又將整列核子飛彈稱做「和平守護者」。

上癮的社會

我們是如何讓自己持續遠離存在的眞理呢？我們用否認來遠離生活的痛苦和困難，用上癮的行爲來支持我們的否認。美國的社會被稱爲上癮的社會，有兩千多萬人酗酒，一千萬人藥物上癮，數百萬人沉迷於賭博、食物、性欲、不健康的關係或快速忙碌的工作。上癮是一種強迫性的重複依賴行爲，我們用來逃避感受、否定生命的難題。廣告慫恿我們跟上時代的腳步，繼續消費、抽菸、喝酒，渴求食物、金錢和性。上癮讓我們麻木，看不見眞實，助長我們逃避自身的經驗，而社會還大力鼓吹這些上癮行爲。

安・威爾森・雪弗（Anne Wilson Schaef）是《當社會變成上癮者》（*When Society Becomes an Addict*）的作者，她如此描述：

> 社會上適應得最好的人，是不死也不活的人，只是麻木的殭屍。你死了，就不能做社會上的工作；你全然活著時，會一直對社會的許多現象說「不」，如種族主義、環境汙染、核彈威脅、軍備競賽、不安全的飲水和致癌的食物。為了社會的利益而鼓吹這些令我們遲鈍的事，讓我們忙於自己的困境，使我們有點麻木，有如行屍走肉。因此，現代消費社會本身就是上癮者。

最普遍的上癮行爲就是追求速度。科技社會迫使我們加快生產和生活的步調。國際牌曾推出一款新錄音機，廣告說它可以用雙倍的速度播放，而聲調仍然能維持在正常範圍之內。廣告說：「因此，你可以只花一半的時間聽到邱吉爾或甘迺迪的演講，或經典文學作品！」我懷疑他們是否也推薦以雙倍速度來聽莫札特或貝多芬。伍迪・艾倫對這種強迫行爲提出評論，說他去上速讀課，能在二十分鐘內讀完《戰爭與和平》，結論是：「那是有關俄國的書」。

在一個要求幾乎以雙倍速度來生活的時代，速度和上癮會使我們對自己的經驗感到麻痺。在這種社會裡，幾乎無法讓身體安頓或與心保持連結，遑論與人或我們生活的地球互相連結。相反地，我們發現自己愈來愈孤立、寂寞，不僅與人隔離，也脫離了生命的自然網絡。一個人在車內、大房子裡，用手機、隨身聽緊緊夾著耳朵，以及深深的寂寞和內在的貧乏感，是現代社會最普遍的悲哀。

不只是個體失去了彼此的連結，這種孤立也是國與國之間的悲哀。分裂和否認的力量引起國際間的誤會、生態浩劫，以及國家間一連串無止境的衝突。

我寫作的同時，這個地球上有超過四十場戰爭和暴力革命，正在殘殺成千上萬的男女和小孩。第二次世界大戰後，已經發生了一百一十五場戰爭，而全世界只有一百六十五個國家。對人類而言，這並不是什麼美好的紀錄，然而我們該怎麼辦呢？

從自己開始停止戰爭

眞誠的靈性修行需要我們學會如何停止戰爭，這是第一步，但它其實需要一再練習，直到變成我們存在的方式。一個眞正「和平」的人內在的寧靜，會將和平帶進與他相連的整個生命網絡，包括內在及外在。要停止戰爭，就要從自己開始。印度聖雄甘地了解這一點，他說：

> 我只有三個敵人。我最喜歡的敵人是最容易受影響而改善的大英帝國。第二個敵人是印度的人民，他們甚難改變。但我最難對付的對手是名叫甘地的人，對於他，我似乎只有非常微小的影響力。

正如甘地，我們很難經由意志的行動來改善自己，就像要心靈擺脫自己或用鞋帶把自己舉起來一樣，是不可能的。還記得大多數的新年願望是多麼短命嗎？當我們努力改變自己，其實只是延續自我批判和自我攻擊的模式而已，我們讓自我戰爭持續存在。這種意志行動的效果通常適得其反，反而常強化原先想改變的上癮或否認。

有一位年輕人來禪修，但他很不信任權威。他有個很會虐待人的母親，想當然爾，他會反叛家庭。他在學校很叛逆，且輟學加入反主流文化。他跟某任女友打過架，據說是因為她想控制他。後來他去印度和泰國尋找自由，在禪修中得到初步的美好體驗後，便報名參加佛寺中長期的修行活動。他決定要很嚴格地修行，讓自己變得清明、純淨和安詳。然而過不了多久，他發現自己又陷入衝突。每天的例行工作讓他沒有時間持續禪修，訪客聲和偶爾行經的車聲會打擾他禪修；他也覺得老師沒給他足夠的指導，因此他的禪修收穫不佳、心停不下來。他努力要讓自己平靜，想用自己的方法解決，卻以自我對抗收場。

最後，老師在一次集體禪修結束之後，把他叫來開導：「你和每一件事對抗。食物會干擾你，聲音會干擾你，工作會干擾你，甚至你的心也干擾你，怎麼會這樣呢？這不是很奇怪嗎？我想知道，當你聽到車子經過，是它真的開過來干擾你，還是你走出去干擾它？是誰在干擾誰？」聽到這樣的話，即使是這個年輕人也不得不大笑，那一刻就是他開始學習停止戰爭的時候。

放下戰爭、活在當下

靈性訓練的目的，是給我們一種有機的、透過了解和逐步訓練的方式來停止戰爭，而非勉強用意志力去制止。持續的靈性修行能幫助我們與生活建立新的關係，能在其中放下戰爭。

當我們踏出戰場，就能重新觀看，如《道德經》所說：「雙眼不被渴望遮蔽，就能仔細觀看（故常無欲，以觀其妙）。」我們看到每個人如何製造衝突，看見自己固定不變的喜好與厭惡，努力抗拒所有令自己害怕的事物。我們看到自己的偏見、貪婪和侷限。這些都是我們很難看到的，但它確實在那裡。我們看見這些持續的戰爭背後，充斥著不完整感和恐懼；我們看到自身爲了生存的掙扎，關閉了自己的心。

當我們放下戰爭，敞開心面對事情的本貌，就能安住在當下。這是靈性修行的起點，也是終點。只有在此刻，我們才會發現什麼是永恆；只有在這裡，我們才能發現所追求的愛。過去的愛只是記憶，未來的愛是幻想，只有在當下的眞實裡，我們才能愛，才能覺醒，才能在自己和世界中找到和平、了解和連結。

拉斯維加斯賭城中，有塊招牌說得好：「你必須在現場才能贏！」停止戰爭和活在當下是一體的兩面。回到當下就是停止戰爭，體驗此時此刻的一切。多數人都把生活耗費在未來的計畫、期望與野心，以及對過去的懊悔、內疚和羞愧。當我們回到當下，就會開始再次感受周圍的生活，但也要面對自己逃避的事物。我們必須有勇氣面對當下的一切，包括我們的痛苦、欲望、悲傷、失落、祕密的期望、愛——讓我們深深感動的每一件事情。停止戰爭後，我們也會發現自己一直在逃避的東西，包括寂寞、無價值感、無聊、羞愧、未滿足的欲望。我們也必須面對這些部分。

你也許聽過靈魂出竅的「體外經驗」，四周充滿光和異象。然而眞正的靈性道路追求更大的挑戰，可以稱之爲「體內經驗」。如果想覺醒，就必須和我們的身體、感受與現在的生活連結。

活在當下需要持續而不動搖的承諾。我們踏上一條靈性道路時，不只需要停止一次戰爭，而是很多次。我們一再感覺到思想和反應的熟悉拉力，要將我們帶離當下。當我們停下來傾聽，可以感覺到自己害怕或渴望的每件事（這是同一種不滿足的兩面），會如何驅使我們遠離心，進入生活應該如何的錯誤觀念。若我們更仔細傾聽，就會發現認同自己的恐懼和渴望，讓我們變得多麼侷限。由於這種自我的渺小感，我們常常以爲快樂只來自擁有某些東西或有人爲我們付出。

發現心的偉大

停止戰爭，回到當下，就是發現自己心的偉大，能容納眾生的快樂，將它當成自己的快樂。我們讓自己去感受恐懼、不滿足、一直在逃避的困難時，心就會柔軟下來。面對自己一直逃避的困難，不只是勇敢的行動，也是慈悲的行動。根據佛教經典，慈悲就是「純淨之心的顫動」，允許自己被生命的痛苦觸碰。了解我們可以這樣做而存活，可以幫助我們喚醒心的偉大。擁有偉大的心，就能在生命的苦難與無常中，活在當下。我們可以向世界開放，向其中成千上萬的喜悅與悲傷開放。

當我們被世界深深地碰觸，就會體認到，自己的生活和其他人一樣，都會有痛苦，這就是智慧理解的誕生。智慧的理解看到痛苦是不可避免的，所有誕生的事物終將死亡。智慧的理解讓我們看見並接納生命是一個整體，它讓我們包容所有黑暗或光明的事物，因而感到安詳。這不同於用否認或逃避所得到的平靜，而是在心中發現的和平，它不排斥任何事物，以慈悲接觸一切。

經由停止戰爭，我們可以擁抱自身的悲傷和哀痛、喜悅和勝利。擁有偉大的心，就能向身邊的人開放，向家人、社區、世界的社會問題、我們的集體歷史開放。運用智慧的理解，便能與自己的生命、與稱爲「道」或「法」的宇宙法則和諧共存，那是生命的眞理。

有位身爲越戰退伍軍人的佛教徒說了一個故事，談到他在密集禪修時首度體驗到當兵時目睹的恐怖暴行。多年來，他內心一直有越戰的陰影，因爲他找不到任何方法來面對他過去的記憶。最後，他終於能停止內在的戰爭。

越戰初期，我擔任野戰醫護兵，在南北越邊界山區的省分和海軍陸戰隊的地面部隊一起作戰。我們的傷亡率很高，情況許可時，我們也會治療受傷的村民。

我第一次參加密集禪修時，已經從越戰返國八年。那些年來，我和其他越戰退伍軍人一樣，忍受每星期至少兩次不斷重複的噩夢：夢見我又回到那裡，面對相同的危險，目睹相同的無數慘狀，然後突然驚醒，冷汗與驚懼遍布全身。密集禪修時，我睡覺時沒做噩夢，恐怖的影像反而在白天打坐、經行、吃飯時出現在心眼中。恐怖的戰爭景象和禪修中心安靜的紅杉林重疊在一起，宿舍中昏沉的學生變成散落在非軍事區臨時陳屍處的屍塊。我逐漸了解，身為三十歲的靈性追求者，我不只是重新體驗這些記憶，同時也是首度承受那些經驗所造成的強烈情緒衝擊，那是當時二十歲、身為醫護兵的我完全無法承受的。

我開始了解，我的心靈逐漸放下如此恐懼、如此否定生命、如此侵蝕靈性的記憶，我曾經停止覺察，卻一直帶著它們。簡言之，我開始經歷深入的宣洩，開放地面對我最懼怕、也最強烈壓抑的東西。

密集禪修時，我被更新的恐懼所折磨，擔心釋放出自己無法控制的內在戰爭魔鬼，這些魔鬼將日夜主宰我，但我經驗到的卻完全相反。被殺害的朋友和被肢解的小孩影像，逐漸讓位給其他依稀記得的場景：叢林令人著迷而強烈的美，千百種不同的綠意、帶著香氣的微風吹過如此潔白閃亮的沙灘，像是鋪滿鑽石的地毯。

密集禪修時，我對過去和現在的自己生起前所未有的深刻慈悲感：對那個懷抱理想、年輕、即將成為醫生、卻被迫目睹難以形容的人類穢行的我，對那個連自己都不知道長久帶著傷痛記憶、無法放下的越戰退伍軍人，滿懷慈悲。

第一次密集禪修之後，慈悲就一直伴隨我。經由修行和持續的內在放鬆，慈悲有時會在無意間擴大到我身邊的人。雖然記憶一直跟著我，但夢魘已經消失。我最後一次冒冷汗尖叫，然後在寂靜中完全清醒的經驗，已是十年前發生在北加州的事了。

伯頓（Lloyd Burton）現在是一位父親，也是一位老師，他以不屈不撓的勇氣活在當下，停止內在的戰爭。在過程中，他對自己及身邊的人生起具有療癒力量的慈悲。

這是我們每個人的任務。無論是個人或社會，我們都必須脫離速度、上癮及否認的痛苦，才能停止戰爭。最大的轉化來自如此簡單的行動，即使是拿破崙也知道這個道理，他臨終前說：「你知道世上最讓我震驚的是什麼嗎？就是武力無法創造任何東西。終究，利劍總是被精神打敗！」

每當我們停止戰爭，就會產生心的慈悲和偉大。人類心靈最深的渴望就是知道如何做到這一點。我們都有共同的渴望，想超越自身的恐懼、憤怒或上癮造成的限制，連結到某種比「我」、「我的」更大的東西，一種比我們的小故事和渺小自我更大的東西。我們有可能停止戰爭、回到永恆的當下，碰觸一種含融萬物的廣大生命基礎。這就是靈性修行和選擇一條心的道路的目的：從內在發現和平與連結，停止自己和周遭的戰爭。

冥想：停止內在戰爭

舒服地坐著幾分鐘，讓身體放鬆，輕鬆而自然地呼吸，把注意力帶到當下，安靜地坐著，注意任何出現在身體的感覺，特別是你一直奮戰的感覺、緊張或疼痛。不要試圖改變它們，只要用充滿興趣且溫和的專注力注意它們。當你發現任何用力的部位，就讓身體放鬆，讓心柔軟下來，向你經驗到的一切敞開，不要掙扎。放下戰爭，靜靜地呼吸，讓它如實呈現。

經過一段時間之後，把注意力放到你的心和心智，注意出現什麼感覺和想法，特別是正在掙扎、奮戰、否認或逃避的感覺或想法，用充滿興趣且溫和的專注力注意它們，讓心柔軟下來，向你經驗到的一切敞開，不要掙扎。放下戰爭，靜靜地呼吸，讓它如實呈現。

繼續靜靜地坐著。然後把注意力放到所有仍然存在於生活中的戰爭，感覺它們在你裡面。如果你的身體出現持續的掙扎，就覺察它的存在。如果你一直在和你的感受戰爭，和自己的寂寞、害怕、困惑、哀傷、憤怒或上癮起衝突，就去感覺你一直進行的掙扎。也請注意思想上的掙扎。注意內在的敵人，內在的獨裁者，內在的防衛方式。覺察內在所有的掙扎，看看你讓這種衝突持續了多久。

以開放的心情，溫柔地允許每個經驗在當下如實呈現。只要用充滿興趣而溫和的專注力，輪流注意每一個經驗。在每一個掙扎的地方，都讓你的身體、心和心智柔軟下來，向你經驗到的一切敞開，不要掙扎，讓它如實呈現。靜靜地呼吸，讓自己放鬆。在心中的和平桌，邀請自己的所有部分與你結合。

第3章　坐定

當我們在禪墊上坐定，我們就成為自己的寺院。我們創造了慈悲的空間，讓所有事物都得以在其中出現，包括悲傷、寂寞、羞愧、欲望、懊悔、挫敗與快樂。

坐定的雙重意義

靈性的轉化是一種深刻的歷程，並不是偶然發生的。我們需要重複的紀律和眞誠的訓練，才能放下心智的舊習，找到新的觀看方式，並加以維持。要在靈性道路上成熟，必須用有系統的方式對自己做出承諾。我的老師阿姜查把這種承諾稱爲「坐定」，他說：「就是走進房間，把一張椅子放在正中間，在房間中央坐下，打開門窗，看看誰會來拜訪。你將見證各種景象及演員、所有的誘惑和故事、你能想像的一切。你唯一的工作就是留在座位上，你將看到一切生起又逝去，智慧和理解將會從中出現。」

阿姜查的描述既寫實又隱喻，「坐定」的意象描述了靈性工作的兩個相關面向。表面上，坐定的意思是從所有可能性中選定一種修行方式和老師；就內在而言，則是指立定決心，無論有什麼困難和懷疑，都要緊守那種修行方式，直到達到眞正的清明和理解。

沒有唯一正確的修行道路

每個時代的偉大靈性傳承都提供了許多覺醒的工具，包括身體的訓練、祈禱、禪修、無私的服務、儀式和奉獻的做法，甚至某些形式的現代治療。這些都是使我們成熟的方法，使我們面對自己的生活，藉由發展心智的平靜和心的力量，幫助我們以新的方式觀看。任何一種修行方式都需要以深切的承諾來停止戰爭，不再逃離生活。每一種修行方式都使我們以更清明、更接納、更誠實的意識狀態進入當下；但我們必須有所選擇。

在諸多修行方式中做選擇時，經常會遇到其他人試圖說服我們採用他們的方法，有轉世的佛教徒、基督徒和蘇菲（Sufi）信徒等等。每一種信仰都有傳教士，堅持只有他們發現通往上帝、覺醒與愛的唯一正確工具。然而，我們必須了解登山的路有很多條，絕對不會只有一條正確的道路。

有位大師的兩個徒弟在爭論修行的正確方法。他們無法解決彼此的歧見，於是去找老師。他坐在一群學生當中，兩個徒弟各自陳述自己的看法，第一個談到努力之道。他說：「師父，我們必須盡一切努力，放棄舊有的習慣和潛意識的習性，這難道不是眞的嗎？我們必須盡量誠實、覺察與活在當下。靈性生活並不是偶然發生的，而是要全心全意努力才能達成的。」大師回答：「你說得對。」

第二個學生沮喪地說：「但是，師父，靈性之道難道不是要放下、臣服，讓道或神自行顯現嗎？」他繼續說：「進步並不是出於我們的努力，我們的努力只是出於一己的執取和自我。眞正的靈性道路本質是『並非出於我的意志，而是神的意志』，不是這樣嗎？」大師又回答：「你說得也對。」

第三個學生聽了說：「但是，師父，他們不可能都對。」大師微笑說：「你說得也對。」

上山的路有很多，每個人都必須選擇一種內心覺得正確的修行方式。不需要評價別人的選擇。請記住，修行方式本身只是你邁向自由的路上，用來發展覺察力和慈悲心的工具，如此而已。

就如同佛陀所說：「過了河之後，就不需要繼續帶著竹筏。」但只要它對我們還有用，我們就得學習如何尊重並使用某種修行方法。對大多數人而言，這段時間會很長，但只要把它當成一個工具，一個幫我們渡過懷疑、困惑、欲望和恐懼之水的竹筏。我們可以對旅程中乘坐的竹筏心存感激，但仍然了解我們雖然從中獲益，卻不是每個人都搭乘相同的竹筏。

魯米（Rumi）的詩描述通往覺醒之路的許多工具：

有些人工作致富，
有些人做相同的事卻貧窮如故。
婚姻使某些人充滿能量，
卻讓某些人耗竭。
不要信任方法，它們會改變。
方法就像驢尾巴一樣搖擺不定。
總要在任何句子上
加上感謝語，如果符合神意，
然後開始行動……

擇一而行

我們可以發現偉大傳統修行方法的力量，但仍保持自己的觀點：它只是竹筏，一種覺醒的方法。雖然保有這種看法，我們還是需要做出確定的選擇，選擇一種禪修、獻身的方式、祈禱或持咒，然後用心做出承諾，全然進入，以之為修行方法。

許多有經驗的學生來參加我指導的內觀密集禪修，卻未對任何修行方式做出承諾。相反地，他們到處嘗試現今西方世界各式各樣的修行傳統，接受喇嘛的灌頂、在山上跳蘇菲舞、參加幾次禪宗的閉關禪修、參與巫師儀式，卻仍在問：「為什麼我仍然不快樂？為什麼我還陷在同樣的掙扎之中？為什麼我耗費多年修行，卻沒有什麼改變？為什麼我的靈修沒有進步？」我反問他們：「你的靈性修行是什麼？你有沒有和老師及特定的修行方法建立堅定的信任關係？」他們常常回答自己練習許多方法，或是尚未做出選擇。除非選擇一種訓練並做出承諾，否則怎麼可能對自身及眼前的世界有深刻的認識呢？靈性工作需要持續練習，需要承諾非常深入地了解自己和周圍的世界，才能知道什麼造成人類的痛苦，什麼可以解放各類衝突。我們必須一次又一次地觀看自己，以學習如何去愛、發現心封閉的原因、了解如何敞開心。

如果我們這個練習一下，那個練習一下，在換下一種法門時，我們在前一個法門所做的功課通常不會繼續累積。這就好像鑿了許多淺井，而不是一個深井。不斷嘗試不同的修行方式，我們就不會被迫面對自身的無聊、不耐煩和恐懼。我們一直不願面對自己，所以需要選定一種深刻、古老、與心連結的修行方法，承諾追隨它，直到它讓我們轉化。這是「坐定」的外在意義。

一旦我們在眾多可能的道路中做出外在選擇，並開始進行有系統的修行時，常常會發現來自內在的攻擊，如懷疑和恐懼，以及過去一直不敢體驗的感受。最後，一生中被壓抑的所有痛苦都會浮現。一旦我們選定了一種方法，就必須以勇氣和決心緊守著它，並用它面對所有困難。這是「坐定」的內在意義。

獅子吼的勇氣

有許多故事談到佛陀面對懷疑和誘惑時如何修行。他堅持承諾，面對挑戰，這種教法稱爲「獅子吼」。佛陀在開悟的那一夜立誓，除非得到覺醒，在世間萬物之中找到自由和喜悅，否則絕不起身離座。在過程中，他受到魔王瑪拉（Mara，心中各種侵略、妄想、誘惑力量的象徵）的攻擊，他對佛陀施展各種誘惑和阻撓，卻都無效；他接著質疑佛陀坐在那個位子的權利。佛陀以獅子吼回應，並召來大地女神見證他的權利，這是基於他數千世以來培養的耐心、眞誠、慈悲、德行及修行。這時，瑪拉的大軍便潰散而去。

後來，佛陀開始教學時，因爲放棄苦行而受到其他瑜伽行者和苦行者的詰難：「你每天早上享用追隨者放在碗裡的美食，穿著長袍禦寒，而我們卻只吃一點米食，赤身露體躺在釘床上。你是哪一種老師和瑜伽行者啊！你舒適、脆弱而放縱。」佛陀也用獅子吼回答這些質疑：「我也曾睡在釘床上；也曾站在恆河的熱沙上，睜眼看著太陽；也曾每天只吃不到一個指甲縫的食物。太陽下人類做過的任何苦行，我都做過！經歷這一切之後，我發現用這些修行方式和自己搏鬥，並不是正確的方法。」

取代這些苦行的，是佛陀所發現稱爲「中道」的方法，這是一種不厭棄也不執著於世間的方法，是一條建立在包容與慈悲的道路。中道就在所有事物的核心，在世界中心的偉大位置。在這個座位上，佛陀睜開眼，清楚地看見一切，敞開心擁抱一切，藉此完成證悟的歷程。他宣稱：「我已經看見一切，認識一切，而從所有的妄想和痛苦中解脫。」這也是他的獅子吼。

我們每個人都需要發出自己的獅子吼，在面對各種懷疑、悲傷和恐懼時，以百折不撓的勇氣堅持到底，宣告自己覺醒的權利。一如佛陀所做過的，我們也需要坐定，徹底面對生命的眞相。不要錯估了這件事，這並不簡單，尤其當我們陷在痛苦或恐懼的深淵時，更需要獅子的勇氣。

我在某次密集禪修中遇見一位男子，他四歲大的女兒剛在幾個月前死於一場意外。因爲她死在他駕駛的車中，他因此充滿愧疚和悲傷。他辭去工作，將全部時間花在靈修，以獲得精神安慰。他參加這次密集禪修前，已參加過多次密集禪修，接受過其他印度教老師的祝福，也曾在南印度一名聖比丘尼處立誓皈依。在這次禪修中，他的坐墊像鳥巢一樣，四周圍繞著水晶、羽毛、念珠及許多偉大上師的照片。每次禪坐時，他都會向每一位上師祈禱，並唱頌和持咒。他說，做這些是爲了療癒自己，但或許這一切只是爲了逃避悲傷。幾天後，我問他是否願意單純地靜坐，不攜帶任何神聖物品，沒有祈禱文、唱誦或其他儀式。他下次來時，就只是坐下。五分鐘後，他開始流淚；十分鐘後，他從啜泣到嚎啕大哭。他終於讓自己在悲傷中坐定，終於眞正開始悲傷。當我們坐定時，就是在練習這種勇氣。

在佛教修行中，坐定的外在和內在層面會在坐墊上交會。當我們以禪坐的姿勢坐在坐墊上，便在此身此地之中與當下連結起來，坐在天地之間的這個肉身之中，筆直而挺立。在這個動作中，我們擁有王者的力量和尊嚴，同時也會有放鬆的感覺、開放的心胸，對生命抱持溫和的接納態度。身體處在當下，心柔軟而開放，而心智專注。以這種姿勢坐著，就好像自己是佛陀一樣，可以感覺到全體人類都具有開放、覺醒的能力。

慈悲的空間

當我們在自己的坐墊上坐定，我們就成爲自己的寺院，創造出慈悲的空間，讓所有事物都得以在其中出現，包括悲傷、寂寞、羞愧、欲望、懊悔、挫敗與快樂。在寺院中，比丘和比丘尼會穿上僧袍、剃除頭髮，這是放下歷程的一部分。每個人在自己禪坐的寺院中學習放下時，都會經歷一次又一次生起的各種狀況，於是說：「啊！這也是！」我曾向一位偉大的女瑜伽大師學習，她的禪修指導主要就是這個簡單的句子：「這也是！這也是！」這幾個簡單的字鼓勵我們柔軟而開放地看見自己所遭遇的一切，用智慧和理解的心接受事實。

同樣的道理，有位年輕熱誠的學生追隨一位身爲基督教沙漠教父的修道院長。幾天後他問道：「大師，請告訴我們，當我們看到弟兄在聖禮中打瞌睡，應該捏醒他嗎？」年老的大師非常和藹地回答：「當我看到一位弟兄睡著，我會把他的頭放在我的腿上，讓他休息。」心得到休息後，自然會以更新的能量來修行。

坐定需要信任，當我們學會信任自己內在需要打開什麼，就會以適當的方式自然打開。其實我們的身、心、靈就像花瓣一樣，知道如何自然發生、敞開。我們不需用力扳開花瓣或強迫它開花，只需要持續栽種、留在現場。

無論我們選擇何種修行方式，都必須以這種態度運用它。坐定後，就會發現自己一生都具有無畏和覺醒的能力。我們也許會害怕自己的心不能承受埋藏已久的憤怒、悲傷或恐懼的風暴，也許會害怕接納整個生命——希臘左巴（Zorba the Greek）稱之爲「一整個大災難」。但坐定之後，就會發現自己是不可動搖的，可以全然面對人生，以及其中的一切苦難和喜悅，發現我們的心廣大到足以包含整個人生。馬丁．路德．金恩博士了解這種精神，並在爭取人權最艱難的期間發揚它。他的教堂被炸，許多人被殺。他召喚心的力量來面對苦難，由此得到自由。他說：

你們有多少施加痛苦的能力，我們就有多少承受痛苦的能力。我們用靈魂的力量面對你們的肉體力量。我們不會恨你們，但我們的美好良知不會服從你們不公不義的法律；我們很快就會以受苦的能力削弱你們的力量。在贏得自由的過程中，我們將全力喚醒你們的心與良知，而我們終將勝利。

無法阻擋的生命力

金恩博士了解所有掙扎和哀傷之下，有一種無法阻擋的生命力。坐定時，每個人都喚醒了這種力量。正是經由這種因自身存在及整合而有的力量，與發現心的偉大，而將自由帶進我們的生活，帶給周遭的人。在幫助學生進行禪修的工作中，我一再看到這種力量。有些巨大的困難或過去難以克服的失落將會出現，看起來似乎無法面對，也不可能得到解決。然而，只要有足夠的時間和勇氣，它會自動解決，從無可逃避的黑暗中出現嶄新的生命力，那是生命本身的全新精神。

當我們在這個地球上坐定，生命的偉大力量就開始經由我們而轉動。幾年前，我去援助某個柬埔寨難民營時，在那乾旱荒蕪的土地上就看見這種生命力。經過一場大屠殺之後，許多柬埔寨家庭因此破碎，只有部分成員倖存，只剩母親和三個小孩，或是老伯父帶著兩名姪兒。每家只分到一間約四呎寬、六呎長、五呎高的竹棚，每間竹棚前面是塊不滿一平方公尺的空地。只經過幾個月，那小小的空地已經被開墾成菜園，有結了兩、三顆南瓜的瓜藤、豆科植物或其他蔬菜。植物都受到仔細的照料，用小小的竹棍支撐著，豆科植物的卷鬚繞著棍子爬上屋頂。

每天，各個難民家庭都會步行一哩到難民營盡處的水井，排隊半小時，帶回一桶水來澆灌植物。你很難相信在這燠熱荒蕪的土地上會長出任何東西，在旱季的難民營看到這些菜園，實在是很美很美的事。

這些因戰爭而破碎的家庭在栽種、澆灌他們的小菜園時，就喚醒了無法阻擋的生命力。我們也可以！不論我們會遇到什麼內在困難或痛苦，只要坐定，並以慈悲的覺察關心所有生起的事物，就能發現這種無法阻擋的生命力。

全心投入一種靈性修行，就是要喚醒這種力量，並學習完全信賴這種力量。我們會發現自己不僅能夠面對個人的困難，甚至可以面對佛陀所說的「天堂和地獄」而存活下來。我們發現心可以開放並含融一切力量，發現身爲人類與生俱來的權利。

坐定後，內在會產生極大的整體感和豐足感，這是因爲我們對一切開放，不拒絕任何事情。多瑪斯·牟敦（Thomas Merton）在他的《亞洲日誌》（*Asian Journals*）中描述這種開放的力量。他造訪汶萊一座古老的寺廟，那裡的大理石峭壁上刻著幾尊巨大的佛像。他說它們栩栩如生，是他見過最美妙的藝術品。他看著安詳、空寂的佛像，看到「超凡臉孔上的寂靜、偉大的笑容、巨大而又微妙，充滿各種可能性，什麼都不質疑、什麼都不拒絕。安詳的偉大笑容不是出於壓抑，而是一種眞正的安詳，已看穿每一個疑問，又不試圖貶抑任何人或事，沒有任何反駁。」對佛陀而言，整個世界是從空性生起，其中的一切都在慈悲中連結。在這種覺醒、慈悲的意識中，整個世界都成爲我們的座位。

坐定的禪修

讓身體舒服地坐在椅子或坐墊上。以穩定、挺直、與大地連結的姿勢坐著。就像佛陀在開悟之夜那樣坐著，帶著極大的尊嚴和集中的精神，感覺自己能夠面對任何事物的能力。閉上眼睛並讓注意力轉向呼吸，讓呼吸自由地傳遍身體，讓每一個呼吸都帶來平靜和安適。當你呼吸時，感覺你把身體、心靈和心智敞開來的能力。

開放你的感官、你的感受、你的思想。分別覺察身體、心、頭腦中有什麼是關閉的。繼續呼吸並創造出一個空間，打開它，讓任何事物都能出現。把感官之窗打開，覺察出現的一切感受、影像、聲音和故事。以充滿興趣而輕鬆的態度，注意所有向你展現的東西。

繼續感覺你的穩定性，及自身與大地的連結，好像已在生命的核心坐定，並開放自己去覺察生命之舞。當你坐著的時候，深思生活中平衡和安詳的益處，感覺生命季節變換時，不可動搖的安住力量。生起的一切都將逝去。深思喜悅和悲傷、快樂和不快樂的事件、個人、國家，甚至文明，都會生起又消逝。像佛陀一樣坐定，在一切的中心，安住於平等和慈悲之心。

以這種方式坐著，莊嚴地留在當下，想坐多久就坐多久。一段時間之後，在仍舊感覺集中和穩定的狀態下睜開眼睛，然後起身走幾步，以同樣的集中和莊嚴行走。以這種方式練習打坐和行走，感覺你能敞開、有活力，並具有和地球上生起的一切共存於當下的能力。

第4章 必要的療癒

靈性道路上，需要發現深處的創傷，才能達到真正的成熟。正如阿姜查所說：「如果沒有哭過許多次，禪修就還沒有真正開始。」

幾乎每一位走上眞正靈性道路的人，都會發現深刻的個人療癒是靈性歷程中必要的部分。承認這種需求時，就能把靈性修行導向身體、心、心智的療癒。這不是什麼新觀念，自古以來，靈性修行就已被視爲療癒的過程。佛陀和耶穌都是著名的身體療癒者，也是偉大的心靈醫生。

越戰期間，我在越南看見一個結合這兩位導師的強大意象。雖然當地戰火猛烈，我還是被一間寺廟吸引前去拜訪，它是由著名的大師「椰子和尚」（Coconut Monk）在湄公三角洲的一座島嶼上興建的。船抵達時，有許多僧侶迎接我們，帶我們四處參觀，說明他們對和平與非暴力的教導；隨後帶我們到島嶼盡頭的小丘上，那裡有座六十呎高的巨大佛陀立像，旁邊站著一樣高的耶穌雕像。他們的手臂環繞彼此的肩膀，面帶微笑。當武裝直昇機飛過，四周進行著激烈的戰爭時，佛陀和耶穌像兄弟般站在那裡，向所有願意追隨他們道路的人展現慈悲和療癒。

智慧的靈性修行需要我們主動處理生活的痛苦和衝突，以達到內在的整合與和諧。透過有經驗的老師來指導，禪修有助於產生這種療癒。如果缺少必要的療癒步驟，學生會發現自己無法進入更深階段的禪修，或是無法整合禪修與生活。

許多人剛接觸靈性修行時，會希望跳過悲傷和創傷，略過生活中的困難。他們希望超越自己，進入充滿神聖恩典的靈性領域，脫離一切衝突。有些靈性修行確實鼓勵這種方式，並教導達成此一狀態的方法：透過強烈的專注和狂熱，帶來狂喜和安詳的狀態。有些強力的瑜伽練習可以轉換心智。雖然這些方法有其價値，可是一旦結束練習後，必然會感到失望，因爲只要修行者的訓練稍有鬆懈，就會再度面對所有想拋在腦後、未解決的身心問題。

我認識一位在印度修習瑜伽十年的人，他在離婚後去了印度。他離開家鄉（英國）時非常沮喪，工作也很不快樂。身爲瑜伽修行者，他有多年深入而嚴格的呼吸練習經驗，爲他帶來長期的心靈平靜和光明。這些經驗都可算是某種療癒。但不久後，寂寞又回來了，他想回家，卻發現過去未解決的問題再度出現，和離家前一樣強烈，這也是當初使婚姻結束、工作不快樂的原因，更糟的是，這也是他罹患憂鬱症的原因。一段時間之後，他發現自己的心需要深刻的療癒，他了解不能再逃離自己，於是開始在生活中尋求療癒。他找到一位老師，很有智慧地引導他在禪修中接納憂鬱和寂寞。他與前妻尋求和解（但不是再結婚），加入能夠幫助他了解童年的支持性團體，也找到一份社區工作，和他喜歡的人共事。這些都是療癒心的漫長過程的一部分，印度那一段只是一個開始。

靈性道路上，需要發現深處的創傷，才能達到眞正的成熟：包括來自過去的悲傷、未實現的渴望、一生累積的哀痛。正如阿姜查所說：「如果沒有痛哭過許多次，禪修就還沒有眞正開始。」

若要以愛和智慧具體實現靈性生活，這種療癒就是必要的。尚未得到療癒的痛苦和憤怒、童年受虐或被拋棄的創傷，都會成爲生命中強大的潛意識力量。除非我們能覺察和理解舊有的創傷，才會發現自己一再重複創傷的模式，包括未滿足的需求、憤怒及困惑。雖然靈性生活有許多種療癒，如恩典、靈恩的復興、祈禱或儀式。但在系統化的靈性修行中，會自然發展出兩種最重要的療癒。

第一類療癒出於我們與老師之間發展出的信賴關係。越戰中耶穌和佛陀雕像的意象，提醒我們即使在最艱難的時期，療癒還是可能的。它也提醒我們，療癒不能只靠自己。內在療癒的過程必然需要與老師或指導者發展一種承諾的關係，因爲我們最大的痛苦大多來自過去的關係，要透過智慧而自覺的關係才能療癒這些痛苦。這種關係會變成開啓慈悲和自由精神的基礎。過去的痛苦和失望讓我們陷入孤立和封閉，有智慧的老師能讓我們重新學會信任。當我們允許自己最黑暗的恐懼和最糟糕的面向被別人看見和慈悲地接納時，就學會自我接納。

我們與老師的健康關係是信賴的模式，由此學會信賴他人、自己、自己的身體、自己的直覺、自己的親身體驗。這種關係讓我們信賴生命本身。教導和老師成爲支持我們覺醒的神聖容器（較後面的章節會談到我們與老師的關係）。

當我們以有系統的覺察練習，開始把覺察和愛的專注力量放在各個生活領域時，就會產生另一種療癒。佛陀談到在生活的四個基本面向培養覺察力，他稱之爲四種覺察的基礎（四念住）。這四個面向是：身體和感官的覺察、心和感受的覺察、心智和思想的覺察、管理生命的原則的覺察（梵文稱這些原則爲法〔dharma〕或宇宙的定律）。

在這四個領域培養覺察力，是佛教關於洞識和覺醒的所有修行的基礎。持續覺察的力量總是能產生療癒和開放，本書就是教導如何把覺察力延伸到生活中每一個領域的方法。以下是把禪修的專注引進生活的四個面向，以產生療癒的方法。

身體的療癒

禪修常以帶領我們覺察身體的技術做爲開始，這種技術對我們特別重要，因爲美國文化一直忽略身體和直覺的生活。喬伊斯（James Joyce）描寫過一個角色：「達非先生住在離自己身體一小段距離的地方」，我們當中有許多人也是如此。在禪修中，我們可以慢下來、安靜地坐著，眞的和任何生起的事物同在。帶著覺察，我們可以培養一種意願，向身體經驗開放，不與之對抗，眞的活在身體中。這樣做時，就能更清楚地感覺到它的快樂和痛苦。我們對此所知不多，因爲社會文化教導我們要迴避或逃離痛苦。要療癒身體，就必須探究痛苦。當我們仔細注意身體的疼痛，會發現有幾類痛苦。疼痛有時出於適應自己不習慣的坐姿，有時是生病的警訊或表示身體眞的有問題，這些疼痛向我們要求直接的回應和療癒的行動。

禪修中遇到的疼痛大多不是身體的問題，而是情緒、心理及靈性的執著與緊縮，以身體的疼痛表現出來，芮克（Wilhelm Reich）稱之爲肌肉的盔甲，是我們在痛苦的情境下，爲了避免受到生活中不可免的困難所影響，一再綳緊身體各部位的結果。即使是健康的人舒服地坐著禪修時，也可能會察覺到身體的疼痛。我們坐著不動時，肩膀、背部、下顎或頸部都可能會痛，以前未發現的肌肉纖維累積的結塊，會在我們敞開時浮現。自覺到結塊的疼痛時，可能也會注意到每個緊張部位所連結的特定感受、記憶或景象。

當我們逐漸能覺察過去被關閉或忽略的所有部分，身體就會得到療癒。學會處理這種開放是禪修藝術的一部分。我們可以用開放而尊重的專注力，覺察構成身體經驗的感覺。在這個過程中，我們必須發展對感覺的覺察，以了解身體眞正的狀況，我們可以注意呼吸形態、姿勢，支撐背部、胸部、腹部、骨盆的方式，在這些部位敏銳地感覺到能量的自由移動，或阻止能量流動的緊繃和收縮。

禪修時，試著讓任何生起的事物自由地穿透你。讓注意力變得非常溫和，一層層的緊張會逐漸放鬆，能量會開始移動，因舊疾和創傷而停滯的身體部位將會打開。結塊放鬆、消融時，身體會得到更深層的淨化，能量的通道也會打開。隨著這種開放，我們有時會經驗到強烈的呼吸，有時是自發性的顫動和其他身體感覺。

讓你的注意力從表層的「快樂」、「緊張」或「疼痛」進入更深層，檢視常被你擋住的痛苦和不愉快的感覺，以仔細的覺察讓各個層次的「疼痛」自然展現。首先，我們可以學會覺察疼痛而不感到緊張，體驗和觀察身體的各類疼痛——壓力、緊繃、刺痛、像針在扎、抽痛或燒灼感，然後就能注意到「疼痛」的所有層面：核心是燒灼、震動和壓力的強烈成分，外層通常是身體的緊繃和收縮，更外面可能是厭惡、憤怒或害怕的情緒，以及思想與態度，如：「我希望這件事可以趕快結束」、「如果我覺得痛，一定是我做錯了什麼」或「生命總是痛苦的」。我們必須覺察所有層次，才能得到療癒。

每個人在靈性修行中的某個階段，都需要處理身體的疼痛。對某些人來說，這是長期的課題。就我自己而言，我有過多次深刻的身體解放，那是有機而安詳的，但有時也經驗到痛苦而強烈的淨化，那時會全身顫抖，呼吸變得急促吃力，灼熱和火燒的感覺會流遍全身，強烈的情感和影像也會出現，覺得自己好像絞成一團。留在這個過程中，身體必定會被大為開啓，通常會伴隨極大的狂喜和幸福感。不論是溫和或強烈的身體開啓，都是長期禪修的常見現象。當你深化身體的修行，重視生起的一切現象，以開放和關愛的覺察留在當下，身體就會以自己的方式展現。

禪修也有其他對待身體的態度：禁欲的修行、勇士的訓練、征服身體的內在瑜伽。療癒者有時會建議用有意識的攻擊性禪修來治療某些疾病，例如讓癌症病患觀想自己的白血球是小小的白色武士，將癌細胞刺穿並摧毀。這對某些人有幫助，但對我和像史蒂芬·拉維（Stephen Levine）等致力於療癒禪修的人而言，我們發現對傷口和疾病送出慈悲，而非厭惡和攻擊時，會產生更深的療癒。不論是單純的背痛或嚴重的疾病，我們都太常以憎恨的態度對待，也憎恨整個患部。以覺察來療癒的方法，是以慈悲和關愛的專注力，碰觸最深層的創傷而產生療癒。就如王爾德（Oscar Wilde）所說：「需要我們來愛的，並不是完美的人，而是不完美的人。」

有位女學生首次參加密集禪修時，癌症已經蔓延全身。雖然她被告知會在幾週內死亡，但仍決定以禪修爲治療工具。她服用極好的中藥配方、針灸，每天進行療癒禪修。雖然腹部一直因癌症而發熱、鼓脹，但她非常照顧免疫系統，又健康地多活了十年。她認爲關鍵在於具有療癒力量的專注，使癌症停止發展。

對身體進行系統性的專注，可以改變我們與它的整體關係。我們能夠更清楚地了解身體的節奏和需求。若未以覺察注意自己的身體，生活就會過於忙碌，而無法感受適當飲食、動作及身體的愉悅。禪修能幫我們發現自己如何忽略生活中的身體層面，並發現身體的需求。

關於忽視身體，可用蘇菲教派的智者、也是神聖的愚者納斯魯汀（Mullah Nasrudin）的一個故事爲例。納斯魯汀買了一頭驢子，但餵飽牠要花許多錢，於是他想出一個計畫：在幾個星期之內，逐漸減少驢子的食物，最後，他一天只餵一小杯穀物。這計畫看起來似乎成功了，納斯魯汀省下一大筆錢。然而不幸的是，那頭驢子卻死了。納斯魯汀在茶館向朋友談到這個實驗：「眞可惜啊！如果那頭驢子再活久一點，或許我就能讓牠習慣不吃東西了！」

忽視或虐待身體是錯誤的靈性修行。當我們關注身體，就開始重新恢復感受、直覺和生活。發展這種注意力，就能體驗感官的療癒，眼睛、舌頭、耳朵和觸覺都會恢復活力。許多人禪修一段時間後都有這種經驗。顏色是純淨的，味道是新鮮的，可以感覺雙腳踏在土地上，好像又變回小孩一樣。感官的淨化使我們體驗充滿活力的喜悅，以及與當下生活愈來愈親密的感覺。

心的療癒

經由感覺身體的韻律，並以深刻而溫和的專注力接觸它，就能開啓和療癒身體，同樣地，我們也可以開啓和療癒生命的其他面向。心和感受的療癒也有相似的過程，也是注意它們的韻律、本質和需求。心的開啓常始於打開累積一生、未曾被承認的悲傷，包括個人的悲傷，以及戰爭、飢餓、年老、生病和死亡的普世傷痛。我們有時會在身體上經驗這種傷痛，感到心臟周圍的緊縮或阻礙，更常感受到深處的創傷、遺棄、痛楚，以及不曾落下的眼淚——佛教形容人類淚水的汪洋比四大海洋還要大。

當我們坐定，並培養出禪定的專注力時，心就會自然展現療癒，我們揹負已久的悲傷會出現，它來自各種痛苦和破碎的期待與希望。我們的悲傷源自過去的創傷和現在的恐懼，以及所有不敢在意識中體驗的感受。內在所有的羞愧或無價值感都會出現，因爲許多童年和家庭的痛苦、父母造成的創傷、孤立、過去受到肢體或性的虐待，都儲藏在心中。傑克·恩格勒（Jack Engler）是哈佛大學的佛學老師和心理學家，他形容禪修基本上是悲傷和放下的練習。我參加過的多數密集禪修中，幾乎有一半的學生都在處理某種程度的悲傷：否定、憤怒、失落或哀傷。這種悲傷的處理會產生深刻的更新。

許多人都曾被教導不應該受悲傷和失落所影響，但沒有人能倖免於此。美國有位經驗豐富的安寧病房主任來參加密集禪修，他很驚訝自己仍爲去年過世的母親感到哀痛，他說：「這種哀痛與我處理別人的哀痛不同，那是我的母親。」

王爾德寫道：「心就是注定要打碎的。」當我們經由禪修得到療癒，被打碎的心才會敞開，徹底去感受。強烈的感受、心中深處未說出的部分，都會出現，而禪修的首要任務就是讓它們穿透我們，然後認識它們，允許它們自由歌唱。溫德爾·貝瑞（Wendell Berry）以一首詩優美地形容這種情形：

我去林間靜靜坐著。
所有煩擾都靜下來
在我周圍有如漣漪。
我的工作躺在原處
我留它們在那裡，如牛群沉睡……
接著我恐懼的事來了。
在它的目光下，我生活片刻。
我所懼怕的，離開了它
我對它的恐懼也離開了我
它在歌唱，我聽見它的歌。

當我們傾聽憤怒或恐懼、寂寞或渴望的歌聲，就會發現它們不會永遠停留，暴怒會轉爲哀傷，哀傷會化爲眼淚，眼淚可能會流很久，但接著陽光就會出現。舊日失落的記憶向我們歌唱，身體顫抖並重現失落的時刻，然後失落感周圍的盔甲就會逐漸軟化，在巨大哀傷的歌聲中，失落的痛苦最終得到釋放。

眞正去聆聽我們最痛苦的歌聲時，就能學到寬恕的神聖藝術，雖然也能透過系統化的練習方法來培養寬恕（見第十九章），但心打開時，寬恕和慈悲也會自動生起。感覺到自己的痛苦、悲傷與淚水時，就會了解我們的痛苦是共有的，而生命的神祕、美麗和痛苦是無法分開的。這種普世的痛苦也是我們互相連結的一部分，面對它，我們就再也不能保留自己的愛。

我們可以學會寬恕別人、自己，以及有肉體痛苦的生命；可以學會向一切敞開心，向我們原本害怕的痛苦與歡樂敞開。我們由此發現一個偉大的眞理：靈性生活大部分是自我接納，也可能全部都是。事實上，接納自己的生命之歌，就開始爲自己創造更深、更大的認同感，我們的心因而能在無限寬廣的慈悲中擁抱一切。

大部分情形下，這種療癒工作非常困難，需要別人陪伴。我們走過這段路時，需要嚮導牽著我們、鼓舞我們，然後就會出現奇蹟。

拿俄米．雷蒙（Naomi Remen）是一位醫生，她治療癌症病患時會使用藝術、禪修和其他靈性修行方法。她告訴我一個感人的故事，談到一位病人在治療身體時，心也得到療癒的過程。一位二十四歲的年輕男子找她看診時，已經因爲骨癌而截去一條腿，以挽救生命。她開始治療他時，他有強烈的不公平感受，對所有「健康」的人懷有恨意。他覺得這麼年輕就得承受這種可怕的失落，是極度不公平的事。因爲他的悲傷和憤怒如此巨大，所以持續接受了幾年的治療才走出傷痛，得到療癒。他不只需要治療身體，也需要治療破碎的心和受傷的心靈。

他努力投入治療，講述及畫出自己的故事、禪修、覺察生活的一切。當他逐漸恢復，也對相似處境的人產生深刻的慈悲，他開始探視和他一樣嚴重傷殘的病人。有次他告訴醫生，他去探視一位年輕的歌手，她因為失去兩側乳房非常沮喪，連看他一眼都不願意。護士打開收音機，可能想讓她開心一點。那天很熱，那位年輕人穿著運動短褲走進來，想盡辦法要得到她的注意，最後他解開義肢，隨著音樂彈指，開始用一隻腳在病房內跳舞。她驚訝地看著他，大笑著說：「先生，如果你能跳舞，我就可以唱歌。」

這位年輕人剛開始接受繪畫治療時，用蠟筆把自己的身體畫成一個花瓶，中間有道黑色裂縫，他憤怒地咬著牙，一次次重畫那道裂縫。幾年後，雷蒙醫生為了鼓勵他完成療程，又拿出早期的圖畫，他看著花瓶說：「喔！這幅畫還沒有完成。」她建議他畫完，之後他指著那道裂縫說：「妳看，這是光線穿過的地方。」他用黃色蠟筆畫出光束穿過裂縫，進入花瓶，然後說：「我們的心在破裂的地方變得更堅強。」

這個故事深刻地描繪出悲傷或創傷可以成為療癒的工具，讓我們有最完整、最慈悲的認同，也就是心的偉大。當我們眞的與悲傷和解，心中就會生出巨大而不可動搖的喜悅。

心智的療癒

就像我們經由覺察而療癒身體和心，也可以用這種方式療癒心智。如同我們學到感官和感受的本質和韻律，也可以如此了解思想的本質。在禪修中注意思想時，就會發現它們不受控制，我們是在不請自來的記憶、計畫、期望、判斷和懊悔的連續水流中浮沉。心智開始顯示它的一切可能性，這些可能性常常是彼此衝突的，包括聖人的優美特質和獨裁者及謀殺者的黑暗力量。心智由此計畫和想像，創造無盡的掙扎和想要改變世界的劇情。

然而這些心智活動的根源是不滿足。我們似乎想同時擁有無窮的刺激和完美的平靜。思想並未服務我們，而是在潛意識和不自覺的情況下驅策我們。雖然思想可以很有用、很有創造力，卻多半會以喜好與厭惡、崇高與低俗、自我與他人等相對概念支配我們的經驗。它述說我們成功和失敗的故事，安排我們的安全感，習慣性地提醒我們認爲自己是誰、是怎麼樣的人。

思想的二元本質是我們受苦的根源。每當我們把自己想成獨立的個體，就會產生恐懼和依附，我們會變得緊縮、防衛、野心勃勃和界線分明。爲了保護孤立的自我，我們會推開某些東西；爲了支撐自我，就會緊抓及認同其他事物。

一位史丹佛大學醫學院的精神科醫師在首次參加十天密集禪修時，發現了這些眞理。雖然他學過精神分析，受過治療，但在每天打坐和經行十五小時的連續禪修中，卻發現自己不曾眞正遇見心智。他後來寫了篇文章談論這次經驗，描述一位精神醫學教授坐著觀看自己發瘋是什麼滋味。連續不斷的思緒洪流和其中各種狂野的故事，令他非常震驚，特別是重複出現的自誇思緒，想成爲偉大的老師或知名的作家，甚至世界的拯救者。他已看出這些思緒都源自恐懼：在密集禪修中，他對自己和他的所知感到不安。這些誇大的思緒是心智的補償作用，使他不必感到無知的恐懼。多年後，這位教授成爲非常有經驗的禪修者，但還是要先和未經訓練的心智的忙碌與恐懼模式和平共處。他自此也學會不那麼認眞看待自己的思緒。

心智的療癒有兩種方式：第一種，我們把注意力帶進思緒的內容，透過智慧的反省，學習把它們引導到更有益的方向。透過覺察，我們可以認識和減少無益的擔心和強迫模式，以澄清我們的困惑，解除破壞性的觀念和意見。我們可以用有自覺的思想，更深刻地反省我們重視的價值。問自己：「我有好好愛過嗎？」這是第一章的例子，也可將思緒引導到有益的通道，如慈悲、尊重和寬心之道。許多佛教修行運用重複的句子，以破除老舊、破壞性的重複思考模式，而促成改變。

然而，即使我們努力地對心智進行再教育，也不可能完全成功。不論我們多麼想引導心智，它似乎有自己的意志。爲了進一步療癒心智的衝突，就需要放下對這些衝突的認同。要達到療癒，我們必須學習退出心智的所有故事，因爲思緒的衝突和意見永遠不會停止。正如佛陀所說：「有許多意見的人只是到處招惹別人。」當我們看見心智的本質就是思考、區分、計畫時，就可以讓自己脫離它鐵鉗般的分離主義，安住在身體和心之中。我們以這種方式跨出自我認同，從我們的期待、意見、判斷和衝突中走出來。心智認爲自我是分離的，但心知道的比較多。偉大的印度大師尼撒哥達塔（Sri Nisargadatta）說：「心智創造深淵，而心跨過了它。」

世上許多巨大的悲傷是出於心智與心失去連結。我們可以在禪修中重新與心連結，並發現思緒的所有衝突背後，有寬廣、合一、慈悲的內在感受。心容許心智的故事、觀念、幻想和恐懼的存在，但並不相信它們，不需要追隨它們或實現它們。當我們碰觸到所有紛亂思想的底層，就會發現甜美而具療癒力的沉默，這是每個人本來就有的平和，是心的良善、是力量、是與生俱來的完整。這種基本的良善有時也稱做本性或佛性。當我們返回自己的本性，當我們看見心智的所有方式，而仍安住於這種平靜和良善，就找到了心智的療癒。

透過空性得到療癒

以覺察力來療癒的最後一個層面，就是覺察掌管人生的普遍法則，其核心就是對空性的認識。這很難用文字描述。事實上，我雖可在此試著描述，但必須透過你自己的靈修經驗，才能直接認識開放和空性。

在佛教的教導中，「空性」是指看穿或消解微小、固著的自我概念時，所經驗到的一種根本的開放性和一體感。當我們看見自己的存在是短暫的，我們的身體、心和心智是由不斷變化的生命網絡產生的（而網絡中沒有任何事是分離或獨立的），我們就會經驗到空性。禪修中最深刻的經驗會引導我們深入覺察生命根本的開放和空性、不斷變化和無法擁有的本質，覺察到它是一種永不休止的歷程。

佛陀描述人生有如一系列不斷變化的歷程所組成的，有身體的歷程、感受的歷程、記憶和認識的歷程、思想和反應的歷程，以及意識的歷程。這些歷程是動態而持續的，沒有任何單一元素能被稱爲不變的自我。我們自己就是一個歷程，和生命交織成一體。我們像生命之洋的波浪，我們暫時的形式仍然與海洋是一體的。有些傳統稱這個海洋爲道、神聖、豐饒的空無、不生不滅。我們的生命從中而出，是神聖的迴映、是意識的活動或舞蹈。當我們領會這個賦予生命的空性歷程，就得到最深刻的療癒。

禪修更爲深入時，就能看見經驗的活動。我們注意到感受，發現它們只持續幾秒鐘；我們注意思緒，發現它們是短暫的，來了又走，未受邀請，像雲一樣；我們覺察身體，發現它的界線是可滲透的。在這種練習中，我們對孤立的身體或心智的固著感便會開始消融，在意想不到的情形下，突然發現自己是多麼輕鬆自在。進一步深入時，會經驗到與萬物和偉大的生命奧祕相連的開闊、歡愉和自由。

有位安寧病房主任在一位垂死的六十五歲老人的病房外，陪伴老人的子女時，體驗到這種連結。他們剛接到叔叔在車禍中喪生的消息，正在猶豫要不要告訴父親。老人已瀕臨死亡，爲了不讓他難過，於是決定不告訴他。但他們走進房間，他抬頭看著他們說：「你們不是有事要告訴我嗎？」他們正在懷疑他是什麼意思時，他接著說：「你們爲什麼沒有告訴我，我的弟弟已經死了？」驚訝之餘，他們問他是怎麼知道的，老人說：「過去這半個小時，我一直在和他談話。」於是他把他們都叫到床邊，對每個孩子說了幾句遺言，十分鐘後就仰頭過世了。

西藏上師卡魯仁波切（Kalu Rinpoche）說：

你活在錯覺和事物的表象中。有一種你不知道的實相，當你了解它時，就發現自己什麼也不是，而當你什麼也不是的時候，你就是一切。如此而已。

碰觸到這個合一的領域，就會得到療癒。我們發現自己的恐懼和欲望、提升和保護自己的企圖，都是建立在徹底錯誤的孤立感妄想之上。

發現空性的療癒力後，就會了解每件事都交織在連續的活動中，在某種我們稱爲身體、思緒或感受的形式中生起，然後又消融或變化成新的形式。有了這種智慧，就能在一個又一個片刻中開放自己，並活在變動不居的道中。我們發現自己可以放下與信任，讓呼吸自由進行，讓生命的自然律動輕鬆地帶領我們。

存有的各個面向：身體、心、心智，都是透過同樣的關懷而得到療癒。我們的專注力使我們更重視身體，發現身體是上天的恩賜。專注力能帶領我們用心感受人類的情感，也可以療癒心智，重視思想而不陷入其中，還可以使我們向生命的偉大奧祕敞開，發現我們的空性和完整性，以及與萬物一體的眞理。

冥想：培養療癒的專注力

舒服而安靜地坐著，讓身體輕鬆地休息，輕柔地呼吸。放下過去和未來的思緒、記憶和計畫，只專注在當下。讓你珍貴的身體展現最需要療癒的部位，讓身體的疼痛、緊張、疾病或創傷顯露出來，用仔細、溫和的專注對待它們。緩慢而小心地感覺它們的身體能量，注意它們內在組成的成分——脈動、抽痛、緊張、刺痛、熱、緊縮、痠痛，這些性質組成我們所謂的疼痛。以接納和溫和的專注力，充分去感覺與容納它們。覺察身體周圍的部位，如果有收縮和緊繃的部位，溫柔地注意它，輕柔地呼吸，讓它打開。然後，以相同的方式覺察心中的任何厭惡或抗拒，用溫柔的專注注意它，不帶排斥，允許它就是這個樣子，允許它在自己的時間打開。現在注意你探索的疼痛所伴隨的思想和恐懼：「它永遠不會消失」、「我無法忍受它」、「我不該遇到這種情形」、「它太難了、太麻煩了、太深了」等等。

讓這些思緒留在你溫和的專注當中一段時間，然後溫柔地回到你的身體。現在讓你的覺察更深，也更能接納，再次感覺痛處的層次，允許每一層開放並移動，讓它自行增強或消失。像輕聲安慰孩子般對待你的疼痛，以關愛和撫慰的專注完全擁抱它，在其中輕柔地呼吸，用療癒的親切態度接納生起的一切。繼續這種禪修，直到你覺得與身體所有呼喚你的部位都重新連結，直到你感到平靜。

當你發展出療癒的專注，就能定期將它導向身體有疾病或疼痛的明顯部位；接著掃瞄身體，看看是否還有需要關注的其他部位。你也可以將療癒的專注用於深處的情緒創傷。悲傷、渴望、暴怒、寂寞和悲痛，都能在身體中首度被感覺到。有了仔細而溫和的專注，你便可以深入感覺它們的內在，和它們在一起。一段時間之後，你可以輕柔地呼吸，打開注意力，進入伴隨它們的緊縮、情緒和思緒的各個層次。最後，你也可以讓它們平靜，好像你在溫柔地安慰孩子，接納出現的一切，直到你覺得平靜。你可以用這種方式處理心，想做幾次都可以。請記住，身體和心的療癒永遠都在這裡，只是在等待我們慈悲的關注。

冥想：拜訪療癒聖殿

舒服地坐著，閉上眼睛，把注意力放到呼吸上。坐著時，感覺你的呼吸和身體，不要嘗試去改變它。注意什麼是舒服的，什麼是不舒服的。注意你是否昏沉或過度清醒，注意你的心思是否散亂或平靜。只要注意它是什麼就好了。注意你的心的狀況，它覺得緊縮嗎？覺得柔軟而開放嗎？或者是這兩者之間？它疲倦了嗎？它快樂嗎？注意並接納呈現出來的一切。

想像你神奇地來到一間美麗的療癒聖殿，或是充滿偉大智慧與愛的能量所。去感覺它，感受它，想像它，多久都可以，用你喜歡的方式進行。感覺自己坐在那裡，在那兒悠閒、專注地禪修。你坐在這個聖殿、這個有大智慧的地方，開始更深刻地反省自己的靈性旅程，逐漸覺察自己的創傷需要在旅途中療癒。輕柔地呼吸，溫柔地感受生起的一切。

當你坐著的時候，美好而智慧的生命將從這座療癒聖殿走出，溫柔地接近你。非常接近的時候，你可以描繪、想像或感覺他們是什麼或是誰？他們微微向你鞠躬，走過來把最溫柔的手放在你深受創傷的部位，以最慈愛的照料碰觸你身體留有哀傷的地方。讓他們教你如何療傷。若你感覺不到他們的碰觸，就坐著用自己的手掌，想像你用手碰觸自己最深的傷口、有悲傷和困難的地方，用你的手碰觸它，好像你就是那個美好的生命。不論你埋藏或抗拒過悲傷多少次，不論你用怨恨對待它多少次，你現在終於能向它敞開。

讓你的專注力成爲這隻美好而智慧的手，柔軟親切地碰觸悲傷的部位。碰觸時，探索裡面是什麼，是溫暖或冰冷的？是硬的、緊的或柔軟的？是震動、移動或不動的？讓你的覺察像佛陀、觀世音菩薩、聖母瑪麗亞或耶穌的觸碰般慈愛。這悲傷的溫度和質地是什麼？它感覺起來是什麼顏色？是怎樣的感覺？以非常慈愛、接納的心，覺察所有感受。讓它們成爲它們要變成的樣子，然後非常輕柔地以最純淨的甜美碰觸它，好像你就是觀世音菩薩。向痛苦敞開，這個內心埋藏已久的部位的核心是什麼？當你看著它，讓自己看見原本是多麼封閉、壓抑或拒絕它，希望它離開，希望可以不必去感覺它，而以恐懼與厭惡對待它。讓自己平靜坐著，最後向這個痛苦打開你的心。

在這座聖殿中休息，讓療癒和慈悲的專注遍布其中，想待多久就待多久。當你準備離開時，想像自己懷著感謝向它敬禮；當你離開時，記住這個聖殿就在你心中，你可以隨時前往。

第5章 訓練小狗：觀呼吸

專注絕不是出於力量或強迫。你只是把小狗再撿起來，重新連結到此時此地。

有個故事談到佛陀開悟後不久，在印度流浪，遇見幾個人，這些人在昔日是英俊的王子而現在是穿著僧袍的出家人身上，發現一些超凡的特質。他們停下來問道：「你是神嗎？」他回答：「不是。」「那你是善靈（deva）或天使嗎？」他回答：「不是。」「那你是某種巫師或術士嗎？」「不是。」「你是男人嗎？」「不是。」他們很困惑，最後問道：「那你是什麼？」他簡單地回答：「我是覺醒的人。」佛陀的意思就是覺醒，他的所有教導都在談如何覺醒。

我們可以把禪修視爲覺醒的藝術。精通這門藝術，就能學會以新的方式面對困難，使生活充滿智慧和歡樂。培養禪修的工具和練習，就能喚醒最佳的靈性能力。這門藝術的關鍵就是穩定的專注力。培養完滿的專注力，再加上感恩與柔軟的心，靈性生命就會自然成長。

如前所述，許多人在專注靜坐之前，必須先經歷身心的療癒。但要開始療癒、開始了解自己，也必須先有基本的專注力。爲了使修行更爲深入，必須選擇一種方法，有系統地培養注意力，全然投入其中，否則會像沒有槳的船隨波逐流。要學習專注，就必須選擇一種祈禱方式或禪修方法，全心而穩定地追隨這條道路，無論發生什麼事，都願意日復一日地練習。這對大多數人而言，並不容易做到，因爲大家都希望靈性生活展現立即而廣大的效果。但有什麼偉大的藝術是可以速成的呢？任何深刻訓練的效果都與我們付出多少成正比。

看看其他藝術，例如音樂，要花多少時間才能彈好鋼琴呢？假設我們花數月或數年，每週上一堂課，每天認眞練習。一開始，幾乎每個人都爲了記指法和學看譜而大傷腦筋；幾個星期或幾個月之後，才能彈簡單的曲調，也許一、兩年後可以彈某種類型的音樂。但如果要精通這門藝術，彈出美妙的音樂，想獨奏或合奏，加入樂隊或交響樂團，就必須不斷投入訓練。如果想學電腦程式設計、油畫、網球、建築、千百種藝術中的任何一種，都必須全心全力投入很長的時間：訓練、當學徒、培養。

靈性藝術的要求也是如此，甚至更多。但透過這種精熟的練習，可以掌握自己和生活，學到最人性的藝術，學會如何與最眞實的自己連結。

創巴仁波切（Trungpa Rinpoche）將靈性修行稱爲手工藝，它是一種愛的工藝，我們在其中一次又一次地全心注意自己的狀況。不論在任何處境中，我們都穩定深入地祈禱、禪修和訓練，學習如何誠實而慈悲地觀看、如何放下、如何更深刻去愛。

但我們不是這樣開始的。假設我們以每日生活中的一段獨處時間開始，而眞正嘗試禪修時，是什麼狀況呢？不論是祈禱、唱誦、禪修或觀想，最常見的第一種經驗就是遇到破碎而散亂的心。佛教心理學把未經訓練的心比喻成狂亂的猴子，會從思考跳到記憶，從影像跳到聲音，從計畫跳到懊悔，從不停止。如果我們能靜靜坐著一小時，徹底觀察心去過的地方，不知會展現出何等複雜的情節！

第一次進行禪修這門藝術時，其實會令人非常受挫。無可避免地，當我們的心智四處遊蕩，而身體感覺到累積已久的緊張和沉溺已久的速度時，常常會看見自己其實沒有什麼內在紀律、耐心或慈悲。靈修時，即使努力引導、集中注意力，也不用花很多時間，就能看到自己的注意力有多麼散亂、不穩定。雖然我們常把它想成「我們的心智」，但若誠實地觀看，就會發現心智其實遵循自己的本質、狀況和法則。看見這一點時，也會看見我們必須逐漸與心智建立一種明智的關係，使之連結到身體和心，才能使我們的內在生活穩定而平靜。

這種連結的精髓就是不斷把注意力帶回我們選擇的修行方法。祈禱、禪修、觀想或複誦神聖的語句，都是有系統的方法，使我們的注意力能集中而穩定。全世界的神祕主義和靈性文獻所描述的傳統境界和意識狀態，都要透過專注的藝術才能達到。這些回到眼前任務的專注藝術，也能帶來我們所追求的清明、心智的力量、安詳與深刻的連結。這種穩定和連結又能進一步產生更深層的了解和洞見。

不論是觀想、詢問、祈禱、神聖語句，或專注於感覺或呼吸的修行方法，都會牽涉到一次又一次穩定而自覺地返回某個焦點。當我們學會以更深、更完全的專注這樣做時，就像學會在波濤洶湧中穩住獨木舟一樣。重複我們的禪修，放鬆而沉浸至此刻，深入地與當下存在的事物連結。把自己安頓在一個靈性基礎中，訓練自己回到眼前這一刻，這是需要耐心的過程。塞爾斯的聖法蘭西斯（St. Frances de Sales）說：「我們需要的是一杯理解、一桶愛和一整個海洋的耐心。」

對某些人來說，在禪修中返回一千次或一萬次的工作，似乎太無聊，甚至懷疑其重要性。但我們已有多少次遠離了生活的眞實呢？也許是一百萬或一千萬次！如果想覺醒，就必須以整個生命、全然的專注，找出回到此處的方法。

聖法蘭西斯接著說：

非常溫柔地把自己帶回此處。即使一整個小時都沒做其他事，只是把你的心帶回來一千遍，雖然每當你帶回它，它又會跑掉，但你已善用這一小時。

由此看來，禪修很像訓練小狗，你把小狗放下，說：「坐好！」小狗會聽話嗎？不，牠會起身跑掉。你再把小狗拉回來坐下，要牠「坐好！」小狗會一再跑開。有時小狗會跳起來、到處跑、在牆角撒尿或製造其他混亂。我們的心智很像小狗，不同之處是會製造更大的混亂。訓練心智或小狗時，都必須一次又一次地重複。

進行靈性修行時，挫折會隨之而來。我們的文化或學校教育都沒有教我們如何使注意力穩定而平靜，有位心理學家說我們的社會是「注意力痲痺」的社會。許多人發現專注是如此困難時，便會出現緊張的怒氣和自我批評，甚至更糟的反應，迫使注意力回到呼吸、持咒（mantra）或祈禱。你會用這種方法訓練小狗嗎？打牠有用嗎？專注絕不是出於力量或強迫。你只要把小狗再撿起來，重新連結到此時此地。

在靈性修行中培養深入的興趣，是整個專注藝術的關鍵之一。興趣的程度會滋養穩定的程度，使我們專注於禪修。然而，對初學者而言，許多禪修主題都顯得單調乏味。有個老故事談到一位學禪的學生，向老師抱怨跟隨呼吸是很無聊的事，禪師把學生的頭壓進水裡很長一段時間，直到學生掙扎著起來。當禪師終於讓他起來後，問他在水中那段時間是否仍覺得呼吸是無聊的事。

專注是全然的興趣加上細膩的注意。不要把這種注意和隔離或疏離混爲一談，覺察並不是把自己和經驗分開，而是接納與全然感覺經驗。覺察就像變焦鏡頭一樣會改變，有時我們在經驗之中，有時好像坐在自己肩膀上注意當時的情形，有時又以很遠的距離來覺察。這些都是有用的覺察，都有助於我們在每一刻更清楚地感覺、碰觸、看見自己的生活。當我們學會穩定注意力的品質，愈來愈深的平靜感：平穩、細緻和微妙，便會隨之而來。

有位禪修學生和她先生住在英屬哥倫比亞山區的偏遠社區時，學會微妙的專注藝術。她曾在印度學習瑜伽，幾年後，她在先生的協助下產下一名男嬰，沒有醫生或助產士的幫助。很不幸地，那是漫長複雜的臀產過程，嬰兒的腳先出來，臍帶又纏住脖子。嬰兒出生時全身泛藍，無法呼吸。父母盡最大的努力為他做人工呼吸。在吹氣入肺的間隔，他們會停下來看看他是否開始呼吸。在這段難熬的時刻，他們注意他是否有微弱的呼吸，以判斷他能否活下來。最後，他開始呼吸了。他母親微笑地告訴我這個故事時說：「就在那一刻，我了解什麼是真正地覺察呼吸，而那甚至不是我自己的呼吸！」

把注意力集中在呼吸上，可能是世界各地數百種禪修主題中最普遍的一種。穩定地注意生命氣息的移動，是瑜伽、佛教、印度教、蘇菲教派、基督宗教和猶太教傳統的核心。雖然其他禪修主題也很好，各有其特質，但本書會繼續說明觀呼吸的練習，做為各種練習的範例。觀呼吸的禪修能讓心平靜、使身體開放，並開發巨大的專注力。對我們而言，呼吸是任何環境、任何時間都可以運用的。我們學會運用它之後，呼吸就成為一生覺察力的支柱。

對呼吸的覺察並非一蹴可幾。起初我們必須靜靜坐著，讓身體放鬆並保持警覺，單純地練習找到身體內的呼吸。我們在什麼部位真正感覺到它？鼻子裡涼涼的感覺、喉嚨後面刺刺的感覺、胸部的動作或腹部的起伏？感覺最強的部位就是開始建立注意力的地方。如果呼吸在好幾個部位都很明顯，可以去感覺呼吸在全身的動作。如果呼吸太輕柔而難以覺察，可以把手放在腹部，感覺擴張和收縮的動作。我們必須學習仔細集中注意力，感覺每一個呼吸時，就能知道它如何在體內移動。不要嘗試控制呼吸，只要注意它的自然動作就好，好像守門人注意有什麼經過。它的節奏如何？是淺的，或長而深的？它變快或慢了？有溫度嗎？呼吸可以成爲偉大的老師，因爲它總是在移動、變化。在簡單的呼吸中，我們可以了解收縮和抗拒、開放和放下。我們能從中體會優雅生活的意義，了解能量之流的眞理，並改變自己。

然而，即使有興趣和強烈的渴望想讓注意力穩定，還是會分心。分心是心智的自然活動。我們的心智和心原本就不是清澈、純淨的，所以會分心。心比較像泥濘或亂流，每當迷人的影像或有趣的記憶飄過，我們的習慣就是起反應、陷入其中或迷失；痛苦的影像或感覺生起時，我們總是逃避，並在不知不覺中分心。我們能感覺到渴望、分心、因恐懼而反應等習性所產生的力量。這些力量在許多人身上如此巨大，因此經歷陌生的平靜片刻後，心智就會開始反抗，一次次的不安、忙碌、計畫，以及連自己也不知道的感受，都會打斷我們的專注。處理這些分心的情形，使獨木舟穩定下來，讓波浪從旁邊過去，以平靜、鎮定的方式一次次地回來，就是禪修的核心。

初次嘗試後，你會開始體認某些外在狀況特別有助於發展專注。找到或創造一個安靜而不受干擾的修行地點，是非常必要的。選擇規律而適當的時間，要盡量符合你的性情和作息；試試早晨或傍晚的禪修，看哪個時段最能支持內在生命的寂靜層面。打坐前，你可能想先來一段啓發性的閱讀，做做伸展操或一些瑜伽動作。有些人覺得在固定的團體打坐、定期參加密集禪修，有很大的幫助。針對這些外在因素來試驗，直到你找到最有助於內在平靜的方式，然後在生活中養成練習的習慣。創造適合你的條件，就是有智慧的生活，提供最好的土壤，讓屬靈的心得到滋養與成長。

當我們投入專注的藝術幾星期或幾個月之後，就會發現專注力自然會逐漸穩定。起初我們可能需要努力集中注意力，試圖抓緊禪修的主題。然後心智和心會逐漸減少分心的情形，隔一段時間就會發現心變得更純淨、更容易運用、更有彈性。我們更常感覺到呼吸，它變得更為清晰，或是更全然地複誦禱文或真言。就好像讀一本書，一開始我們常會被周圍許多瑣事打斷；但如果它是一本好書，也許是本神祕小說，在讀完之前，我們會沉浸在情節中，即使有人從旁經過也不會注意。剛開始禪修時，思緒會把我們帶走，我們會想很久；專注力增長之後，我們會在思緒之間就想到呼吸。到後來會在思緒一生起時就發現，或是讓思緒留在背景中，非常專注於呼吸，不受思緒活動干擾。

當我們繼續下去，專注力的增長會使我們更貼近生活，就像鏡頭聚焦一樣。當我們注視杯裡的池水，它顯得清澈而靜止。但放在最普通的顯微鏡下，就會發現其中充滿生命和活動。同樣地，我們的專注力愈深入，身體和呼吸就愈柔軟，身體內每個感覺到呼吸的地方，都會有微細的震動、移動、觸感、流動，非常活躍。專注力的穩定顯示生命的每個部分都在變化，就像河流一樣，雖然我們覺得它是一條河，但其實它一直在變動。

當我們學會放下、進入當下，呼吸會自動發生，讓身體的感官之流移動、開放，開闊和自在就會出現，就像技術純熟的舞者，讓呼吸和身體自由流動、運作，同時也在當下享受開放的感覺。

我們更為熟練時，也會發現專注有自己的時程。有時我們很容易坐定而進入狀況，有時身心狀況卻混亂或緊張。我們可以學習在各種水域航行：心緊繃時，要學會柔軟和放鬆，打開注意力；心昏沉或軟弱無力時，要練習坐正，更集中注意力。佛陀將這種情形比喻為調整琴弦，走音時要有所察覺，然後輕柔地調整鬆緊，以達到平衡。

學習專注時，會覺得自己好像總是從頭開始、總是失去焦點。但我們眞的到哪去了呢？只不過是一個情緒、思緒或懷疑掃過心頭。只要體認這一點，就可以放下，在下一刻再度安頓下來。我們永遠可以重新開始。當我們逐漸產生興趣、感覺能力慢慢加深之後，就會開啓新的禪修層次。我們會發現不同的狀態會交替出現，有時擁有深入的平靜，好像不受干擾的小孩，而力量則像航行中的大船，但有時還是會分心或迷失。專注力的成長有如螺旋一圈圈加深，當我們一再回到禪修的主題，每次都會學到更多內在傾聽的藝術。當我們仔細傾聽，就能一直感覺到呼吸的新樣貌。有位緬甸禪師要求學生每天都要說出一些關於呼吸的新發現，即使是禪修多年的學生也如此。

你是否注意到呼吸間有停頓？開始呼吸時是什麼感覺？呼吸結束時是什麼感覺？呼吸停止的空檔是什麼狀態？開始呼吸前，那種想呼吸的衝動是什麼？呼吸如何反映你的情緒？

剛開始感覺到呼吸時，它好像只是很小的動作，但開發了專注的藝術之後，就可以在呼吸中感覺到上百種事情：最細微的感覺、氣息長度的變化、溫度、渦流、擴張、收縮、皮膚與氣息接觸的感覺、不同身體部位對呼吸的共鳴等等。

堅守一種靈修訓練，需要海洋般的耐心，因爲我們總是想去其他地方。我們會一再分心，已經在如此多的片刻脫離當下，持續了許多年，甚至許多世以來就是如此。每當有人在密集禪修感到挫折，我便會指出《金氏世界紀錄》的一項成就：駕駛執照路考的連續失敗紀錄保持人是英國維克菲爾德郡的赫葛瑞福太太，她在一九七〇年四月考砸了第三十九次測驗，她連闖了幾個紅燈，最後撞車。隔年八月，她終於通過第四十次測驗，不幸的是，她花了太多錢在駕訓課程而沒錢買車。同樣地，阿肯色州小岩城的透納太太在一九七八年十月終於通過第一百〇四次駕照筆試。如果我們能用這種持續力來考取駕照、精通滑板或其他一百件事裡的任何一種，當然也能精通與自己連結的藝術。身爲人類，我們可以爲任何事獻身，這種發自內心的堅持和獻身，會使靈性修行充滿活力。

請一定要記住，我們訓練小狗時，最後是想和小狗成為朋友；同樣地，我們必須練習把身心當成「朋友」。即使它四處漫遊，禪修時仍可以用友善的興趣和好奇來接納它。我們可以馬上注意它如何移動，心會產生波浪，呼吸就是一種波浪，身體的感覺也是。我們不需要對抗波浪，只要承認「波浪來了」、「這是三歲記憶帶來的波浪」、「這是計畫的波浪」，然後重新連結到呼吸的波浪。想要深入專注的藝術，便需要溫和而慈愛的了解。如果沒有眞正軟化下來，進入體內安住，不可能長時間好好活在當下。以強迫和緊張所達成的專注，都無法持久。我們的任務是訓練小狗成為終生的朋友。

禪修的態度或精神對我們的幫助，可能比禪修的其他層面都大。禪修要求堅定而投入的感覺，加上基本的親切感。我們要帶著輕鬆的心和幽默感，願意一再與當下眞實呈現的一切直接連結。我們並不想讓小狗的訓練變得過於嚴肅。

基督宗教的沙漠教父說過一個故事，有一位老師要求新學生必須連續三年送錢給每個侮辱他的人。試煉期滿後，老師告訴他：「你現在可以去亞歷山大城學習眞正的智慧。」那名學生進入亞歷山大城時，遇見一位智者，他的教學方式就是坐在城門前侮辱經過的每個人。他自然也侮辱了那位學生，這位學生立刻縱聲大笑。智者說：「我侮辱你，你為什麼笑？」學生回答：「因為好幾年來我一直為這種事付錢，現在你卻免費送給我！」智者說：「進城去吧！它全是你的了！」

禪修是教導我們用智慧、輕鬆和幽默感進入每個當下的練習，是開放和放下的藝術，而不是累積或努力出來的。因此，即使在我們遇到挫折和困難時，內在仍然能滋生出非凡的力量與洞見。吸氣，「噢！這個經驗很有趣，不是嗎？我再吸一次看看，啊，這次有點難，甚至可怕，不是嗎？」吐氣，「啊！」我們進入一種奇妙的過程，在整個過程中訓練自己的心與心智，使之敞開、穩定和覺醒。

建立每日禪修的習慣

首先選一個適當的空間做爲例行禪修的地方。任何你能輕鬆坐下而很少受到干擾的地方，臥室一角或家中任何安靜的地點都可以。準備一塊禪墊或一張椅子，安排好四周的環境，可以提醒你禪修的目的，使它感覺起來像個神聖而安詳的空間。你或許想用花或聖像做個簡單的聖壇，或放置你最喜愛的屬靈書籍，以便有一些啓發性的閱讀時刻。盡情爲自己創造這種空間。

然後，配合你的作息與性情，選擇固定的練習時間。如果你是早起的人，可以試試在早餐前靜坐。如果傍晚較適合你的性情或作息，就先試試在傍晚靜坐。開始時，每次先坐十或二十分鐘，然後延長時間或增加次數。每日的禪修可以變成像洗澡或刷牙一樣固定的習慣，定期清掃和穩定你的心與心智。

找出一個你可以在椅子或禪墊上輕鬆坐直而不會僵硬的姿勢，讓身體牢牢坐穩，雙手輕鬆地放好，心是柔軟的，眼睛輕柔地閉上。一開始，先感覺你的身體，有自覺地放鬆一切明顯的緊張，放下任何習慣性的思考或計畫。注意呼吸的感覺。深呼吸幾下，找出你最容易感覺到呼吸的部位，例如鼻孔或喉嚨裡涼涼或刺刺的感覺、胸部的動作或腹部的起伏。然後讓呼吸自然進行，非常仔細地感受自然呼吸的感覺，感覺到時，放鬆地進入每一個呼吸，注意呼吸的輕柔感覺在呼吸的變化中如何來去。

幾次呼吸之後，你的心很可能會飄走。當你注意到這點，無論飄離了多久，還是單純地回到下一個呼吸。在你返回之前，可以覺察剛才去了哪裡，在心中用一個輕柔的名字稱呼，例如：「思考」、「漫遊」、「聽」、「癢」等。輕柔、安靜地為剛才注意力去的地方命名之後，溫柔而直接地回來感覺下一個呼吸。在日後的禪修中，你將能處理心所漫遊的地方，但初期訓練時，最好的方法是用一個字詞指認，然後單純地回到呼吸。

靜坐時，讓呼吸自然地改變韻律，允許它或短或長、或快或慢、或粗或細。藉由放鬆進入呼吸，使自己平穩下來。當呼吸變得輕柔，注意力就要變得溫柔而仔細，就像呼吸本身一樣輕柔。

就像訓練小狗一樣，溫柔地把自己帶回來一千次。經過數週到數個月的練習，你會逐漸學會用呼吸來使自己平穩、集中。這個過程會有許多週期，狂亂和清明的日子會輪流出現。只要堅持下去。當你這樣做時，深深地傾聽，你將發現呼吸會幫助你連結整個身心，並使之平靜下來。

呼吸練習是本書介紹的其他禪修方法的絕佳基礎。發展出某種程度的平靜和技巧，並與呼吸連結之後，就能把禪修範圍擴大到身心所有層面的療癒和覺察。你將發現呼吸的覺察會成爲你所做一切的穩定基礎。

經行：走路的禪修

就像呼吸的禪修一樣，走路的禪修也是簡單而普遍的修行方法，可以培養平靜、連結和覺察。我們可以規律地練習經行，在禪坐前後或任何其他時刻，例如工作一整天之後，或在閒散的星期天早晨。經行的藝術是在走路時學習覺察，利用自然的走路動作，培養覺察的能力和覺醒的當下。

選個安靜的地方，可以舒服地來回走動，大約十到三十步的範圍，室內室外皆可。開始時，站在這條「走道」的一端，雙腳在地上站穩，雙手自然下垂。閉目一會兒，集中注意力，感覺身體站在地面上，感覺腳底的壓力，以及站立的其他自然感覺。然後睜開雙眼，讓自己回到當下，並保持警覺。

開始慢慢走路，以自在莊嚴的感覺行走，注意你的身體，每一步都去感覺腳板和腿舉起、離開地面的感覺，覺察每一步踏到地面的感覺。放鬆並輕鬆而自然地走路。走路時，仔細覺察每一步的感覺。到走道末端時停一下，集中精神，小心地轉身，再停一下，讓自己能感覺回程時踏出的第一步。你可以實驗走的速度，以最能讓你留在當下的速度來走路。

繼續來回走十或二十分鐘或更久。就像呼吸的禪修一樣，你的心會飄走很多次。一旦你注意到這點，輕柔地確認心去了什麼地方：「遊蕩」、「思考」、「聽到」、「計畫」。然後就回來感覺下一步。就像訓練小狗一樣，你需要回來一千次。無論你的心飄離一秒鐘或十分鐘，只要單純地確認你去了哪裡，然後就回到此時此刻鮮活的下一步。

練習經行一段時間後，你會學到用它來讓自己平靜和集中，身體也會以更覺醒的方式生活。接下來，你可以把經行延伸到逛街購物、散步或上下車。你可以學習享受走路就是走路，而不是像以往一樣邊走邊計畫或想事情。以這種簡單的方式，開始眞正活在當下，在生活中把身體、心和心智結合起來。

第二部

靈性生活的前景與危險

稻草變黃金・爲魔鬼命名・困難的問題與固執的訪客・靈性的雲霄飛車・自我的擴展與消融・尋找佛陀

第6章 稻草變黃金

踏上真誠的靈性道路，並不是逃避困難，而是清醒地學習犯錯的藝術，引導它們成為心的轉化力量。

每個靈性生活都必然會經歷一連串困難，因爲日常生活就包含了這些困難，佛陀將之描述爲「不可避免的存在之苦」。然而，在深刻認識靈性的生活中，這些不可避免的困難卻能成爲覺醒以及加深智慧、耐心、平衡和慈悲的來源。如果缺乏這種觀點，我們就只是像揹負重擔的牛或步兵般忍受著苦難。

我們就像童話故事《紡金線的女孩》中的年輕女孩，被困在一間滿是稻草的房間，完全不知道身邊的稻草是黃金假扮的。靈性生活的基本原則是：我們的問題正是發現智慧和慈悲之處。

縱使只是一點點靈性修行，就已經使我們發現療癒、停止戰爭、訓練自己活在當下的重要。當我們變得更有自覺，就能更清楚地看見構成人類經驗的內容：生命中不可避免的矛盾、痛苦與掙扎、喜悅和美好、不可避免的苦難、渴望，以及不斷變化的悲喜劇情。

當我們遵循一條眞誠的修行道路，痛苦似乎會變得更多，因爲我們不能再迴避它們或自己。當我們不再遵循幻想和逃避的舊習，就要留下來面對生命中實際的問題和矛盾。

眞誠的靈性道路並不逃避困難或錯誤，而是引導我們清醒地學習犯錯的藝術，讓它們成爲心的轉化力量。當我們開始愛人、覺醒、自由，就必定要面對自身的限制。當我們深入觀看自己，就會更清楚地看到未經檢證的衝突和恐懼、弱點和困惑。看清這種情形是非常難受的，創巴仁波切形容從自我的角度來看靈性的進步，就像是「一個接一個的羞辱」。

從這個角度來看，我們的生命就像一連串錯誤，可以稱之爲「問題」或「挑戰」；從某些方面來說，稱爲「錯誤」較爲妥當。事實上，有位著名的禪師曾形容修行就像「一個接一個的錯誤」，也就是一個接一個的學習機會。我們就是從「困難、錯誤與過失」中眞正地學習。生活便是犯下一連串錯誤。了解這一點，將會爲自己和他人帶來極大的自在和諒解，使我們與生命的難題自在共處。

但我們的反應通常是什麼呢？當生活發生困難，我們的回應是責備、挫折或失敗感，於是試著克服這些感受，盡快逃避它們，回到較愉快的事情。

我們藉由禪修使自己平靜時，回應困難的過程甚至會變得更明顯。但不是以習慣性的責備來回應，而是有機會看見我們的困難，看它們如何產生。困難有兩種，一種顯然是需要解決的問題，這種情境需要慈悲的行動和直接的回應。但大部分問題是自己製造的，因爲想努力改變生命的原貌，或是過於陷入自己的觀點，而失去更廣大、更有智慧的視野。

我們常認爲困難是自身之外的環境造成的，但富蘭克林很了解這一點，他說：

我們有限的視野、希望與害怕，成為我們衡量生活的標準，環境不符合我們的想法時，就變成困難。

我認識一位佛教徒作家，他多年前追隨一位知名的藏傳老師開始修行。他對禪修所知不多，但接受了一些初步指導後，認定他必定會開悟，於是帶了幾本禪修的書和足夠吃六個月的食物，到佛蒙特州山上的一間小屋居住。他估計六個月或許就能嘗到開悟的滋味。他開始閉關時，十分享受森林和獨處的樂趣，但才過了幾天，就覺得快發瘋了，因爲他整天打坐，心卻停不下來，不只常想著事情、計畫或回憶，更糟糕的是，他的心會一直唱歌。

這個人已經找到一塊讓他「開悟」的美麗地點，小屋靠近一條潺潺溪流，第一天，溪水聲似乎很美好，過了一會兒，卻起了變化。每當他坐下來、閉上眼睛，就聽到溪水的吵雜聲，而且馬上跟著水聲唱和，他的心開始唱起進行曲，如《永遠的星條旗》或《閃爍的星旗幟》（美國國歌）。當水聲的干擾過於嚴重，他就停止禪修，走進溪中，開始搬動四周的石頭，看看能否讓溪水唱出不同的曲調。我們在生活中做的幾乎和他毫無不同。困難發生時，我們就把挫折感投射到外在事物，例如下雨、孩子們，外在世界似乎是我們不舒服的來源。我們以爲若能改變世界，就會得到快樂。然而，我們並非透過搬動石頭來找到快樂和覺醒，而是要轉化我們和它們的關係。

西藏佛教傳統指導初學者必須修持的法門叫做「將困難帶入修行的道路」，包括有自覺地將我們不想要的苦難、生活中的哀傷、內心和外在的掙扎，變成滋養耐心和慈悲心的基礎，由此發展更大的自由和眞實的佛性。困難是如此被看重，因此在每個修行階段前，會唱誦一段眞心請求困難來到的西藏祈禱文：

在這旅程中，願我能得到適當的困難和苦難，使我的心能真正覺醒，使我追求解脫和宇宙慈悲心的修行能真正實現。

波斯詩人魯米以同樣的精神寫了一首詩，談到有位傳教士爲街上的盜賊祈禱，爲何如此呢？

因為他們對我如此慷慨，
每當我轉身要回他們想要的東西時
我衝向他們，他們毆打我，留下我而去
在街道中，我再次了解，他們想要的，
不是我想要的。
不論何種原因，要感謝那些讓你轉身
回到靈性的人。
你要擔心那些給你
甜美撫慰而使你遠離祈禱的人。

最能滋養靈性的，常常是引領我們面對最大限制和困難的事物。密勒日巴是著名的西藏修行者，年輕時曾以神通力量傷害很多人。後來他遇到一位眞正的上師，這位上師要求他不用神通力，從事幾年的苦力工作。他徒手蓋好三棟大石屋後，又拆除它們，一次只搬除一塊石頭。在過程中，他學到耐心、謙虛和感恩。這些困難爲他做好準備，在日後能接受和了解更高深的教法。

我的老師阿姜查稱之爲「違反意願的修行」或「面對自己的困難」。當他覺得弟子已做好準備，就把膽小的人送到墳場整夜修行；那些常打盹的人當然就被派去敲打寺內早上三點的起床鐘。

即使沒有主動尋找困難或特別的指定功課，我們也自然會遇到很多困難！透過困難來修行，需要極大的心靈勇氣。唐望稱之爲「成爲靈性的勇士」，他說：

> 只有成為靈性的勇士，才經得起知識之路的考驗。勇士不能抱怨或後悔任何事。他的生命是無止境的挑戰，而挑戰是沒有好壞的，挑戰就只是挑戰。凡人和勇士的不同，就在於勇士視每件事為挑戰，而凡人則將每件事看成祝福或咒詛。

每個人的生命都有極困難的時期或處境，這些困難會喚起我們的靈性。我們有時要面對摯愛的孩子或父母的痛苦或疾病；有時要面對職場、家庭或生意上的損失；有時只是自身的寂寞、困惑、上癮或恐懼；有時會被迫面對痛苦的環境或難以相處的人。

有一位研究生在五年禪修期間，總是不斷在修行、人際關係、工作中掙扎。她在禪修中，有時能得到片刻的平衡、產生某些洞識，卻不曾找到深入的寂靜。她對任何形式的慈心觀都有強烈的反感，因爲覺得挫折和造作。後來，她弟弟因車禍受傷，她回家幫忙，卻陷入離異父母之間的爭執。在車禍前，她父母已有八年不曾交談。弟弟徘徊在死亡邊緣，而父母的關係並沒有好轉。每天探病回家後，她會在自己的房間試著打坐；打坐時，常常爲弟弟、父母和自己的痛苦流淚。一天傍晚，她紅著眼走出房間，父母問她怎麼了？她不禁痛哭流涕，哽咽地談到家中的巨大痛苦，想必每個人都很難受。她的發洩沒什麼用處，但父母因此感到羞愧，確實降低了吵架的音量。弟弟的病情逐漸好轉，她放心地回到研究所，回到工作，回到她的關係，也回到家中的禪修。在家中打坐的第一天，她不禁淚流滿面，這次是爲她自己多麼孤立、把自己弄得如此剛硬而哭泣。她試著修慈心觀和寬恕，結果她的心對生命中的每個人充滿慈悲。在這次開放之後，她的禪修、工作和人際關係都漸漸好轉。

我們可以在困難中學到修行的眞正力量。在這些時刻，我們曾培養的智慧、深厚的愛和原諒，都是最重要的資源。在這種時刻禪修、祈禱和修行，就像是爲心中的痛楚傾注撫慰的油膏。每當遇到貪婪、怨恨、恐懼、無知的巨大力量時，心中也能發出同樣巨大的勇氣。

心的這種力量，來自於體認每個人所承受的痛苦都是所有生命共有的更大痛苦的一部分。不僅是「我們的」痛苦，而是「這」痛苦，了解這一點，能喚醒我們的普世性慈悲。苦難是以這種方式打開我們的心，德蕾莎修女稱之爲：「遇見僞裝成苦難的基督」。她在最大的困難中看見神聖的劇本，在服務瀕死的窮人中發現耶穌的憐憫。一位年老的西藏喇嘛在中國監獄被囚禁十八年，他把監獄的守衛和刑求者視爲最偉大的老師，說他在那裡學到佛陀的慈悲。正是這種精神，使達賴喇嘛把曾經占領和破壞他國家的中國共產黨看成「我的敵人朋友」。

這種態度展現了多麼大的自由。正是心的力量，能面對任何艱困的環境，並將之轉化爲黃金般的機會。這是眞正修行的果實，這種自由與愛是靈性修行的成就和眞正的目標。佛陀說：

> 如同大海只有一味，鹽的味道，修道上所有真正的教法，基本上也只有一味，就是自由的味道。

這種自由來自我們有能力處理任何生起的能量或困難。這種自由使我們有智慧，能進入世上所有領域：美麗和痛苦、戰爭與和平的領域。我們不是在其他地方或其他時間找到這種自由，而是在今生的此時此刻。我們不需要等到極端困難的時刻才去體驗自由，最好能在生活中的每一天培養。

如果把日常生活的環境看成修行的地方，就能開始找到這種自由。遇到日常的困難時，我們必須自問：我們是否視之爲咒詛，好像是命運造成的倒楣事？我們會咒罵它們嗎？逃走嗎？害怕和懷疑會打倒我們嗎？我們如何開始處理在自己身上發現的反應？

處理問題時，我們常常只看見兩種選擇。第一種是壓抑和否認，嘗試讓生活只充滿光明、美好和完美的感受。我們終究會發現這種方法是無效的，因爲我們以一隻手或身體某部分壓抑的東西，會從其他部分冒出來。如果壓抑心中的想法，會得到胃潰瘍；如果壓抑身體的問題，心靈會變得煩躁或僵化，充滿未曾面對的恐懼。第二種策略剛好相反，是呈現出所有反應，在各種情境中隨意發洩感受。這也會造成問題，如果我們把每一種生起的感受都發洩出來，比如我們不喜歡的事、觀點、怒氣，會使我們的習慣性反應不斷增長，直到它們變得令人厭倦、痛苦、困惑、矛盾、難以處理，最後令人無法承受。

還有其他可能嗎？第三種選擇就是清醒而專注的心所發揮的力量，使我們能面對問題和困難，將之融入禪修，以促進靈性生活。

一位心理學教授來參加禪修，想尋求平靜和了解，她的教育背景是心理學理論，也研究過東方哲學，想致力於心智運作的研究，了解意識的活動，但身體卻無法配合。她一輩子都與一種退化性疾病搏鬥，身體常常感到巨大的痛苦和虛弱。她的內心期待禪修能減輕疼痛，好讓她能繼續探索深層的佛教心理學。然而，每當她禪修時，不論是禪坐或經行，全身都疼痛無比。她無法克服疼痛，經過幾次密集禪修，她的挫折感漸增，疼痛也更爲嚴重。她想要不同的經驗，而不是與過去相同的慢性疼痛。

常有人問她和疼痛之間的關係？她總是說：「喔，我只是一直覺察它。」但仍暗自期望疼痛會消失。

有一天，在幾小時充滿挫折與疼痛的禪坐之後，她放下自己的抗拒，以眞誠開放的專注，用全然不同的眼光看這個疼痛。她了解自己耗費全部生命，想要完全掙脫身體。她恨疼痛，也恨她的身體，禪修只是她用來逃離自己的另一個方法。她終於看到這一點，不禁痛哭流涕，她竟然如此不愛自己的身體。這是她靈性修行的轉捩點。她決定，如果她的任務是用疼痛的身體打坐，她就要以全部的溫柔和憐憫對待身體。當她尊重自己的身體，願意和疼痛一起打坐時，身體開始變得柔軟，不只如此，整個生命也開始改變。她眼中生起大量的愛與慈悲，也成爲一位具有她原本追尋的各種靈性價值的老師。

詩人魯米如此描述：

> 靈性和身體承載不同的重擔，需要不同的關注。我們常把馬鞍放在基督身上，卻讓驢子漫遊於草原。

我們的困難需要我們付出最慈悲的關注，就像煉金術可以把鉛塊變成黃金一樣，當我們將鉛一般沉重的困難（不論是身體、心或心智方面的困難）放入修行的核心，它們就會照亮我們。這種任務通常不是我們想要的，卻是我們必須做的。不論做了多少禪修、瑜伽、節食和深思，都無法使所有問題全部消失，但我們可以把困難轉化成修行，直到它們在修行路上一點一滴地爲我們指引方向。

接近困難可以使我們成熟，毒樹的故事可以闡明這一點。剛發現毒樹時，有人只看到它的危險，他們的立即反應是：「趁我們還沒受傷前，趕快砍掉它，在其他人吃到有毒的果實之前砍掉它。」這就像我們在生活中出現問題時的最初反應；當遇到攻擊、衝動、貪婪、害怕，或面對自己或他人的壓力、失落、衝突、沮喪或哀傷時，我們最初的反應是避開它們，於是說：「這些毒樹對我們有害，我們來拔掉它們的根、擺脫它們、砍斷它們。」

另一類在靈性道路上走過一段時間的人，發現毒樹時，不會以厭惡的態度看待它。他們了解，要對生命敞開，就必須以深入、眞誠的慈悲對待周遭一切事物。因爲了解毒樹也是我們的一部分，所以他們說：「不要砍掉它，而是對這棵樹懷抱慈悲。」於是，出於好意，他們在這棵樹的四周圍了籬笆，以免別人誤食中毒，樹也得以存活。第二個方法顯示關係從批判和害怕轉爲慈悲。

第三種人已進入更深的靈性生命，看到同樣的樹，他們有更多的洞察，說：「啊，毒樹。太棒了！正是我在找的。」這人撿起毒樹的果實，研究它的性質，把毒素和其他成分混合，製成良藥，可以療癒疾病、轉化世界的不幸。透過尊敬和了解，這人以完全不同於一般人的眼光，在最困難的環境中找到價値。我們如何面對生命中的失望和障礙？遇到困難和失落時，我們運用何種策略？在這些困難中，如何找到自由、慈悲或了解的精神？

在生命的每個面向中，我們都有機會在心中將稻草變成黃金。這需要尊敬的關注，願意從困難中學習。當我們以智慧的眼睛來看，而不是對抗時，困難就能變成好運。

生病時，與其對抗疾病，不如傾聽它說出的訊息，藉此得到療癒。孩子嘀咕抱怨時，與其叫他們閉嘴，不如傾聽他們深層的需要。當我們和愛侶或伴侶之間發生問題時，也需要處理自己的問題。困難和弱點常常帶領我們到自己最需要學習的課題。

這種精神在禪修中相當重要。有位學生在禪坐時，經常被睡意打擾。他的生活十分活躍，因爲性情使然，他總是工作、創作、辦活動。開始禪修時，他會僵硬筆直地坐著對抗睡意，避免打瞌睡。經過幾個月的對抗，他才了解他在和自己對抗；於是他允許睡意生起。不過，他發現自己每次禪坐時都會一再出現睡意。最後他開始探索，以智慧和慈悲的眼光了解自己的情形，開啓了一段漫長的歷程。他發現是因爲身體太疲倦才一直想睡。他一直讓自己很忙，不曾得到足夠的休息，看到這點後，他才了解自己害怕休息。安靜讓他害怕，如果不動就會手足無措。接著他聽到一個聲音（曾經是父親的聲音，現在是他自己的），說他很懶惰，而他知道這個聲音常常出現，他也相信這句話，所以從不讓自己休息。他知道持續的活動使他疲憊，深深覺得必須停止這種情形。

光是探討禪修中的睡意，就使他對生活產生新的洞見。經過一年，他開始慢下來，整個生活和行程都改變了，他學到不活動不是懶惰，並在聽音樂、散步、和朋友聊天時，找到平靜和滿足。他原本在無止境的忙碌中尋找外在的成就和幸福，但他尋找的幸福一直在他裡面，像閃亮的金子，只是在等待他的轉化，等待明智和接納的心將幸福帶入生活。

我們常從看似弱點的地方學到新的方法。我們能從做得好的事中得到極大的自信，卻容易變成習慣，帶來安全感的假象，靈性生命不會在此處得到最好的開啓。如果我們的長處是把事情仔細地想清楚，那麼思考就不是最好的靈性老師；如果我們已經遵循自己最強的感受，它就不會是我們最需要學習的地方。最能直接打開生命奧祕的地方，就是我們做不好的事，是我們的掙扎和脆弱之處。這些地方總是要求降服和放下：當我們讓自己變得脆弱，新的事物就會在我們裡面生起。在未知中冒險，使人了解生命本身。最特別的是，我們尋找的東西常常就埋藏在問題和弱點之下。

例如，禪修常使我們面對欲望，我們因爲欲望而生生世世輪迴。一開始，欲望就像我們盡可能想逃避的毒藥，但如果檢視它，就會發現欲望其實出於我們對相反面的渴望，我們想尋找的是完整和連結。不知怎的，我們必然已在自己裡面感覺到這種完整性，欲望就是這種可能性的倒影。當我們開放地接納自己的欲望，就能把欲望和空虛包含在更大的愛的整體中。

同樣地，我們能在批判和憤怒中找到黃金，因爲裡面有對公義與整合的重視。處理憤怒時，它可以變成珍貴的良藥。轉化後的憤怒和批判會使我們清明地檢視什麼是有益的、什麼需要去做、需要設定什麼限度。他們是分辨智慧的種子，能認識秩序與和諧。

同樣地，否認和困惑是我們逃避衝突、尋找平和時的失敗策略。當我們有自覺地承認它們，就得以轉化，可以產生寬廣的接納，接受各種衝突的聲音，在和諧中找到解決之道。藉由直接處理而轉化它們的能量，便能找到眞正的和平。

智慧、和平、完整的種子分別藏在各個困難之中，我們有可能在每個活動中覺醒。一開始，我們可能覺得這個眞理只是暫時的，但透過練習就會成爲活生生的事實。靈性生活可以打開存有的面向：我們遇見的每個人都能像佛陀一樣教導我們，我們接觸的一切都可以變成黃金。要做到這點，就必須把自己的困難當成修行之處。然後，我們的生活就不再與成敗掙扎，而成爲心的舞蹈。一切就在於我們的選擇。

曾有一位年輕有野心的拉比，搬到一位著名大師所住的城鎭。由於找不到想向他學習的學生，他決定公開挑戰這位年老的大師，試圖贏得一些追隨者。他抓住一隻小鳥，藏在手裡，走向被學生圍繞的大師，問道：「如果你這麼偉大，請告訴我，這隻鳥是死的，還是活的？」他如此盤算：如果老師說小鳥死了，他就會放開鳥，讓牠飛走；如果說牠活著，他就立刻捏死牠，然後放開手掌，展示死去的鳥。不論哪一種情況，這位大師都會出醜而失去學生。

他站著面對大師，所有學生在旁觀看，他再問道：「在我手中，這隻鳥是死是活？」大師安靜地坐著，然後回答：「我的朋友，這完全在於你的選擇。」

冥想：深思困境

靜靜坐著，感覺呼吸的節奏，讓自己平靜而接納。然後想像某個你在靈性修行或生活中遇到的困難，當你感覺它時，注意它如何影響你的身體、心靈和心智。仔細地感覺它，開始問自己一些問題，向內傾聽它們的答案。

到目前為止，我如何對待這個困難？

我如何因為自己的反應和對它的反應而受苦？

這個問題要求我放下什麼？

哪些苦難是無法避免的，我打算接受嗎？

它能教導我什麼重要的人生功課？

這種處境隱藏了何種黃金和價值？

如此深思你的困難，了解和開放就會慢慢來到。花一些時間，就像所有禪修一樣，重複深思多次會很有幫助，每次都要傾聽來自身、心、靈深處的答案。

冥想：視一切眾生爲開悟者

有個傳統的巧妙思考方法（有時很幽默），能改變我們與困難的關係。這種禪修意象很容易在日常生活中發展、運用。請描繪或想像這個地球充滿了佛陀，你遇到的每一個生命都已開悟，除了一個人：你自己！想像他們在這裡都是要教導你；無論你遇到什麼人，他們的所作所爲都只爲你的利益著想，向你提供覺醒所需要的教導和困難。

感覺他們爲你提供的功課，爲此感謝他們。經過一整天或一星期持續培養這種意象，感覺周遭的人全是已開悟的老師。請注意這種方法會如何改變你對生命的整個觀點。

第7章 爲魔鬼命名

懶惰和昏沉是正午之魔，每天午餐後就來報到，
當我們驅除其他魔鬼之後，驕傲之魔就會偷偷出現。

在許多古老文化中，巫師知道爲可怕的東西命名，是讓人開始有力量克服它的有用方法。我們有名稱和儀式可以表達外在的重大事件：生與死、戰爭與和平、婚姻、冒險、疾病，卻往往不知道各種內在力量的名字，而它們是如此強烈地影響我們的心和生活。

我們在上一章談到把困難轉成修行的一般原則。認識這些力量並爲它們命名是具體而準確的方法，可以處理並認識這些力量。我們可以開始爲許多讓生命發光的美好狀態命名，如喜悅、幸福、和平、愛、熱情、仁慈，這是看重和滋養這些狀態的方法。同樣地，爲我們遭遇的困難命名，能帶來釐清和了解，並解開與釋放被困難綁住的珍貴能量。

每一條靈性道路對常見的困難都有特定的稱呼，蘇菲教派稱之爲「自我」（Nafs），兩千年前在埃及和敘利亞沙漠修行的基督宗教沙漠教父則稱之爲魔鬼。其中一位大師伊凡哥瑞亞斯（Evagrius）爲曠野中修行的人留下一本拉丁文指導書，他在書中警告：「要一直注意貪食和欲望，以及煩躁和恐懼的魔鬼。懶惰

和昏沉是正午之魔，每天午餐後就來報到，當我們驅除其他魔鬼之後，驕傲之魔就會偷偷出現。」

對佛教禪修者而言，這些力量在傳統上被擬人化，稱為瑪拉（黑暗之神），閉關修行時則稱之為「清明的障礙」。初學者必然會遇到貪婪、恐懼、疑惑、批評和困惑的力量。有經驗的學生仍然會不斷與相同的魔鬼搏鬥，但會更清楚、更有技巧地面對。

無論是困難或愉悅的經驗，為經驗命名是清醒、自覺地注意它們的第一步。專注地為經驗命名，承認它們存在，會使我們深入了解生活，不論生活呈現什麼面向或問題，都加以探究。給每個問題或經驗一個簡單的名字，就像佛陀遇到困難時會說：「我認識你，瑪拉。」他教導覺察時，會引導禪修者注意：「這是充滿喜悅的心」或「這是充滿憤怒的心」，知道每個心的狀態將會生起和消逝。在這種覺察的空間中，自然會滋生理解。當我們清楚感覺到自己的經驗，並加以命名，就能注意到它發生的原因，也能更徹底而有技巧地回應。

如何開始命名

舒服地坐著，專注地覺察呼吸。當你感覺到每一口氣息時，以簡單的名稱「入息」、「出息」，仔細確認它，在心中輕柔地默念。這能幫助你跟隨呼吸，使思維的心得到維持覺察力的方法，而不會朝其他方向遊蕩。當你平靜下來，技巧更純熟時，就能更精確地注意和命名：「長的呼吸」、「短的呼吸」、「緊的呼吸」、「放鬆的呼吸」。讓每一種呼吸在你面前展現。

持續培養禪定時，命名的過程就能擴展到其他被你覺察的經驗，你可以為身體的能量及感覺命名，如「刺痛」、「癢」、「熱」或「冷」；可以為感受命名，如「恐懼」或「愉悅」；也可以擴展至聲音、景象和思想，如「計畫」或「記憶」。

練習命名的過程中，要持續將注意力集中在呼吸，除非出現更強的經驗，打斷了注意力。這時要將這個更強的經驗放入禪修，只要它存在，就徹底感覺它，並輕柔地爲它命名：「聽、聽、聽」或「傷心、傷心、傷心」。它消逝之後，再回去爲呼吸命名，直到出現另一個強烈的經驗。禪修時，每個片刻只單純專注於一件事，持續爲當下最明顯的經驗命名，覺察不斷變化的生命之流。

剛開始練習時，靜靜坐著命名似乎有些奇怪或吵雜，好像會干擾你的覺察。你必須非常輕柔地練習命名，用百分之九十五的能量感覺每個經驗，只用百分之五在背後輕柔地命名。如果你誤用命名這個方法，它會變成像棍棒一樣，用來批判、推開自己不喜歡的經驗，比如對「思緒」或「疼痛」吼叫，想趕走它。一開始，你也可能不確定要用什麼名稱，於是找遍內心的字典，而沒有覺察正在發生的經驗。請記住，命名的練習沒有那麼複雜，只是單純地確認當下的經驗。

你很快就能把命名和探索的練習直接帶進生活的困難和障礙。佛陀談到五種最常見的困難（五蓋），是影響覺察和清明的主要障礙，分別是貪婪、憤怒、昏沉、煩躁和懷疑。當然了，你必然會遇到許多其他障礙和魔鬼，甚至會自己製造新的障礙。有時它們會聯合起來包圍你，有位學生稱之爲「多重障礙的攻擊」。不論出現什麼，你都需要先看清這幾個基本障礙。

貪婪和匱乏

欲望有兩個最痛苦的面向，名叫「貪婪」和「匱乏」。因爲我們說的「欲望」有許多意思，最好能加以區分。有些欲望是有益的，例如希望他人幸福的欲望、想要覺醒的欲望、積極表達熱情和美感的創造欲望。欲望也有許多痛苦的層面：上癮、貪婪、盲目野心的欲望，或無止境的內在飢渴。透過禪修的覺察，我們會得到一種專注，能分辨和認識各種形式的欲望，如布雷克（William Blake）所言：

進入天堂之門的，不是沒有熱情或控制熱情的人，而是非常了解熱情的人。

開始爲魔鬼命名時，我們可以特地找出欲望的問題面，就是貪婪和匱乏的心。匱乏的心剛出現時，我們也許不會將它視爲魔鬼，因爲我們常在它的誘惑中迷失。「匱乏」的特徵就像餓鬼，有個大肚子和針孔般的小嘴，再怎麼吃也滿足不了無盡的需求。當這個魔鬼或困難出現時，你只要將之命名爲「匱乏」或「貪婪」，開始研究它在生活中的力量就好了。我們觀看「匱乏」時，會體驗到有一部分的自己是永遠不滿足的，它總是說：「只要能再多一點，就會使我快樂」——多一些關係、多一些工作、更舒服的坐墊、少一點噪音、較涼或較暖的溫度、更多的錢、昨夜多睡一點——「我就會滿足了。」禪修時，匱乏的聲音會呼喚我們：「只要現在有東西吃，我就會吃，然後我就滿足了，接著就能開悟。」匱乏的欲望是潛意識的聲音，使人看見附近坐了一位有魅力的禪修者，然後想像出全套羅曼史，包括建立關係、結婚和離婚，直到半小時後，才想起自己正在禪修。匱乏的聲音永遠無法滿足於此時此地的一切。

爲匱乏的心命名

當我們能觀察「匱乏」和「貪婪」而不加以責備時，就能學會覺察人性的這個面向，而不陷入其中。當它出現時，我們能充分地感覺它，爲經驗命名：「飢餓」、「匱乏」、「渴望」或任何其他狀態。在它出現的整個時段，溫柔地命名，每隔幾秒就重複命名一次，重複五次、十次、二十次，直到它消失爲止。當你注意它時，要覺察當下發生的情況：這種欲望會持續多久？它開始時，會不斷增強或快速消逝？身體對它有什麼感覺？哪些部位會受它影響——胃腸、呼吸，還是眼睛？心中對它的感覺像什麼？當它出現時，你覺得快樂或煩躁、開放或封閉？爲它命名時，要觀察它如何移動和改變。假如匱乏像餓鬼，就如此命名，並注意飢餓感在什麼部位——腹部、舌頭或喉嚨？

觀看時，會發現「匱乏」會製造緊張，所以它其實是痛苦的；我們會看到它如何從渴望和不完善的感覺生起，這是分裂而不完整的感覺。再更仔細觀察，會發現它也是轉瞬即逝，並沒有本體。從這個角度來看欲望，會發現它其實是伴隨身心中來來去去的感受而有的想像。當然了，它有時看起來非常眞實。王爾德說：「我能抵抗任何東西，除了誘惑。」我們陷入匱乏感時，它就像麻醉劑般使我們無法清楚觀看。印度有句俗語：「扒手只看到聖者的口袋。」匱乏和欲望是強而有力的眼罩，使我們的觀看受到限制。

不要混淆欲望和快樂。享受愉悅的經驗並沒有錯，生活已有太多困難，能擁有樂趣是美好的事。可是，匱乏的心會執著於快樂。西方文化教導我們，若能迅速抓住一個又一個愉悅的經驗，生活就會很快樂。例如好好打場網球後，接下來吃頓美味的晚餐、看場好電影，然後是美妙的性愛加一頓好眠，在美好的早晨慢跑、好好禪坐一小時、一頓絕佳的早餐，然後出門去做刺激的工作，使快樂延續下去。我們的社會很擅長讓這一套持續下去。但是，這能滿足我們的心嗎？

我們滿足了匱乏的需求後會怎樣？通常會產生更多需求，整個過程會變得十分無聊而空虛。「下一步要怎麼做呢？我只要再多得到一點。」蕭伯納說：「人生有兩種最大的失望，一個是得不到你想要的，另一個是得到你想要的。」這種不健全欲望的過程是無止境的，因爲平靜並非來自匱乏得到滿足，而是來自不滿足的結束。匱乏被塡補時，會有一剎那的滿足感，這並非源自快樂，而是來自停止貪婪。

爲匱乏的心命名時，請仔細感覺它，注意它結束時會發生什麼事，再注意接下來的狀態。匱乏和欲望是很深刻的議題，你會看見欲望常常被放錯位置。我們常以食物取代內心渴望的愛，就是一個明顯的例子。佛學老師羅絲（Geneen Roth）有治療飲食疾患的經驗，寫了一本書《不再飢餓》（*Feeding the Hungry Heart*）來解釋這種情形。經由命名練習，就能了解表面的欲望其實來自生命深處的匱乏，來自背後的寂寞、恐懼或空虛。

開始靈性修行時，匱乏的心常常變得更爲強烈。當我們移開某些令人分心的外層，就會發現下方潛藏強大的渴求，想要食物或性、與他人接觸或巨大的野心。出現這種情形時，有些人會覺得自己的靈性生活走偏了，但這是摘下貪婪面具的必要過程。我們必須面對它，看清它的所有僞裝，才能與它發展出有益的關係。不健全的欲望會引發戰爭、驅策社會，我們都是被它控制的無知追隨者。但是，仍然有少數人能停下腳步檢視欲望，直接感受它，找出與它建立智慧關係的方法。

佛教心理學把欲望區分成許多種，基本上分爲兩種：「痛苦的欲望」和「有益的欲望」，兩者都出於一種中性的能量，稱爲「做的意志」。痛苦的欲望包括貪心、執著、不足和渴望；有益的欲望也出於同樣的「做的意志」，卻由愛、活力、慈悲、創造力和智慧主導。隨著覺察力的發展，我們開始能區分不健康的欲望和有益的動機；能感覺何種狀態沒有不健康的欲望，並享受更自發而自然的存有方式，沒有掙扎或野心。當我們不再陷入不健全的欲望，了解就會增長，健康的熱情和慈悲就會更自然地引導我們的生活。

爲欲望的魔鬼命名，會爲我們帶來了解、自由和喜悅的寶藏。在不健全的欲望下，深藏著對美、豐富和完整的靈性渴望，爲「欲望」命名能引導我們發現這種最眞實的欲望。我有一位年長的老師說：「欲望的問題，就在於你渴望得不夠深！爲什麼不渴望一切呢？你不喜歡自己擁有的，想要你所沒有的。只要反過來：想要你所擁有的，不要你所沒有的，就會找到眞正的滿足。」藉著探討欲望，我們能將它的所有可能性開始納入靈性生活。

憤怒

第二種最常遇見的魔鬼，比欲望更明顯地令人感到痛苦！欲望和匱乏的心會產生誘惑，憤怒和厭惡則是相反的能量，顯然令人更不舒服。有時候，憤怒中可能有一些短暫的快感，之後卻會關閉我們的心。憤怒有一種燃燒和緊繃的特質，是我們無法逃脫的。憤怒與匱乏是相反的力量，會使我們推開、譴責、批評或怨恨生活中的某些經驗。憤怒和厭惡的魔鬼有許多面貌和僞裝，會以害怕、無聊、敵意、指責或批評的形式出現。

憤怒就像欲望一樣，也是一種非常強大的力量，我們很容易陷入其中，或是因爲害怕憤怒，而以較不自覺的方式表現其破壞性。不幸的是，很少人學會如何直接處理它。它的力量可以從惱怒滋長到深層的害怕、憎恨和暴怒。憤怒的經驗可能是針對眼前或過去其他時空的人或事。我們有時會因爲對很久以前的事感到無能爲力，而產生巨大的憤怒；甚至對想像中可能發生的事勃然大怒。心中的憤怒很強烈時，會影響整個生活經驗，比如心情不好時，不論誰走進房間，或我們走到哪裡，都會覺得不對勁。不論是與他人或與更大的世界互動，憤怒都會成爲我們心中巨大痛苦的來源。

爲憤怒命名

當憤怒生起，我們開始爲它的面貌命名時，就能了解一切。我們能親身知道爲什麼害怕、批評和無聊都是厭惡的形式。檢視它們時，會發現它們出自我們對某方面經驗的嫌惡。爲憤怒的形式命名，讓我們有機會從中找到自由。

一開始，先溫柔地爲自己的狀況命名，說：「憤怒，憤怒」或「怨恨，怨恨」，只要它還存在，就繼續命名。當你爲它命名時，注意它會持續多久？接下來會變成什麼？又如何再度生起？命名，並注意憤怒的感覺，它在哪個部位？憤怒時，身體會變軟或變硬？有沒有注意到不同類型的憤怒？憤怒出現時，它的溫度如何？會影響呼吸嗎？痛苦的程度呢？它如何影響我們的心？心是否變得更小、更僵硬、更緊繃？你覺得緊張或緊縮？傾聽伴隨憤怒而來的聲音，它們在說什麼？「我害怕這個」、「我討厭那個」、「我不想經驗那個」。我們能否爲魔鬼命名，並讓心放大到容許憤怒和憤怒的對象向我們展現它們的共舞呢？

從印在書上的內容來看，爲我們的經驗命名，並以平衡的專注去感覺它，好像很容易，但其實並非如此。幾年前，我在加州指導密集禪修，有幾位心理治療師接受過「尖叫療法」的傳統訓練，那是一種釋放和宣洩的做法，以尖叫釋放感受。禪修幾天後，他們說：「這種方法沒有效。」我問：「爲什麼？」他們回答：「禪修會擴大內在的能量和憤怒，我們需要找個地方釋放出來。我們能否每天選一小時在禪堂裡尖叫和釋放？否則一直留在心裡，會產生害處。」

我們建議他們回去爲它命名，只要單純地覺察它，這對他們沒什麼害處。既然他們是來學新東西，我們就要求他們繼續禪修，看看會發生什麼事。他們照著做了，幾天後，他們又來了，並說：「眞是驚人！」我說：「發生了什麼事？」他們說：「爲它命名一段時間後，它改變了。」憤怒、害怕、欲望，這些力量的過程都可以被探究，它們會根據某些情況而生起，出現時會以某種方式影響身心。如果我們不陷入其中，就能把它們當成暴風雨來觀察，一陣子後會看見它們也像暴風雨般消失。

若仔細傾聽，就會感覺到憤怒的源頭，它會在憤怒前出現，絕大多數都是下列兩種困境，一個是覺得受傷和痛苦，另一個則是害怕。請注意你的生活，看看這是不是眞的。下次出現憤怒和煩躁時，看看先前是否覺得害怕或受傷。如果你先注意到害怕或痛苦，憤怒是否還會出現呢？

憤怒能準確顯示我們卡住的地方、我們的限度何在，以及我們緊抓不放的信念和恐懼。厭惡就像警告訊號，亮燈說：「執著，執著」。憤怒的力量顯示執著的程度，但我們的執著並不是必然如此，而是可以更有智慧地選擇。憤怒會受當天的觀點影響，不是恆常不變的，而是與來來去去的感覺、思緒有關的感受，我們不需要被它束縛或驅策。憤怒通常是出於侷限的觀點，堅持事情必須如何。我們認爲自己知道上帝如何創造世界、某人應該如何對待我們、什麼是自己應有的權益。可是，我們眞正知道什麼呢？我們了解自己即將遇到的哀傷和困難、美麗和驚奇的神聖計畫嗎？與其要求事情按照我們的想法進行，不如開始面對和了解憤怒生起的力量。就像欲望一樣，我們可以研究憤怒，了解它能否爲我們提供益處，它是否有任何價值？它是否有保護作用，或是某種力量的來源？憤怒是否需要得到力量、設定限制或更加成長？除了憤怒，我們尋找的力量是否有其他來源？

大部分人都學會討厭憤怒。當我們試著觀察它時，就會發現自己有批評、壓抑、逃避它的傾向，因爲我們認爲它是「不好」而痛苦的，或是可恥而「不屬靈」的。我們必須非常小心地把開放的心帶入修行，即使碰觸到內心最深處的悲痛、哀傷和憤怒，也要讓自己全然去感受。這些力量會推動我們的生活，我們必須去感覺它們，才能與之和諧相處。禪修並不是逃避某種東西的過程，而是開放和了解的歷程。

我們在禪修中處理憤怒時，它可能變得非常頑強。起初我們可能只覺得有點生氣，但對那些想壓抑、掩藏憤怒的人，怒氣會轉爲暴怒。被壓抑在體內的憤怒會化爲緊張和熱度，出現在手臂、背部或頸部；所有吞下的話都會被吐出，而強烈的意象、暴烈的狂怒、激烈的髒話都會滿溢而出。這種開啓的過程會持續好幾天、幾週，甚至幾個月。這些感受是健康的，甚至是必要的，但必須記得如何處理它們。當這些魔鬼卸下面具，你可能會覺得快要發狂或做錯了什麼，但其實是你終於開始面對那些使你無法活出愛和充分自覺的力量。我們會一再面對這些力量，可能要在修行中處理憤怒一千次，才能達到平衡而覺察的生活。這是很自然的情形。

恐懼

命名和發現的精神也可以用來了解「恐懼」，這是「厭惡」的另一種形式。美國人每年在保全系統和警衛上花費五百億美金。我們在生活中常常陷入恐懼而迷失，卻很少檢視和處理內心的恐懼魔鬼。剛開始處理恐懼的心時，當然會感到害怕。我們會一再遇到這個魔鬼。但若能在某個時候打開雙眼和心靈看著它，溫柔地爲它命名：「恐懼，恐懼，恐懼」，體驗它流過全身的能量，整個恐懼感就會轉變，以後就只要單純地辨識它，說：「喔，恐懼，你又來了，多麼有趣啊。」。

爲恐懼命名

恐懼生起時，溫柔地爲它命名，體驗它對呼吸、身體的作用，它如何影響心。注意它會持續多久，覺察它的意象，注意伴隨著它的感覺和想法：顫抖的感覺、寒冷的感覺，以及它所述說的可怕故事。恐懼是對未來的預期，是一種想像。請注意你的信任感、幸福感及你對這個世界的信念有什麼改變。

我還是年輕的僧侶時，和老師阿姜查前往距離主寺八十哩遠、位於柬埔寨邊境的分院。我們坐上一輛搖搖晃晃、連車門都關不緊的老舊汽車，那天村裡的駕駛開得很快，魯莽地經過水牛、公車、腳踏車和汽車，在蜿蜒的山路上橫衝直撞。那時我覺得當天必死無疑，所以一直緊抓著椅背，靜靜做好準備，觀察自己的呼吸，背誦僧侶的祈禱文。我瞥見老師的手也因緊抓椅子而泛白，雖然我相信他不怕死，但這使我放心多了。我們終於安全抵達時，他笑了，只說：「很可怕，不是嗎？」在那一刻，他爲魔鬼命名，幫助我與它成爲朋友。

無聊

另一種可以學著去覺察的厭惡感是「無聊」。我們通常很害怕無聊，會盡全力避免，所以會去開冰箱、拿起電話筒、看電視、讀小說，讓自己保持忙碌，試圖逃避寂寞、空虛和無聊。如果我們不去覺察它，它就會對我們產生很大的掌控力，使我們無法休息。但我們不需要讓無聊如此驅策我們的生活。無聊感覺起來是什麼樣子？我們曾眞正停下來觀看它嗎？無聊是出於缺乏注意，浮躁、沮喪、批評也隨之而來。我們覺得無聊，是因爲不喜歡正在發生的事，或是覺得空虛或失落。爲它命名，就能認識它，讓它成爲有待探索的狀態。

爲無聊命名

無聊生起時，在體內感覺它的存在，和它在一起。讓自己眞的覺得無聊，不管它持續多久，都要不斷溫柔地爲它命名，看看這個魔鬼是什麼。注意它，感覺它的結構、能量，其中的痛苦、緊張，以及你對它的抗拒。直接觀看這個特質在身心中的運作，聽它在說什麼故事，傾聽時會開啓什麼。當我們終於停止逃避和抗拒後，無論在什麼情況下，我們都能眞的感到有趣！當覺察力清晰而集中時，即使只是重複吸氣和呼氣的動作，都可以是最美妙的經驗。

批評

我們可以將命名的精神用在另一種形式的厭惡：「批評」。許多人都會嚴厲批評自己和他人，卻不太了解批評的過程。藉著禪修的專注力，可以觀察批評如何在心中以想法和話語的面貌出現。當我們不再陷入其中，就能由它了解生命的苦難與自由。對許多人而言，批評是生活的主題，而且是痛苦的生活。他們對大部分情境的反應，只是去看哪裡出了差錯，即使在靈性修行中，批評的魔鬼也會愈來愈強壯。

爲批評命名

我們如何處理批評的痛苦呢？如果我們想用「喔，我不應該批評」的說法去逃避它，那是什麼意思呢？那只是另一種批評罷了。相反地，要在批評生起時加以承認，讓它來去自如。有時，給它一個名字會有幫助。如果批評讓你想起過去的某個人，試著說：「謝謝你，爸爸」、「卡羅，謝謝你的意見」、「約翰，謝謝你的觀點。」批評只是一卷預先錄好的錄音帶，在心中一再播放。試著對批評抱持幽默，這能讓你在生活中適當地運用批評。

要了解批評的心，必須以寬恕的心與它接觸；如果很難與它接觸，就嘗試以下的練習。靜坐一小時，算算有多少批評浮現，一個接一個數。有人走進來，「我不喜歡他們，批評二十二；我也不喜歡他們的穿著，批評二十三；哇，我愈來愈會批評了，喔，批評二十四；啊！我要告訴朋友，這眞是個不錯的練習，糟糕，我想太多了，喔，批評二十五。」然後膝蓋突然開始痛，「我希望膝蓋不要痛，批評二十六；不，我不應該批評的，批評二十七……」等等。只要了解批評的心，就會有成果豐碩的禪修。

爲了能有自覺，就必須完全允許原本被我們拒絕的每一個困境（批評的心、欲望的心、害怕的心）向我們訴說它的故事，直到我們認識它們，讓它們回到心中。處理魔鬼的過程中，我們需要智慧、覺察和慈悲的容器，這是心在流動時寧靜的定點。當我們接納魔鬼非關個人的慣性本質，就能看見它們隱藏的黃金。我們會注意到厭惡和批評是出於內心深處對正義或力量的渴望，或是來自清明與分辨的智慧，可以克服世上的錯覺。當我們認識了魔鬼的本質，它們就會釋放其他力量，使我們找到清明而沒有批評，找到正義而沒有怨恨。透過真誠的注意力，憤怒和怨恨的痛苦會帶領我們達到慈悲和寬恕的深層覺醒。我們對某人生氣時，就能把對方想成像我們一樣的生命，是某個在生活中面對許多苦難的人，如果我們經歷過對方的處境與苦難，是否也會有相同的行為？所以我們會感到慈悲，感受到對方的痛苦。這並非只是要掩蓋憤怒，而是內心深處的活動，願意超越某種特定觀點造成的情況。以這種方式，憤怒和批評就能帶領我們得到真正的清明力量，以及我們所尋找的愛。

昏沉

下一個要學著命名的常見魔鬼是很隱微的，就是昏沉和遲鈍的特質，稱為怠惰或懶散。它會以懶惰、疲倦、缺乏活力和迷糊的形式生起。心被睡意打敗時，我們的清明和覺醒會逐漸減弱，生活或禪修也會變得笨拙而模糊。由於跟不上文化的要命速度，或失去與身體的接觸，所以我們在生活中常常感到疲倦，面對艱難的工作時，就會覺得懶散和勉強。

昏沉通常是逐漸向我們靠近的。靜坐時，可以感覺到昏沉來臨時就像煙霧一樣圍繞我們的身體，在耳邊悄悄說：「算了吧，小睡一下。」於是心就開始散亂、變得空洞，我們也無心繼續原有的任務。禪修常有這種情形，我們的生活也有許多部分是在這種半清醒的狀態下度過，人生有一大部分也是在睡眠和夢遊中度過。禪修的意思就是要覺醒，所以要覺察昏沉。

疲倦時，注意身體有什麼感覺：沉重感、無精打采的姿勢、眼皮沉重。如果想睡、打盹，當然就很難看見這些，但仍然要盡可能去觀察。注意昏沉的初期、中期和末期，以及經驗的各種成分。試著了解造成昏沉的客觀條件，是疲倦還是抗拒？有時只是帶著好奇的覺察去看昏沉本身，就會驅散昏沉，帶來清明和了解，但有時又會再出現更強烈的昏沉。

爲昏沉命名

遇到昏沉，並爲這個魔鬼命名時，會發現昏沉有三種原因。第一種是疲倦，表示眞的需要睡眠，通常發生在一整天待在家中，在忙碌或緊張了一段時間後坐下，或是在密集禪修的第一天。這是一個訊號，我們應該尊重身體的需求，我們的生活可能失去平衡，可能需要減少工作、多花些時間到鄉間休閒。稍微休息之後，這種昏沉就會消失。第二種昏沉來自抗拒身體或心裡某些不愉快或擔心的狀態，當我們不想回憶或體驗某些事，就很難去感受，於是感到昏沉。第三種昏沉來自寧靜和安靜，這是因爲缺乏足夠的覺醒能量，而無法喚起清晰的專注力。

源自抗拒的昏沉不應與懶惰混爲一談。我們很少會懶惰，只是覺得害怕。怠惰和懶散這兩個魔鬼會跟隨鴕鳥的策略，認爲「只要我看不到它，它就無法傷害我。」當昏沉在毫無倦意的時候出現，通常是抗拒的訊號。我們可以自問：「現在發生什麼事？我藉著昏睡逃避什麼？」許多時候，我們常在昏沉中發現重大的害怕或困難。寂寞、悲傷、空虛、某部分的生活失控，都是我們用睡覺來逃避的常見原因。體認這點後，整個修行就可以進入新的階段。

有時昏沉也會出於心的強烈寧靜和平靜。美國的文化非常積極、充滿刺激，讓我們不習慣面對安靜和平靜的時刻，我們的心會誤以爲睡覺時間到了！所以，當我們開始變得專注，卻沒有用等量的能量讓心平衡時，就會卡在平靜卻遲鈍的狀態。這時需要爲遲鈍命名，並喚起能量。面對這種昏沉時，可以爲它命名、坐直身體或深呼吸幾次。如果想睡，就睜著眼睛禪修、站起來幾分鐘或經行。如果情況還是很糟，可以快速走路、倒退走或在臉上潑水。我們可以用創意來回應昏沉。

我在禪修中一直很遲鈍，我的老師阿姜查要我坐在深井的邊緣打坐，我因爲害怕掉下去，一直非常清醒！所以昏沉是可以處理的，試著精準地注意呼吸，專注在「就是這次呼吸」或「就是這一步」上，以穩定注意力。如果能在每個片刻注意「就是這次呼吸」，一刻又一刻，心就會擴展和甦醒，懶散就會消失。在昏沉之下，埋藏了眞正的平靜和安寧的可能性。然而，在這同時，如果各種方法都起不了作用，就表示該去小睡片刻。

煩躁

煩躁是昏沉的相反，是第四個強大的魔鬼，稱爲「敏捷的老虎」。煩躁時，我們會覺得激動、不安、焦慮和擔心，心會像離開水的魚一樣打轉或跳躍，身體充滿不安的能量，顫動、跳躍、激動。煩躁時，會覺得必須起身走動，開電視、吃東西、做任何事，就是不能停下來。像昏沉一樣，煩躁是對我們不想感受的痛苦和哀傷的反應。煩躁也會化身爲擔心的魔鬼。當我們坐下來禪修時，心會困在害怕和懊悔的故事中，數小時不輟。不論是什麼形式的煩躁，都會使禪修變得散亂，難以留在當下。

爲煩躁命名

煩躁出現時，爲它命名，但不要批評或責備，要溫柔地注意：「煩躁，煩躁。」讓你的身心以智慧經驗它，視它爲人類生活的一部分。在體內充分感覺它，這是什麼能量？震動時有多強？是熱或冷的？它使心或身體擴展或收縮？你對它開放並命名時，它有什麼反應？它會持續多久？它訴說什麼故事？

讓自己體驗煩躁，但不要陷入其中。它可能令人不愉快，身體充滿緊張的能量，憂慮纏繞心中。它不是「我的煩躁」，而是「煩躁」，是短暫的狀態，是一定會改變的狀況。假如它變得非常強烈，就對自己說：「好，我準備好了，我將是第一個死於煩躁的禪修者。」向它投降，看看會發生什麼事。煩躁就像其他狀態一樣，是一種組合的歷程，是一系列思緒、感受和感覺，但因爲我們相信它是某種堅實的東西，所以它對我們才有強大的影響力。當我們停止反抗，只是專注地覺察，讓它自由流遍全身，就能看到這種狀態其實是非常短暫、沒有實體的。

煩躁非常強烈時，除了爲它命名，還可以試著練習數息，從一數到十，再從一開始數，直到心恢復平衡。如果這個方法有效，就更深地呼吸，用它來鎮定及柔軟身心。了解煩躁是修行中正常循環的一部分，接納它，你就會培養出洞察力和了解，還有內心的自在或安適感。當你能與煩躁相處，就能運用它的深層能量。煩躁只是我們內在能量的美麗泉源的表層，這種能量是不受拘束的創造力水流。當我們成爲潔淨的通道，學會包容一切時，這種創造力就能以美妙的方式流遍全身。

懷疑

第五種，也是最後一種常見的魔鬼，就是懷疑，它是所有魔鬼中最難處理的，因爲我們掉入它的陷阱時，就會停頓修行，變得不能動彈。各種懷疑都會攻擊我們，懷疑自己和自己的能力、懷疑禪修老師、懷疑禪修本身：「它眞的有效嗎？我禪修的結果只是膝蓋受傷、焦躁不安，也許佛陀其實不知道自己在說什麼。」我們會懷疑自己選擇的道路也許不合適，「這太難、太嚴肅了，也許我應該嘗試蘇菲的旋轉舞蹈。」或認爲這雖然是正確的修行方式，但時間不對；或認爲這是正確的修行、正確的時間，但我們的健康狀況不夠好。無論主題是什麼，當懷疑的心抓住我們，我們就無法動彈。

爲懷疑命名

懷疑出現時，爲它命名，並仔細、客觀地注視它，當它說：「我做不來。太難了。時間不對。這種方法怎麼能幫助我呢？也許我該停止練習。」你是否眞正觀察過這些聲音？你看到了什麼？懷疑是心中的一連串字句，和害怕與抗拒的感受有關。我們可以覺察懷疑是一種思想的過程，命名它：「懷疑，懷疑。」當我們不再陷入其中的故事，就會發生奇妙的轉化，懷疑本身成爲覺察的來源，我們能在其中學到許多有關心智不斷變化、無法停止的本質，也能了解什麼是認同和陷入自己的情緒和心智狀態。當我們陷入懷疑，會經歷很大的痛苦，但當我們能感覺它而不執著它的那一刻，整個心智就會變得更自由、更輕鬆。

當我們仔細爲懷疑命名時，會發生什麼事呢？它會持續多久？它會影響身體和能量多久？我們能否輕鬆地傾聽它的故事，就像它只是說「天空是藍的」？要處理懷疑，就必須讓自己集中，以持續、堅定、穩固的心智，完全回歸當下這一刻。慢慢地，困惑就會消失。

除了命名，也可以透過培養信心來消除懷疑。我們可以提出疑問或閱讀偉大的著作；也可以深思在我們之前千萬個追隨內在覺察和修行道路的人，以此鼓舞自己。每個偉大的文化都肯定靈性修行，對任何眞誠接受心靈和心智訓練的人而言，以偉大的智慧和慈悲來生活是可能的。我們的一生還可以做什麼更好的事呢？心智會懷疑是很自然的，懷疑可以帶領我們達到更深的專注、更徹底地追尋眞理。

起初，懷疑會以魔鬼和抗拒的形式出現：「今天沒有效」、「我還沒準備好」、「它太難了」。這可以稱爲「小疑」，經過一些修行後，就能學會以有益的方式處理它們。超越它們之後，還會產生另一層懷疑，這種懷疑對我們很有用，稱爲「大疑」。大疑是深深渴望認識自我的眞實本性、愛或自由的意義，而詢問：「我是誰」、「什麼是解脫」或「什麼才是苦難的終止」這種強而有力的問題，是能量和靈感的來源。靈性修行要有活力和深入，就需要眞正的探究精神，避免模仿。以這種精神來處理懷疑，就會發現埋藏在懷疑之下的寶藏。小疑的魔鬼會使我們找到大疑，進而喚醒整個生命的清明。

爲魔鬼命名的過程中，我們會發現它們更徹底地展現在我們面前。修行有許多階段，有時只看到欲望或憤怒，我們可能會懷疑自己：「喔！我的天哪！我簡直充滿了欲望或憤怒」、「我有太多懷疑」、「我如此煩躁不安」或「不管我做什麼事情，總是感到害怕」。我有一、兩年的禪修，看到的全是自己的憤怒、批評和暴怒。當我眞正去接觸它時，它在我身上爆發。我有一星期沒睡覺，只待在一個地方，其中有四、五天在樹林裡丟石頭，並警告朋友不要靠近我。雖然如此，它還是漸漸消退，逐漸失去力量。

＊　＊　＊

當我們更深入靈性生活，就會發現自己有足夠的能力去認識和碰觸內在最堅硬的部位。每個人都會遇到貪婪、害怕、偏見、憎恨和無知的力量。尋求自由和智慧的人都會被迫去發現心靈和心智中這些力量的本質。我們會經驗到自己如何陷入其中，但我們最終都會在這些最基本、最重要的能量中發現自由。

這些魔鬼有時很難處理，我們可以運用各種對治方法，暫時消除它們。針對欲望的傳統對治方法就是深思生命的短暫、外在滿足感轉眼即逝的本質，以及深思死亡。針對生氣的對治方法就是培養慈愛的念頭和初步的寬恕。針對昏沉的對治方法是透過挺直的坐姿、觀想、鼓勵和呼吸來喚起能量。針對煩躁的對治方法是以內在平靜與放鬆的技巧帶回專注。至於懷疑，可以透過閱讀或與某位智者討論，而得到信心與鼓舞。然而，最重要的練習是命名和確認這些魔鬼，擴展我們從中得到自由的能力。運用對治方法就好像只是用綳帶包紮傷口，但覺察力卻能打開和治癒傷口。

當我們能熟練地爲經驗命名，會發現一個令人驚訝的事實：沒有一種心智狀態、感受或情緒是持久的，最多只能持續十五到三十秒，然後就會被其他狀態取代，喜悅或痛苦的狀態都是如此。通常我們認爲一種心情會持續很久，如憤怒的一天或悲傷的一星期，然而當我們更仔細地看清和命名這種狀態，如「憤怒，憤怒」時，會突然發現或了解它不再是憤怒，經過十次或二十次溫柔地命名後，它消失了。它也許會變成另一種相關的狀態，例如怨恨，當我們爲它命名，過一會兒又發現它轉爲自憐，接著又轉爲沮喪，然後又變成思考，沒多久又回到憤怒或輕鬆，甚至大笑。爲這些困難命名，也有助於我們爲各種美好的狀態命名：清明、幸福、自在、狂喜、平靜，人生流水劇的每一部分都能命名。我們愈開放，就愈了解感受之流不會間斷的本質，並發現超越一切變化狀況的自由。

靈性生活的目的並不是要創造某種特殊的心的狀態，心的狀態總是短暫的。目的是要直接處理身心最基本的元素，看見我們以什麼方式陷入恐懼、欲望和憤怒，然後直接學習自由的能力。我們處理這些魔鬼時，它們能豐富我們的生命，所以它們被稱爲「開悟的肥料」或「心中的雜草」。我們將這些雜草拔出，埋在植物附近，以提供養分。

修行是運用內在生起的一切，以培養理解、慈悲和自由。牟敦寫道：「當愛變得不可能，心也變得像石頭般堅硬時，正是學習眞正的愛和祈禱的時候。」記住這句話，修行中遇到的困難就會變成圓滿禪修的一部分，也成爲學習和開放心的場所。

冥想：使魔鬼成爲修行道路的一部分

選一個禪修中最常出現、最困難的魔鬼，比如惱怒、害怕、無聊、欲望、懷疑或不安。持續一星期，在每日的禪修中，每當這個狀態出現時，就特別加以覺察。仔細爲它命名，注意它如何開始，在它之前是什麼狀態，注意是否有特別的想法或意象誘發這個狀態，注意它持續多久、什麼時候結束，注意在它之後通常會出現什麼狀態，觀察它是否曾非常輕微或靜靜地生起。你能否將它視爲心中的低語？看看它有多大聲或強烈，注意身體會以什麼能量模式或緊張模式來反映這個狀態，即使是抗拒，也以柔和、接納來面對。最後，坐著覺察你的呼吸，觀察、等待這位魔鬼，允許它來來去去，像對待老朋友般與它打招呼。

冥想：推動生活的各種衝動

生命的內在力量，包括反應和智慧的力量，是所有行爲的來源。身體發出每個主動的行爲和動作之前，心會先生起一個想法、衝動或方向。這個衝動常是下意識的，在覺察層次之外。觀察這些內在的活動，可以了解你如何對這些力量和衝動起反應。觀察這個過程時，身心的交互關係會變得很清楚，你可以從中發現全新的能力，可以在面對困難時仍覺得自由、自在。

有個簡單的方法可以知道衝動如何運作，就是注意禪坐中想站起來的衝動。持續一星期，在每日的禪坐練習中，下定決心不站起來，直到想站起來的強烈衝動出現三次爲止。如往常一般靜坐，注意呼吸、身體和心智，但不要設定禪修結束的時間，直到有強烈的衝動想站起來。注意它的性質，它也許是出於煩躁、飢餓、膝痛、想到還有許多事要做，或需要上洗手間。溫柔地爲這個生起的能量命名，感覺它要移動的衝動，仔細感覺身體裡的它，命名：「想要起來，想要起來」，陪著它，持續多久都沒有關係（很少會超過一分鐘）。這個衝動消失後，注意現在的感覺是什麼，坐著經歷了整個衝動的過程，是否使禪修更深入？持續坐著，直到第二個想要起身的強烈衝動出現，像之前一樣注意整個過程。最後，在三次仔細陪伴整個衝動過程後，才站起來。透過這個練習會逐漸增加注意力和安定力的深度。

如果你願意，可以把觀察擴展到其他強烈的衝動，注意以下情形的整個過程，例如想抓癢、想在靜坐時移動、想吃東西或做其他事。以這種方式覺察，會逐漸學會保持安定，學會在生活中遇到各種狀況時，有能力深呼吸幾下，去感覺不斷變化的回應，而不是自動對這些狀況做出反應。你會開始在面對各種生命力時，發現平衡和了解的核心。

第8章 困難的問題與固執的訪客

任何身體、心靈或心智的經驗，持續在意識重複出現時，就是一種訊號，表示這個訪客要求更深入、更徹底的關注。

我們爲常見的魔鬼和障礙練習命名的過程中，也許會遇到使它們一再出現的底層力量。恐懼、困惑、生氣和野心是禪修中的常客，即使我們自認爲很了解它們，它們卻仍一再出現。現在，我們有必要深入了解，如何處理靈性生活中重複出現的困難。

幾年前，在一次爲期十天的密集禪修結束時，我被指派去帶領慈心觀，做爲此次活動的結束。慈心觀是需要較長引導時間的禪修，爲自己和他人引發寬恕和慈悲的狀態。即將開始前十五分鐘，我接到當時女友充滿怒氣的電話，她認爲我對她有一些要求，讓她很不高興，我也對她做的事感到同樣不滿。我們爭論不休，直到禪修的鐘聲響起。

我走進禪堂，坐在一大群禪修學生面前，仍能感到剛才對話的餘音；但我仍盡責地用最溫柔、慈愛的聲音，開始指導禪修。在教導如「願我的心充滿慈愛」，或「願我安詳」之類的話後，我會停頓一下，讓學生能在內心感受到這些特質。可是在停頓中，之前與女友的對話又如洪水般湧現，我發現自己在想：

「結束後，我要打電話告訴她一、兩件事。」接著我大聲說：「觀想你所愛的人，把你的溫柔擴展到他們身上。」下一個停頓時，我心裡會跑出「那個不成熟又神經質的女人，等會我要跟她說……」，我開始回憶過去所有不公平的事，要拿來提醒她。然後我又說：「進一步擴展你的慈悲心到……」這個過程持續進行，好像在我心中上演一場荒謬的網球賽，還好我面前的學生並不知道。

雖然當時的憤怒和受傷是很痛苦的感覺，但我又要極力避免大聲笑出來，即使另一部分的自己有更深的體悟，但我們的心仍常緊抓著傷害和恐懼。心幾乎能做任何事，這沒什麼好自滿的。所幸我曾好好練習處理憤怒，在兩種聲音持續交替出現時，能有足夠的空間和善意觀察整個過程。慈心觀結束時，我對她、對自己、對心的矛盾本質，產生一些平靜和寬恕。在這種心情下，我回電給她。

偉大的神祕主義詩人卡比爾（Kabir）問道：

朋友，請告訴我，我能對這個世界如何？
這個我所堅持、穿梭其間的世界！
我放棄錦衣，改穿長袍
有天卻發現衣料乃巧手織成。
因此我買了粗麻布，但仍然
優雅地將它披在左肩。
就如同我控制性的渴求
卻滋生許多憤怒。

我放棄狂怒，卻注意到
我貪婪終日。
我努力消除貪婪
而現在，我以自己為傲。
心想要切斷它與世界的連結，
卻仍緊緊抓住某個東西。

我們要如何了解困難持續存在的原因？一旦我們能爲這些來來去去的困難命名，我們的心就不會把困難抓得那麼緊。當我們不帶任何批判，就會像拉姆．達斯（Ram Dass）所說的，成爲「自身精神官能症的鑑賞家」，然後就能以更深入的開放態度，了解這些困難的根源。

更仔細注意時，我們會了解每個魔鬼和障礙都是一種情緒或精神性的緊縮，都是因恐懼引起的反應。佛陀將這種緊縮和執著描述爲所有人類苦難的來源。我的頭幾年修行和教學，就像任何正常的學生一樣，一直和不安、貪欲、懷疑及憤怒掙扎。我多少相信這些力量就是痛苦的來源；然而當我更仔細聆聽，就在自己身上發現所有這些掙扎的背後其實是恐懼，後來在我的學生身上也有同樣的發現。

恐懼會製造緊縮而虛假的自我感。這個錯誤或「小小」的自我會緊抓著我們有限的身體、感受和想法，試圖擁有和保護它們，從這個有限的自我感產生了匱乏和需求、防衛性的憤怒，以及爲了保護自己而構築的障礙。我們害怕開放、改變、全然活著，也不敢去感覺整個生命。對這個「恐懼主體」的狹隘認同，成爲我們的習慣，從這種恐懼產生我們的一切貪婪、憎恨和無知。然而我們在恐懼底下可以找到開放性和整體性，就是所謂的眞實本性，或是本來面目、佛性。但要達到我們的眞實本性，就需要以最個人化的方式，檢視和化解這個「恐懼主體」的活動。

生活中最能清楚觀察這種緊縮過程的地方就是「禪修」。我們常在禪修中經驗到自己遇到某種特別的困難時，會整個緊縮起來，並對它起反應；這種困難就像禪修中一再出現的固執訪客。這些重複出現的想法、情緒和感覺，可以被視爲某個卡住的地方或未解決的問題。我指的不是爲魔鬼命名時談到的昏沉、批評、惱怒等一般問題，而是非常特定的問題，常是一再出現於意識的痛苦感覺、思想、感受和故事，梵文稱爲「行蘊」（sankaras）。當重複的困難眞的出現時，首要的修行方法就是承認它的存在，爲它命名，輕柔地說「難過，難過」、「回憶，回憶」或任何名稱。當然了，某些重複出現的模式需要我們有所回應，做出某種明智的行動。我們必須認識這些情況，如同一位禪師所說：「並不是像個呆子坐著。」然而，即使我們已經爲它們命名或做出反應，仍有許多固執的訪客會持續重複出現，一再生起。

任何身體、心靈或心智的經驗，在意識中重複出現時，就是一個訊號，表示這個訪客要求更深入、更徹底的注意。雖然禪修的一般原則是對一切生起的流動都保持開放，但遇到不斷出現的固執訪客時，必須知道這是它要求更多注意、更多了解的方式。這個歷程包括探索、接納、了解和原諒。

擴展注意力的範圍

學習如何打開被卡住的地方，釋放恐懼主體的緊縮，有幾個基本原則。第一個原則叫做「擴展注意力的範圍」。重複出現的困難，會在四個覺察的基本範疇中明顯感覺到，它可能出現在身體的範疇、感受的範疇、心智的範疇（思緒和影像）或基本態度的範疇（執著、害怕、厭惡等等）。若要擴展注意力的範圍，我們就需要覺察固執訪客的其他面向，而不是只注意它的明顯面貌，因爲我們卡住的層次必然不同於原本已注意和命名的明顯層次。當我們的覺察能從明顯的部分轉移到其他層面時，才可能產生釋放。

我們在密集禪修時，把這些「固執的訪客」或「困難而重複出現的思想模式」稱爲「十大排行榜」。一般說來，思緒生起時，只要簡單地命名爲「想，想」，在覺察的光中，它就會像雲一樣消散。然而這十大排行榜，不論是字眼、意象或故事，不管我們多常注意它們，仍然會持續回來。它們就像重複播放同一個主題的錄音帶。剛開始，爲了得到新的洞見，我們可以從第一到第十爲它們排名，「喔！這是本週排行第三名」。用這個方式，我們注意它們時，就不需要每次都從頭到尾地播放錄音帶，而能更輕鬆地放下。或是用類似的技巧，爲它們加上幽默的名稱或頭銜。我曾經爲自己現在已熟悉的各種面貌取名字，比如「飢餓的倖存者」、「成功者」、「匈奴王阿提拉」或「傑克寶貝」、「害怕黑暗」、「沒耐性的情人」。藉由這種方式，就會更熟悉這些一再出現的恐懼、難過、不耐煩或寂寞的模式，並以友善而直率的方式聆聽它們的故事，「嗨！很高興又看到你！你今天要告訴我什麼呢？」

然而這樣還是不夠。比如說：我們一再想起父母離婚的事，一再說到哪個孩子應該擁有哪些財產、誰跟誰說了什麼。這種故事可以說無數遍。發生這種情形時，我們必須擴展注意力的範圍：「這種想法在我的身體裡是什麼感覺。喔！在橫隔膜和胸部感覺緊緊的。」我們就可以命名爲「緊繃，緊繃」，然後非常仔細地注意一段時間。這樣做時，也許又會打開其他感覺，釋放許多新的意象和感受。這樣就能開始釋放我們緊抓不放的身體緊繃和體內的恐懼，然後把注意力擴展到各種新的感受，這種思考模式和緊繃會伴隨哪些感受？它們一開始也許是半隱藏或不自覺的，但如果我們仔細感覺，它們就會開始顯現，胸口的緊繃會變成難過，然後難過可能變成哀傷。當我們終於能夠開始哀傷時，這套模式就得到釋放。

同樣地，當我們遇到不斷出現的身體疼痛或難受的情緒時，可以把覺察擴展到思想的層次，包括伴隨而來的故事或信念。仔細注意時，我們也許會發現某個與自己有關的隱微信念會使疼痛或情緒持續下去，也許是某個認為自己沒有價值的故事，比如「我永遠就是這樣了」。當我們覺察這樣的故事或信念，如實看見它時，這種模式常常就被解開了。

重複的想法和故事，幾乎都是不被承認的底層情緒或感受所激發的，這些未被感覺的感受，就是思緒一再回來的原因。未來的計畫通常是因為焦慮而激發的；過去的記憶則常出於懊悔、內疚或悲傷；許多幻想的生起，是對痛苦或空虛的反應。禪修的任務就是要進入重複播放訊息的底層，去了解和感覺使之生起的能量。當我們做到這點，且眞正與這些感受和解時，思緒就不再有出現的必要，模式就會自然消失。

全然覺察感受

解除重複模式的第二個原則是「敞開來，全然覺察感受」。內在生活的控制大多來自感受的層面，我們卻往往不知道自己的感受。文化一直教導我們緊縮和壓抑，認為男人不適合「流露情緒」，而女人也只被允許表現某些情緒。有一部卡通就刻畫出我們的矛盾，一位女子詢問算命師，她丈夫為什麼就是不談自己的感受？算命師看著水晶球說：「明年一月開始，美國男人就會開始談自己的感受，不出幾分鐘，全國女性都會為此感到遺憾。」這就是我們面對的衝突。

在我們還未學會如何說出自己的感受，甚至還覺察不到時，生活就會與之糾纏不清。對許多禪修者而言，恢復對感受的覺察，是一段既漫長又艱難的歷程，然而佛教心理學認為對感受的覺察正是覺醒的關鍵。佛陀在教導十二因緣的循環中，解釋人類如何陷入其中，感受就是使我們受束縛或解脫的地方。快樂的感受生起時，我們就自動抓牢，不快樂的感受生起時，就想逃避，由此建立了糾結而痛苦的連鎖反應，而使恐懼的主體持續存在。如果我們學會覺察「感受」而不帶有貪求或厭惡，把它們視爲穿過我們的天氣變化，我們就能自由地感覺它們，如風一樣前進。連續幾天，將注意力特別集中在自己的各種感受，會是非常有趣的禪修練習。我們可以爲每個感受命名，看看我們害怕哪些感受、容易捲入哪些感受、哪些感受會製造故事，以及如何變成自由的人。「自由」不是沒有感受，而是自由地感覺每一種感受，讓它持續進行，不害怕生命的變動。我們可以把這種經驗用在自身面臨的困難模式，了解哪種感受是各個經驗的核心，然後向它全然敞開，這就是邁向自由的行動。

找出需要被接納的部分

聽起來禪修好像非常複雜而忙碌，其實卻很單純。一般原則就只是坐下，覺察生起的一切。若出現重複的模式，就擴展覺察的範圍；接著了解有什麼部分要求被接納，這就是第三個原則。重複的模式會一直出現，是因爲有某種程度的抗拒：厭惡、恐懼或批評把它們關在裡面。這種緊縮是恐懼製造出來的，要釋放它，就必須先承認有什麼存在，然後問自己的心：「我要如何接納這個部分？」我希望它改變嗎？我是否緊緊抓著自己想要克服或逃離的困難感受、信念或感覺？我是否有某些執著、某些恐懼？

達賴喇嘛指出，共產主義在世界各地都行不通，因爲它不是出於慈悲和愛，而是基於階級鬥爭和獨裁控制，這終究是不會有效的。鬥爭和獨裁對我們的內在生活也同樣無效。所以我們必須探索，這種重複模式的哪個部分在要求接納和慈悲，並自問：「不論我的心向什麼關閉，我能以愛接觸它嗎？」這並不是指解決或理解它，而只是單純地問：「想要被接納的是什麼？」在思想、情緒或感覺的困難模式中，不論它們有多麼強烈，我們都必須敞開來感受它們在身體、心靈和心智的全部能量，也包括向我們對這種經驗的反應敞開，注意生起的恐懼、厭惡或緊縮，然後全然接納。只有如此，它才能得到釋放。

在我早期的修行中，身爲獨身僧侶的我經常有性欲和性幻想。老師教我爲它們命名，我做了，不過它們仍常常出現。我心想：「要接納它們嗎？那它們就不可能停止。」不過我還是試了。經過了幾星期，這些思緒變得更爲強烈。最後，我決定擴展我的覺察，看看還有什麼別的感受。我驚訝地發現，幾乎每一個生起的幻想都有一口寂寞的深井。它不全然是貪欲，而是寂寞，性欲的意念是尋求安慰和親近的方法。但它們持續出現，我才注意到要讓自己去感受寂寞是多麼困難，我恨它、抗拒它。直到我接納這種抗拒，以慈悲溫柔地擁抱它時，它才開始消退。藉由擴展注意力，我才知道自己大部分的性欲其實和貪欲沒什麼關係，當我接納寂寞的感受，幻想的強迫性才逐漸減少。

打開核心

我談到的接納，基本上應該已經足夠。療癒、慈悲和解脫都是出於自由而開放的覺察。然而有時需要更仔細和被引導的專注，才能打開重複的模式和最深的糾結。這是處理固執訪客的第四個原則，稱爲「打開核心」。身體和心智中堅持的種種模式，就像能量的結塊，身體的緊縮、情緒、記憶和意象都在其中互相糾纏。這種方法要仔細地把覺察力引導到結塊的各個層面，深入整個模式的核心來感受。這樣就能解除自己對它的認同，找到超越緊縮的開放與幸福。

要怎麼做呢？我在性幻想中遇到寂寞的經驗是很好的例子。雖然我爲它命名，以關懷的心去感受它，但它仍時常出現，令我痛苦。從我有記憶以來，寂寞一直是痛苦的最深來源之一。我是雙胞胎之一，有時我會想，我在母親子宮裡就找來一個弟弟，希望有同伴。進行我描述的這個方法時，最好從覺察身體開始。當寂寞持續生起時，我更仔細地注意它在身體的哪個部位，通常會集中在胃部；試著感覺其內所謂的四種物理元素：地（硬或軟）、風（振動的各種模式或靜止）、火（溫度）、水（凝聚或流動性），有時再加上顏色和質地。它是個堅硬的球體，中心有脈動，熱而火紅。接下來，我深入感覺所有交織其中的感受：恐懼、痛苦、難過、渴望和飢渴都出現了，伴隨對這些狀態的排斥感。我溫柔地爲每一個感受命名，然後感受到核心的火、痛苦和飢渴。我允許任何影像生起，於是出現一連串被遺棄和排斥的記憶與畫面。這種影像常會打開早期的童年，甚至前世（如果當事人願意讓它們出現）。當我覺得進入這個核心時，就問自己對它抱持什麼信念和態度，其中的故事可能會像小孩一樣說：「我有些地方不夠好、有問題，我總是被排斥。」我就是認同這個信念及伴隨它而來的感受，因此而緊縮。

隨著各個層面在覺察中打開，痛苦會逐漸減輕，感受也會變弱，火會逐漸消退。當我繼續感覺寂寞的核心，似乎會感覺到肚子裡有一個原本被疼痛關閉的洞或空間，我輕柔地爲這個核心的洞命名，感受它深刻的飢餓、渴望和空虛，然後盡量讓它打開，而不再像多年來那樣關閉它。這麼做時，它會愈來愈大，也更爲柔軟，它四周的振動也變得非常微細，這個洞變成開放的空間，飢渴的特質改變了，雖然它是空的，卻更像是清澈的空間。它逐漸充滿我的身體，伴隨著光和滿足感，我充滿自在感，以及深刻的滿足和平靜。安住於這個開放的空間，排斥和不足的觀念都是完全沒有必要的。我可以看到它所包含的一切（寂寞、痛苦、難過和排斥的想法），都是我長久以來基於恐懼和非常有限的自我感，而使身心緊縮的結果。我甚至可以在慈悲中看見使它產生的景象和條件。但現在我安住在寬廣與整體之中，知道它不是眞的，雖然寂寞的痛苦必然會再度出現於生活中，但我現在確知那不是眞正的我。我已了解它的信念和緊縮是基於恐懼，而它背後是眞正的完整與幸福，這才是我們的眞實本性。

再舉個更簡單的例子，有位男子參加我們長達三個月的內觀禪修，在前六週發展出寧靜而強大的禪定。突然間，他的肩膀痛起來，整個人變得迷惘、昏沉、無法專心。他來見我之前，已經被這個狀況困擾數週。他描述重複的疼痛和昏沉後，我要他把注意力集中在身體感覺的核心。他閉上雙眼，仔細覺察，開始描述疼痛核心的物理元素、感受和意象。突然間，他的表情改變了，回想起十六歲時一段鮮明的記憶。當時他在足球比賽中意外弄斷一名男孩的手臂，他說：「我衝去阻擋他時，覺得自己像個非常強壯的足球員，結果撞斷他的手臂。接著我心中立刻充滿恐懼、難過和後悔。我變得害怕自己的力量。」我問：「這和你的禪修有什麼關係？」他產生震撼的體會：「就在我開始覺得自己擁有最強而有力的禪修時，肩膀就開始痛，變得模糊而遲鈍。我縮了起來。我想我下意識地害怕這種新的力量，擔心會再造成傷害。」

就在他看清這份恐懼並感受到它的深度時，肩痛馬上減輕了，他的心也變得清明，初步的信心取代了害怕、困惑和昏沉。他再度平靜而專注地禪修，但現在他能留在過程之中，並感到自在。當我們了解和釋放困難的模式，意識會變得清明，禪修也更爲自然而順利，而連結上自己的眞實本性。

當覺察力眞正探究我們的緊縮時，我們會開放自己。在每一個緊縮的部位背後，都會發現自在與空間。這個空間在身體上是一種不斷打開的感覺，直到身體的堅實感完全消融，這個空間在心中是打開慈悲的接納，在心智上是清明的覺察空間，可以容納一切。我們在這個空間裡找到自己的眞實本性。

當我們不再緊縮，身心的空間自然會充滿各種特質，反映出它的完整。我們會經驗到幸福、喜悅、清明、智慧和自信，這些是清明意識的珍貴特質。每當我們打開自己，超越緊縮和害怕的狀態，就會達到這種境界。我們遇到的這些特質能讓我們原本擁有的部分變得完滿，因此那個足球員從害怕中發現信心，而我的寂寞釋放出自己追尋已久的完整與滿足。榮格（Carl Jung）深知這一點，他告訴匿名戒酒會的創辦人，他們在酒精（spirits）裡追求的，其實是具有眞正療癒力的靈性（spirit），靈性才是我們的家。

我們可以在開放的過程中，看到自己不知有多少次誤以為渺小的認同和恐懼的信念就是我們的眞實本性，並看見這種觀點的侷限。我們可以用極大的慈悲碰觸狹隘的認同所造成的痛苦，而我們和其他人都在世上製造這種認同。從宇宙和永恆的開放觀點，我們能以佛陀的慈悲雙眼與認識之心，開始看見生與死的人性之舞。我們可以看到認同的過程如何帶領我們走過一生，直到覺醒為止。

人類所渴望的，不可能在緊縮的狀態、匱乏的心和渺小自我掙扎的層次中找到。然而，靈性修行為我們提供認同感的深層轉換，透過覺察，我們學會如何將自己從渴求、恐懼或衝動的認同中釋放，發現生命當中的圓滿、幸福、自由與自然的流動。

靈性修行的這個層次是探索與發現的革命性歷程，重複出現的困難能帶領我們達到新的開啓。正是我們所揹負的衝突和痛苦，帶領我們到達新的自由層次。每個困境都有需要學習的功課，能夠帶領我們走到屬於它的特殊覺醒，只要我們願意走入生命的核心。

請記得，面對自己不斷出現的模式和探索自我的認同感，都是深層的工作，通常需要老師或指導者的協助。後面有幾章會談到如何尋找老師及如何從他身上獲益。

五個有益的方法

此生是一場測試，只是一場測試。

如果是真正的生命，你會得到更多

指示，說明你要去何處、做何事。

記住，此生只是一場測試。

我們用同樣的探索、發現精神，進一步探討傳統佛教修行所教導的五種處理困難經驗的原則。每一項都是了解困難模式的方法，能更有自覺地重複、探索它們或解開與它們之間的糾纏。這五種方法從最基本的放下開始，到更有活力而具挑戰性的方式。

放下

放下，是第一個、也是最基本的原則。困難出現時，而我們做得到的話，就只要單純地放下它們。請注意！這件事說來容易，做起來難。我們常發現自己過於執著而陷入故事或感受中，以致無法放下。我們有時可能是因爲不喜歡某件事，才試著「放下」，但這不是放下，而是厭惡。在靈性修行的早期階段，我們試著放下的許多困境常被誤導到這個方向，但這其實是批評和逃避。

只有在心智平衡而有慈悲心時，才能眞正放下。隨著禪修技巧的進步，便可能在某些困境一發生時就放下。這種放下並不帶有反感，而是經過指導的選擇：丟棄某種心態，在下一刻平靜而更有技巧地集中注意力。放下是透過練習而產生的，平靜的能力增長時，就有放下的能力。這種能力只能培養，無法強迫。

無法放下時，可以把上述方法修改成較溫和的版本，叫做「順其自然」。不論出現任何情況，不管是疼痛、害怕或掙扎，雖然沒有放下，但要覺察，任它來去：順其自然。還記得披頭四的歌嗎？「一定會有答案，順其自然，順其自然。」「順其自然」並不是要擺脫或逃避，而是單純的釋放。允許眼前的一切生起和消失，就像大海的波浪。如果想哭，就哭；如果感到悲傷或生氣，就順其自然地悲傷或憤怒。這就是各種形式的佛陀，有太陽佛、月亮佛、快樂佛、悲傷佛。宇宙提供一切，使我們覺醒和敞開我們的心。幾年前，我看到一張禪修和瑜伽課程的廣告海報上，非常美妙地傳達出順其自然的精神：一位白髮長髯的著名印度上師，以瑜伽所謂的樹式，優美而平衡地單腳站立，身上只穿了一條腰布。最令人訝異的是，他以這種姿勢平衡地站在衝浪板上，在巨浪上航行。海報下方寫著一行醒目的字：「你無法平息海浪，但可以學會衝浪。」同樣地，我們可以迎接生命的矛盾，然後放下它們或讓它們順其自然。

轉化能量

然而，放下或順其自然有時實在太困難。也許你曾試著接受某些困難，允許它存在，甚至試著深入感受它，卻仍陷在掙扎之中。對於一再出現的困難，還有其他方法可以選擇，其中一種就是轉化能量，把困難的能量轉成有用的感受和行動，這可以用內在或外在的方式做到。例如，當我們要處理深藏在身心中的暴怒和攻擊力量時，這些力量有時會變得非常強大；外在的轉化方式就是用這種憤怒來砍柴火，釋放這種力量，有技巧地重新引導它，以它的力量為冬天做準備，透過身體的運動轉化其力量，達到有創造力或有益的目的。在轉化中，我們釋放它、清楚地看見它，也學會在直接表達它的過程中獲益。在美國文化中，許多人非常需要學習表達自己，因為他們長期被教導要壓抑情緒，因此不敢表達。如果我們一生都害怕憤怒，就需要探索、體驗它——不是要傷害或損害別人，而是要轉化它的能量。處理其他困難也是如此，我們可以開始讓它們表達出來，然後找到方法使它們成為有用的力量。

轉化也可以是內在的。舉一個內在轉化的例子，比如衝動的性欲，重複而強大的欲望是如此強烈地生起，因此無法保持專注的覺察。內在的轉化方式就是以身體感覺這個能量，把它從生殖器官移轉到我們的心。我們可以透過內在的專注引導這個能量，直到覺得它與我們的心連結在一起，而不是只留在性器官而已。如同我們能運用憤怒來砍柴，也能運用欲望的力量，它其實是想要連結的欲望，然後把它的能量從執著的層面轉到愛的層面。因此，當我們表現性欲時，是連結到愛，而不是恐懼、強迫或需求。

擱置一旁

第三個處理困難的傳統方法叫做「擱置一旁」，意思是暫時壓抑它們，有自覺的壓抑是有價値的。處理困難有好的時機，也有不好的時機，有適當的場合和不適當的場合。例如一位外科醫生週末在家待命，當她和先生大吵一架後，呼叫器突然響起，她必須趕到醫院，於是上車開到醫院，立刻刷手消毒、穿上手術衣，準備進行手術。這不是在心中繼續和先生爭論的好時機，最好把吵架的事放到一旁，專心動手術。

雖然這是非常極端的例子，但許多時候我們會發現和家人、孩子、所愛的人或同儕所處的情境，並不是面對困難最恰當或安全的時機。爲內在工作尋找合適的時間和地點很重要。了解自己可以把困難擱置一旁會非常有幫助。我們不需倉促面對困難，也毋需在每種情況下都這麼做。因爲就自然的本質而言，一定會有適合的地方讓心靈和心智成長。

不可避免的，靈性旅程總有內在歷程已經難以承受壓力、無法順利處理困難的時候。我們也許正遇到生活危機、周圍都是冷漠的人或缺乏適當的支持系統，也可能只是太累了。這是需要暫時擱置困難的時候，等待更適當的時機再來處理。我們在這個練習中，有自覺地把困難放到一旁，知道自己稍後必須全力處理。重要的是尊重自己的脆弱，體認每個人都需要在可信賴的情境下處理內心最深處的感受。身爲受過創傷的人，我們都在許多困難中製造了防衛裝置，而開啓的鑰匙就是信賴與愛。我們能以愛融化困難，我們無法打倒它們，但可以使它們消融、開放。

覺察與想像的行動

我們總是在衝動一出現時，就立刻付諸行動。要在靈性修行中處理這一點，就必須學習以專注的覺察來行動，視之爲眞正有用的方法。若沒有覺察，就只會強化已被制約的習性和欲望，讓自己困在它們的模式中，把潛意識的力量交給貪婪和憤怒；如果有了覺察，行動就可以引導我們走向自由。

第四個處理困難的有用方法就是「在想像中行動」的練習。假設我們面臨極大的恐懼、欲望、懷疑或攻擊，在這個練習中，就要在想像中表現它、誇大它。以欲望爲例，我們可以想像自己把欲望實現到極致，在每一種變化和風味中一次又一次地體驗，可以高達上百或上千次。我們去感覺它、想像它、描繪它，不過是以覺察的態度去做，因此並不會只是強化它。假如我們遇到攻擊，可以想像自己去咬那個人、踢他們或任何做法。這個練習讓我們看見內在的能量，好像在說：「讓我看看這個欲望到底有多強，這個憤怒的心到底有多大。」想像這些困難的問題，盡全力感受它們。這樣做時，就會發現我們能容納這些力量，與之建立關係，於是不再受制於它們。我們能夠開始客觀地看待它們——「這痛」、「這害怕」、「這渴求」，凡是人都共有這些部分。

這種內在注意的力量是非常驚人的。藉由想像和觀想內在的困難，使我們能再次處理過去的創傷、掙扎和衝突。我們在意識中容納它們，用身體感覺它們，最後就能讓自己感受到這些能量的全部作用。這樣做時，我們的意識就會敞開，不再只是認同整個圖像的一小部分，而能看見其他面向。我們會從其他人的角度、從生命其他階段的角度來看。對內在衝突、困難和欲望的積極想像，會產生深入的療癒。當我們能想像、全然接受它們，就也能看到它們的限制，我們的意識也能達到更深的自由。

有位男士面臨強烈而不斷重複的憤怒和挫折感，多年來他也用這個練習來處理。我鼓勵他觀想憤怒有多大，他說像炸彈爆炸，接著又形容像原子彈爆炸。我引導他讓憤怒盡量敞開，他說憤怒大到使整個宇宙都燃燒起來。整個宇宙變得陰暗、死寂，充滿灰燼。他內在生出強烈的恐懼，覺得長久以來，自己大部分的生命已經死了；現在死寂感更強，好像他的生命永遠都是這樣。我建議他讓死寂和灰燼永遠充滿宇宙，看看會發生什麼事。他坐了一會兒，想像這種情況持續一千萬年、五千萬年、五億年。

出乎他意料之外，遠方出現一道綠光，嚇了他一跳，因此他想像死寂又持續了一億年，最後綠光強烈得讓他無法忽視。原來那是個正在誕生的星球，有海洋、綠色植物和小孩。看著這景象，他了解縱使是自己這麼大的痛苦，也會有結束的時候。他終於不再受制於長久的憤怒和挫折，必然的新生於焉開始。

印度詩人迦利布（Ghalib）寫道：

> 對雨滴而言，喜悅是進入河流……
> 在悲傷中旅行夠遠，淚水會化為嘆息，
> 大雨之後，烏雲就會散去，
> 哭泣的人，最後豈不都會流完淚水嗎？

我們能透過觀想探索自己的困難，也能透過觀想喚起每個人心中都有的普世智慧和慈悲的巨大力量。

佛教許多關於禪定和密續的進階修行方法，就是根據這個原則。我們可以用這些方法在內心體現偉大的覺醒者，例如佛陀、耶穌，或是觀想我們心中的慈悲能擴及所有生命。在心中運用巧妙的觀想法，就能開始有力地轉化這個世界。

在覺察中演出

處理困難的第五個有用方法，叫做「在覺察中演出」。讓我們面對它，反正我們本來就會表達出大部分欲望。在這個方法中，我們接受任何重複出現的困難，實現它，並徹底覺察過程中發生的事。這個練習有兩個限制，第一是絕對不能真的傷害自己或任何生命，第二是必須帶著覺察來做。因此，如果它是欲望，我們就實現它，在整個過程中都以非常細膩的專注來觀察。如果是需要被表達的東西，就表達出來，在進行時觀察自己的注意力、心態、身體的感受、心的緊縮或開放。我們觀察整個過程，讓經驗、身體的感受及結果教導我們，那是覺醒的好地方。請記住，無論如何，不能在過程中傷害自己或任何生命。

第一步是誇大我們的困難。阿姜查在泰國指導一個經常生氣的學生，在炎熱的夏日把自己關在狹小的鐵皮屋裡，然後裹在冬天的袍子裡繼續生氣，徹底感受生氣的感覺。

在覺察中演出還有另一種做法。我在印度學習時，遇到一位非常愛吃甜食的老師，他只愛吃印度炸鮮奶球（gulab jaman）。這種甜食非常甜，果仁蜜餅（baklava）和它相比，就好像乾土司一樣沒味道。他用內在訓練和禪修都無法克服，便決定以演出的方式處理。有一天，他到市場買了三十盧比的炸鮮奶球，看起來就像泡在糖漿大海的甜點山。他坐下來，在覺察中盡可能地吃，注意過程中的經驗。他看見咬下第一口時，欲望終止那一刻的平靜。他感覺到欲望帶來的痛苦、甜味帶來的快樂，以及持續吃同一種欲望對象時（堆積如山的炸鮮奶球），感受到快樂變成壓力。最後，他再也不會被這種不可抑制的欲望控制了。

這是一種進階修練，這種方法並不是要我們一再大吃大喝或把衝動演出來，而是眞正活在當下，在我們對發生的一切都能誠實清醒地觀看時，練習一次，從第一個動作學習到最後的結果。

如你所見，有很多種處理困難的方法，每一種都是從潛意識轉變到開放注意的過程。我們可以研究它們，也可以只是放下；可以轉化它們，學習使這些能量成爲修行中有用的部分。若我們無法這樣做，可以先放在一旁，等找到安全和支持的環境時，再處理它們。此外，我們可以在想像中誇大它們，加以化解，也可以在覺察中演出。這些方法都是爲了使我們的修行不斷成長、眞誠而有活力。

有人問印度聖人拉瑪克里希南（Ramakrishna），爲什麼這個世界會有邪惡，他回答：「爲了讓情節錯綜複雜。」這些讓情節錯綜複雜的東西，常常就是最困難、最固執的部分，能夠引導我們敞開自己的身體、心靈與心智。我們會藉此發現，這些本來就不是我們眞正的身分。在整個人生中，我們可以在自我緊縮而產生的所有眼淚、痛苦、恐懼和憤怒之下，找到自由、喜悅和自在。

第9章 靈性的雲霄飛車：拙火與其他副作用

明光和異象的炫目效果，強而有力的狂喜和能量的釋放，是舊有生命身心結構瓦解的奇妙跡象，然而它們並不能產生智慧。

我們要如何理解偉大神祕傳統的文獻所敘述的許多驚人而奇特的靈性經驗呢？現代人還有這些經驗嗎？這些經驗有什麼價值？前幾章談到平常意識狀態裡的身體能量、情緒和思考模式，當它們被釋放時，會產生嶄新層次的平靜和清明；繼續修行下去，整個意識狀態有時會發生改變。透過更有系統的靈性修行，會產生強而有力的身體、心靈、心智的超常狀態。本章想描述這些難以形容的經驗，並視之爲修行道路的一部分而加以探討。

對待超常意識狀態的態度

在了解不尋常的意識狀態前，必須先了解各種靈性傳統對意識轉化和解放的價值，抱持著兩種迥異的觀點。某些靈性道路堅持我們必須達到深入的超常意識狀態，才能發現生命的「超越」視野，開啓超越身心的層次，了解自由的神聖滋味。這些學派認爲需要走上山巔、要有宇宙性的視野、要超越渺小的自我、要體驗開悟的經歷。許多傳統專注於這種奇幻、超越的經驗，禪宗的臨濟宗便強調有力的公案練習和嚴格的閉關禪修，以突破日常意識，產生「悟」和「見性」的經驗，這是深度醒覺的時刻。內觀禪修也有一些學派，運用強而有力的專注技巧和長時間的密集禪修引導學生覺醒，超越日常意識。勝王瑜伽（raja yoga）和拙火瑜伽（kundalini yoga）、某些巫術修行與基督宗教密集祈禱的「黑暗之夜」，也都遵循這種修行精神，運用重複、密集、疼痛、強力呼吸、縮小專注的焦點、公案、剝奪睡眠和觀想等技術，幫助學生超越正常的意識。

然而，許多其他學派並不要求攀登超越之山，而是把山巔的精神帶入生活當下的每一刻。他們的教導認爲解脫和超越必須在此時此刻被發現，如果不是在當下，還能在什麼地方找到呢？「內在」學派的觀點不是尋求超越，而是教導實相、開悟或神聖都必須在每一刻閃現，否則就不是眞實的。

重視在「當下」覺醒的學派，會教導神聖和開悟是一直存在的，只是欲望和貪婪的心（包括想要超越的欲望），使我們無法體驗這個實相。禪宗的曹洞宗就是如此教導，他們的方法是所謂「只管打坐」的禪法，這是一種深入的開啓，面對此刻的眞實。練習時，禪修者要放棄得到開悟的想法，或到達任何其他境界的念頭。美國曹洞宗最偉大的禪師之一，鈴木禪師（Suzuki Roshi）的教導中，從未提到開悟，他妻子開玩笑說那是因爲他從未開悟。在曹洞宗的傳統中，所有超常知覺和異象都被稱爲「魔障」（makyo）或錯覺，而予以忽視。許多內觀禪修大師也抱持類似觀點，對他們而言，超常狀態只是另一種經驗，也是無常的現象，或如阿姜查所言：「只是另一個需要放下的東西。」吠壇多（Advaita Vedanta）哲學、克里希納穆提（Krishnamurti）、業瑜伽（Karma yoga）、爲神服務之道，都跟隨這種道路。

內在和超越的道路都是偉大之道的表現，各自的修行方式都能引導人達到深入的放下和眞正的自由。

對追求靈性修行的你們來說，若以虔誠的態度修持，大部分人都會在某個時刻分別經驗到這兩種面向，兩者各有價值，也各有危險。

超越狀態的價值是能爲我們的生活帶來極大的鼓勵和美妙的願景，使我們強烈地看見實相，超越日常的意識，並引導我們根據這個最高眞理來生活。這種經驗有時具有深刻的療癒力和轉化作用，但帶來的危險和誤用的情況也很大。我們會因爲有這種經驗而覺得自己很特別，很容易執著；而戲劇化的經驗、身體的感覺、狂喜和異象都可能造成上癮，反而增加生活中的渴求和痛苦。所有危險中最普遍的就是認爲這種經驗可以徹底轉化我們，以爲從「開悟」或超越的片刻開始，我們的生命就會徹底改善。這是一種迷思，很少是眞的，而執著這些經驗卻很容易導致自滿、驕傲和自欺。

內在練習的價值在於強而有力的整合方式，讓靈性在當下實現，使整個生活充滿神聖感。內在練習的危險包括妄想和自滿，我們很容易認爲自己「活在當下」，其實只是半睡眠狀態，仍遵循舒適的舊習。最初充滿愛與光的感覺可能會變成一切都已神聖或完美的藉口，促使我們掩飾任何衝突和困難。有些學生就這樣修行了很久，卻得不到什麼眞正的智慧，困在其中而不自知，他們也許感到非常平靜，但生活並未轉化。他們可能根本不曾完成靈性旅程，也沒有在這個世界找到眞正的解脫。

了解關於超常狀態的兩種觀點後，接下來讓我們檢視一些可能出現的超常狀態，並思考如何妥善處理。必須牢牢記住這一點：由於我們平常的意識並不了解本章和下一章討論的心智、情緒和靈性範疇，因此我們在這個領域航行時，必須要有老師和嚮導，以及適當的支持，好讓我們保持平衡，這點非常重要。若要到喜馬拉雅山旅行，就一定要有熟悉古道的嚮導。

常見的超常狀態

當我們開始靈性修行時，會和身體各處的疼痛，還有多年來鍛鍊出的盔甲掙扎，會面臨情緒風暴，也會遇到五種接連出現的常見障礙。但隨著持續的靈性修行，對自己最深的困難愈來愈熟悉和慈悲時，即使是因爲硬撐和恐懼而有的最根深柢固的模式，也會漸漸失去掌控我們的力量。不論哪一種修行方式，都可以發展出平靜和穩定的精神。

這種平靜並不是修行的終點，而只是起點。心靈和心智的集中和穩定，是通往其他經驗世界的入口。透過持續的禪修或祈禱、深入而持續的瑜伽和專注練習，或是特別的呼吸動作（有時透過其他極端的狀況，比如身體的意外傷害或服用迷幻藥），我們會發現自己強烈地活在當下，注意力完全不受干擾。在這種前所未有的全然專注中，我們的意識確實會轉移，進入特別而全新的知覺世界。

狂喜

在靈性修行中，每當強而有力的專注和能量被引發時，就可能開始出現各式各樣嶄新而刺激的感官經驗。並不是每個人都有這種經驗，而它對靈性的發展也不是必要的。這些嶄新的狀態比較像禪修的副作用，如果我們愈了解它們，就愈不會陷入其中，也不會誤以爲這些經驗就是靈性生活的目標。

大部分人會先出現一連串超乎尋常的身體知覺，佛教經典大多把這些知覺歸類爲副作用，稱爲「五種深層的狂喜」。在這種脈絡裡，「狂喜」是個廣義的名詞，可含括深度專注時打開的各種知覺，如各種涼意、晃動、明光、漂浮、振動、愉快等，這些知覺也會爲禪修帶來極大的快樂。

狂喜常見於密集的禪修或靈性修行，也可能被強烈的儀式或能力強大的老師所激發。有時，狂喜會始於全身細微的涼意或愉悅的振動。透過專注或其他修行技巧，巨大的能量會在體內累積。這種能量移動時，會產生快樂的感覺；遇到緊繃或硬撐的部位，能量會增強，然後以振動或搖動釋放出來。因此，狂喜可能導致顫抖或身體能量強烈的自發性釋放，瑜伽傳統稱之爲克立亞斯（kriyas）。這些自發性動作有許多型態：有時是單一的不自主動作，伴隨體內結塊或緊繃的釋放；有時是長期而劇烈的動作，可持續數天。

在長達一年的密集禪修訓練初期，我體驗到一段非常強烈的能量釋放狀態，我的頭開始來回搖動數小時之久，幾天後，我的雙臂開始像鳥的翅膀般不由自主地拍打。當我試著停下，卻幾乎做不到。如果我完全放鬆，手臂就會持續拍動，如此持續了幾天。我請教老師，他問我是否保持全然的覺察，我說：「當然。」但他說：「你並沒有眞的覺察，要更仔細地觀看，你會看見自己不喜歡這樣，你隱約中想要它消失。」我發現他說對了，他說：「單純地回去觀察它。」接下來兩天，動作逐漸平息，我坐著感覺手臂的抽動，帶來數小時深度的放鬆。

這種自發性的身體釋放，既不是開悟，也沒有害處，只是修行中產生的能量遇到阻礙和緊繃而無法流動時造成的現象。那是身體開放過程的一部分，在第四章曾談過。這些自發性動作出現時，我們才會開始重視硬撐所造成的身體模式有多深。許多學生在靈性修行數月或數年之後，會出現身體的釋放和開啓。遇到這些動作時，最好的方法就是放鬆，尤其是放鬆背部和尾椎。若只是中等強度的釋放，最好是試著放鬆，但同時保持身體不動，讓能量在體內開啓新的通道，而不只是用動作來釋放能量。這對較強烈的釋放就沒用，但還是可以緩和能量的累積和流動。當我們專注時，身體系統的能量會遵循使自己開放而平衡的自然過程，我們會感覺到熱度、跳動和振動如何自發地通過脊椎，打開堵住的能量通道，然後散發到體內每一條神經和每一個細胞。我們會發現有些最深層的療癒和身體工作，會發生在靜坐著禪修之時。但要記住，這可能是一段很長的歷程，所以要對自己的身體有耐性。

除了克立亞斯和自發性動作之外，還可能出現許多其他種類的狂喜，包括愉悅的全身顫抖、麻癢、刺痛、愉快的波動、喜悅的閃光等。到達某些階段時，有的人會覺得皮膚在振動，或者像螞蟻或小蟲在全身爬行，或如同被針灸的針刺到一樣。在其他階段，有人會覺得很熱，好像脊椎起火。有些西藏瑜伽修行者將這種狀態培養到極純熟的境界，甚至能將他們位置周圍的雪融化一圈。這種熱的感覺可能會與冷的感覺交替出現，剛開始有一點寒意，後來就轉爲強烈的狂喜，伴隨很深的寒冷感覺。這種溫度變化的經驗有時非常眞實而強烈，以致於在大熱天裡冷得發抖。

除了這些動態的狂喜感覺，也可能看到彩色的光。起初是各種藍光、綠光和紫光，當專注力愈來愈強時，就會出現金光和白光。最後，許多學生都會看到非常強烈的白光，彷彿看著迎面而來的火車頭燈，或是整個天空像被閃耀的太陽照亮。不同色彩的光常與特定的狀態一同出現，如綠光與慈悲、紅光與愛、藍光與智慧。某些學派專門討論這些內在的顏色，雖然他們的解釋不完全一致，卻一致同意看見色彩是意識深入而純粹的開放所產生的效果。

在更深入的專注境界中，我們會覺得整個身體在光中消融。我們也許會覺得麻癢和振動是如此細微，因而覺得自己只是光在空間中的型態，或是覺得自己在強光的色彩中消失。這些光和感覺是專注心的強烈作用，令人覺得淨化和開啓，並能向我們顯示在某種層次上，身心和整個意識都是由光所組成的。

除了這些光和力量的形式，還會出現一連串不尋常的感官知覺，大部分都與傳統所說的四種物質元素的改變有關。身體感官界的四種元素是地（硬和軟）、風（振動）、火（溫度）、水（黏性）。我們可能覺得自己變得像石頭般沉重、堅硬或堅實，或是覺得自己被重物或輪子擠壓。我們也許會失去重量感，覺得自己在漂浮，因此必須張開眼睛偷看，好確定自己仍坐著禪修。經行也有類似的經驗，當你十分專注地行走時，整個房間會開始搖晃，好像置身於暴風雨中的船，或者踏地時覺得好像醉酒一樣。有時覺得每件事物都開始發亮，我們似乎能穿過地板或牆壁。我們的視覺會旋轉，在四周製造奇異的圖案和色彩。身體的形狀也許會變化，溫度、堅硬度和振動也可能一起改變，同時出現熱、融化、移動的感覺。

身體可能會伸展得非常長或變得極短，有時會覺得頭移位到身體之外，或經驗到奇怪的呼吸節奏、身體的每個細胞都在呼吸，或是覺得透過腳跟在呼吸。在修行中，還可能出現一百種各式各樣不同於平常的身體知覺。

同樣地，其他感官也會打開新的經驗。聽力可能變得很敏銳，聽見從未聽過的最細微聲音，或是聽見內在的聲響有如鈴聲、曲調或合唱的聲音。有許多人聽見內在的音樂，有時是清晰的說話聲，我們可能會聽見話語或特殊的教誨。味覺和嗅覺也會以我們從未經歷過的方式開啓。有天早晨，我外出化緣，這時我的鼻子變得像嗅覺最敏銳的狗一樣，當我走在小村莊的街上，每兩步就聞到不同的味道：洗東西的味道、花園肥料的味道、建築物上新油漆的味道、中國商店裡木炭燃燒的味道、下個窗口煮食的味道。走過這個世界時，能體驗到嗅覺的所有可能性，實在是非常特別的經驗。同樣地，我們的視覺、聽覺、味覺及觸覺，也都能達到極度敏銳的嶄新境界。

深層專注也能帶來各種視覺和幻覺經驗！如洪水湧來的回憶、前世的影像、異國的風景、天堂與地獄的圖像、各種偉大原型的能量，都會在眼前出現。我們會覺得自己好像其他生物、在另一種身體裡、在不同的時代與世界。我們會看見和遇到各種動物、天使、魔鬼與神祇。這些景象以極迷人的形式出現時，會眞實到有如日常的現實。雖然這些景象常是自然發生的，但也能透過特別的禪定練習來培養，以之爲喚起特殊領域的有益能量的方法。

除了視覺、聽覺、身體感官的開啓，也會經歷到最強烈的情緒釋放，從悲傷、絕望到愉悅和狂喜，都有可能。我們讓自己跳入潛意識的各種情緒時，禪修可能有如情緒的雲霄飛車，常常出現生動而深邃的夢境和各式各樣的恐懼，這些不只是個人問題的情緒，而是整個情緒主體的開啓。你可能會感覺到飛揚的愉快和孤獨、寂寞的黑暗，當它充塞在我們的意識時，每一種感受都非常眞實。我們釋放這些能量時，需要技巧熟練的老師當嚮導，幫助我們以平衡感經歷這些狀態。

脈輪

藉由打開身體的能量中心，我們也許會經歷極大的改變，傳統上將這些能量中心稱爲脈輪。這個過程並不會發生在每個人身上，也絕不是完整靈性生活的要素。事實上，身體能量和脈輪的開啓，只是因爲這些部位被阻塞或卡住，而內在能量試圖在體內自由移動，才會產生這些經驗。佛教與印度教傳統的瑜伽修行有時會刻意製造或引導這些經驗，不過能量的開啓通常是自發的。以下介紹一些體驗脈輪的方法。

第一脈輪在脊椎底部，與安全感或穩定感的能量有關。禪修時，我們可以透過骨盆底部的強烈感覺來體驗它。它開啓時，會帶來強烈的身體釋放，常引發各種與防護和求生有關的感受和影像，與我們的安全感有關。這些影像和恐懼可能使我們連結到重視自己的身體與人世生活，或者相反：害怕死亡、失控、失去我們執著的事物。我們會在此身此地中經驗到回家的感覺，並學會安住在生命的眞正安全感之中。

第二脈輪就在第一脈輪之上，位於生殖器部位，它的能量常使我們向性欲、繁殖和生育方面開放。當釋放性欲的能量在這個中心開啓時，我們可能會湧出性的影像和感覺，持續數小時、數天，甚至數週。對某些人而言，這是很愉快的經驗；但對某些經歷過性虐待或有痛苦性經驗的人，就需要勇敢面對這些可怕而有破壞性的能量。

第二脈輪會產生各種性交的影像，伴隨肉欲與狂喜的強大浪潮。有位女子在最近一次密集禪修中開啓這個脈輪，一開始是長達數小時的強烈情欲和高潮的振動，接著看見各個世界中人與動物交媾的景象。對她而言，樹與天空好像在交配，當她打坐時，感到整個世界在她的陰道激烈地進出。這種情形一開始非常強烈，但幾天後，她漸漸放鬆下來，讓這個過程進入敏銳而平靜的狀態，充滿與萬物結合的細膩感受。這個脈輪使我們與世界的無窮生殖能力連結。

第三脈輪位於太陽神經叢，常與意志和權力有關，它的開啓可能會先出現緊張、恐懼、疼痛、緊繃、收縮或呼吸困難的經驗。我們會再度經驗過去硬撐而未表現的行動，或是因恐懼而屏住呼吸的情形。這個脈輪開啓時，憤怒和挫折會傾洩而出，有可能造成能量大量釋出，我們會感覺到生命固有的巨大力量，呼吸和行動會表現出新的清晰感與自發性。

第四脈輪位在心臟，可以在身體與情緒兩種層面打開。身體層面一開始會感到疼痛，心臟周圍彷彿被緊繃的帶子綁緊，這是硬撐多年的結果。許多學生談到心臟開啓的感覺彷彿心臟病發作，懷疑自己是否需要救護車。心臟的情緒閘門打開時，會有深刻的悲傷、慈悲的流露，接著可能是大笑和愉悅。愛、連結、寂寞的議題，以及心靈的重大模式都會浮現，最後甜蜜和愛會充滿我們的生命。心的開啓速度可能慢、也可能快，慢時有如一次打開一片花瓣，快時會伴隨各種感受的爆發。最後，心會以愛和慈悲環抱整個宇宙，成爲推動所有事物的中心。

第五脈輪又稱爲喉輪，常與創造力有關。它開啓時，起初會出現所有曾被壓抑的影像和能量、一生中未曾說出的話或未被看重的事。在身體層面，喉輪的開啓會伴隨持續數小時或數天的吞嚥動作和咳嗽，或出現自發性的聲音。這個中心開啓時，我們會找到自己想說的話和眞正的聲音，了解什麼是擁有順暢的管道，以表現創造的衝動。

第六脈輪在雙眼之間，與異象和理解力有關。這個脈輪開啓時，我們會再次感到身體的疼痛、燒灼、眼睛周圍的緊繃、光線，甚至暫時失明。可能會出現異象、體驗到強烈的清晰感或開啓通靈的能力。我們會看見色彩、靈氣、脈輪及圍繞在我們四周的微細生命能量。這個脈輪淨化時，思緒會停止，可能會失去判斷力，不知道自己是誰，或是不知道自己的人生方向和角色。在這心智澄明的空間中，我們也許能看見別人的想法，或是對自己和周遭世界有深刻的直覺與了解，彷彿徹底打開另一種感官。

第七脈輪也稱爲頂輪，位於頭頂中心，隨著它的開啓，我們會覺得頭頂出現一個開口，一開始可能感覺到壓力和緊繃，它打開時，會覺得頭暈，但稍後就學會安住在清明的意識中。能量會在頭部灌入或湧出，而出現深度的核心感、幸福感，以及與整個世界的連結感。也許會感覺有強烈的明光傾注到這個脈輪，或覺得頭頂好像曼陀羅或位於世界中心的多瓣蓮花。從這中心望去，生命中每件事物都處於和諧之中。

除了這些主要的脈輪，隨著靈性歷程的進行，身體還有其他通道和次要的能量中心會被打開。脈輪的開啓和能量的釋放雖然有基本的模式，但也可能以許多不同的方式發生。所有偉大的靈性傳統都會描述身體脈輪的開啓和能量的釋放：猶太教的神祕傳統卡巴拉教派（Kabbalah）、蘇菲教派的苦行僧傳統、基督教的神祕主義經典，以及佛教的修行手冊。最完整地描述能量釋放的是印度拙火瑜伽的教導，拙火就是靈性能量或意識的名稱，會推動和照亮整個生命，也特別指脊椎和脈輪中的強烈能量釋放，以及我們談過的所有體內的微細通道。

這些過程可能發生在幾小時、幾星期或幾個月之中，對許多學生來說，這是會持續數年的過程。它們都是深層靈性修行中自然產生的開啓和淨化的一部分。

處理能量與情緒開啓的好方法

這些能量、視覺和情緒的開啓，會引發強烈的反應，包括困惑、害怕、自我膨脹和執著。當它們出現時，我們需要特定靈修方法的協助，借助其中累積的智慧、傳統與實修，最重要的是有一位親自接觸你、且了解這些超自然面向的老師。我們必須找到某位可信賴的人，仰仗他或她的技巧與指導。

所有經驗都是副作用

縱使有了老師，還是要牢記三個原則，以處理我們不熟悉的靈性領域。第一個原則是了解「所有靈性現象都是副作用」。在佛教傳統中，佛陀經常提醒學生，他教導的目的不是累積特別的善行和善業，也不是狂喜、洞識或極樂，只是確認心的釋放：生命在任何世界中的眞正解脫。這種自由和覺醒是每一條眞誠靈性道路的唯一目的。

光或異象的炫目效果、狂喜和能量的強烈釋放，都是美妙的標誌，表示舊有微小生命和身心結構的崩解，但它們不能產生智慧。有些人有這樣的經驗，卻沒有什麼學習。即使是心的偉大開啓、拙火的歷程和異象，都可能變成靈性的驕傲或陳舊的記憶。好比瀕死經驗或車禍，有些人會因此產生巨大的改變，有些人卻在不久後又回到舊有的狹隘習慣。靈性經驗本身並不重要，重要的是我們在過程中的整合與學習。

「不尋常的經驗」可能會在靈性旅程中製造障礙，變成重複出現的困難和陷阱。我們對它們的反應甚至可能使我們的禪修墮落：我們也許貪求這些經驗，或想重複和占有它們，然後認爲自己已經開悟，這就是所謂「最後一名的安慰獎」；我們也可能發現它們造成困擾而推開它們。這些態度全都是陷阱。

有位禪修學生在印度修行，在長達數年艱辛而密集的修行之後，終於使身體達到顯著的開啓。每次坐下，他的身體就會消融在狂喜與明光的顫動中，接著心智會開啓且平靜，他非常高興。但後來家人緊急通知他回英國幾個月，他迫不及待想重返印度，但眞的回到印度時，卻發現身心太緊繃而阻塞，充滿緊縮、疼痛和失落。因此他接受一連串密集禪修，試圖重新得到明光與狂喜的身體，卻無法成功。幾星期、幾個月過去，他的挫折感與懊悔與日俱增，早知道當初就不要離開印度！他試著更努力地淨化自己，就這樣持續掙扎了兩年，直到有一天，他突然明白：兩年來，他與障礙、挫折和困難的掙扎，其實是他想重複過去經驗的結果。他執著舊有的境界，拒絕現況，因此整個人都被卡住。當他了解這點而接受現況，整個修行就完全轉變。他開始接受自己的緊張和疼痛，出現一種寬闊的平靜，禪修因而再度進入新的境界。

找到煞車

處理這些狀況的第二個原則可以稱爲「找到煞車」。有時，在密集的靈性訓練中，或是極端、意外的情況，強大的超常狀態和能量歷程會開啓得太快，因而無法有技巧地處理它們。這時，能量的程度、經驗的強度和釋放的層面都遠超過我們的能力，無法以平衡或智慧的方法來處理或保有它們。即使有老師和自己的內在力量，我們仍須體認其限度，以慈悲心明智地回應。此時，我們必須找到減緩這個歷程的方法，穩住自己，踩下煞車。我們可以運用靈性的技巧和修行使自己慢下來，就如同用其他修行開啓自己一樣。

學習者的開啓過程過於快速時，可能會出現激烈的內在能量開啓。由於通過身體的能量過於強烈，造成數天到數週的強烈不安、失眠、偏執、混亂，甚至出現痛苦的聲音、灼熱的溫度或短暫失明之類的身體經驗（不相信靈性歷程可以影響物質身體的人，應該研讀各種相關現象的文獻，如聖痕〔stigmata〕的記載）。進一步的問題是喪失界限，自我和他人的感覺消融，甚至能感覺別人的感受、交通工具的移動被體驗成發生在自己體內，這時很難在混亂的日常生活中找到一致的自我感。這是非常脆弱、失控、身體開啓的經驗，我們有被撕裂的危險。內在某些強烈的部分過度增長，而與日常意識分裂時，會伴隨另一種問題，可能會出現幻聽、無法停止的幻象、幻覺，而過去有「精神病」經驗的人，精神症狀可能會復發。

我曾教過一位參加三個月密集禪修的學生，他是非常熱衷空手道的年輕人，尋求極端強烈的靈性經驗。禪修時，他決定不遵循指導，想以自己的方式盡快開悟。到了密集禪修的中間階段，他坐下來發誓一天一夜不起身。前幾個小時，他好像坐在熱火和劇烈的疼痛中，就這樣坐了一下午、整個晚上，直到次日清晨。一個人如果打坐得夠久，疼痛和熱火的感覺會過於強烈，而使意識解離，脫離身體。許多較溫和的方法也能達到「離體經驗」，但發生在他身上的情形卻非常突然。他繼續靜坐，開始經歷各種超常狀態。二十四小時後他起身時，充滿爆炸性的能量。他大步跨進飯廳中央，裡面坐滿一百位安靜的修行者，他開始大吼，以三倍速度演練空手道招式，整個房間都充滿他爆發的能量。在靜默中，他能感覺到四周許多人的恐懼，這些人在兩個月的靜默後都變得非常敏感。他一邊移動，一邊發出聲音，他的能量大量湧入第三和第六脈輪，然後說：「當我看著你們每一個人，可以看見你許多前世的痕跡。」他正處於非常不同的意識狀態，這是他迫使身體逼近極限所達到的狀態，但他無法靜靜坐下或專注一會兒，反而非常害怕和激動，進入一種狂野而躁狂的狀態，好像暫時發瘋了。

我們怎麼處理他呢？既然他是運動員，我們就要他開始慢跑，請他每天早上和下午都跑十哩。還改變他的飲食，雖然其他人都吃素，我們卻讓他吃肉塊和漢堡，還讓他泡熱水澡和淋浴，叫他在花園中勞動，而且一直有至少一個人陪他。三天後，他才能再度入睡，接著我們讓他緩慢而小心地開始禪坐。雖然他的經驗可能是明顯的靈性和通靈的開啓，卻不是以自然而平衡的方式引發，所以他無法整合這些經驗。

需要踩下煞車以放慢強烈的能量過程，或是重新設定界限和返回平衡狀態時，首先要停止禪修，然後把注意力集中在任何與身體有關、使你與身體重新連結的活動：挖土、打太極拳、跑步和走路，有自覺地讓注意力貫穿全身，感覺你的雙腳、看著腳下的土地。性高潮有時也有幫助，勞動或按摩也有益處，針灸和指壓治療也很有助於恢復平衡。改變飲食，吃粗重的食物，如穀物或肉類，讓身體穩定下來。試著恢復正常的睡眠，方法有放鬆、服用有鎮靜作用的草藥、泡澡，以及在一天疲累的身體活動（如遠足、園藝）後接受按摩。這些方法最好都在支持性的環境下進行，身旁有人提供額外的穩定性與連結感。

幾世紀前，偉大的白隱禪師（Hakuin）在《虎穴》一書中有段關於這類歷程的著名描述。在多年的全心修行後，白隱禪師經歷了深度的開悟，世上萬物在其中都變得清澈而明亮，但繼續修行時，卻失去了和諧感，不論是活動或靜止，他都無法自在或安定下來。他更用功修行，咬緊牙關想讓自己從思緒的洪潮、干擾和失眠中解放出來，情況卻更加惡化。他的嘴唇灼熱，雙腿冰冷，耳中是急流的聲音；他大量流汗，不論用什麼方法都無法讓自己平靜下來。求助許多當時著名的禪師無效之後，他聽說有位智慧的年長道教隱士居住在群山中，於是他爬上高山，堅定地懇求，直到道教隱士了解他的困境和眞誠。隱士給他兩個偉大的教導，使他的內在能量穩定而平衡。第一個方法就是將能量從頂輪往下帶入腹部，利用腹部和特別的呼吸法，將能量穩固在體內；第二個方法就是教他一連串平衡能量的運動，讓能量在全身循環，這些方法在《虎穴》中都有詳盡的說明。

所有時代和所有主要的靈修方法中，修行者和禪修者都會遇上某些靈性經驗中固有的困難。在每一種情形中，都必須找到熟悉這個領域的人提供協助，因為這些過程可能會持續很久。當它們發生時，我們必須找到嚮導，而這個人必須碰觸過自己的瘋狂、悲傷和失去界限的感覺，才能逐步且無懼地引導我們回到自己眞實本性的基礎。

覺察生命之舞

處理超常狀態的第三個原則就是「覺察生命之舞」。當這種經驗出現時，禪修者的基本責任就是以全然的覺察向經驗敞開，觀察它、了解它，視之爲人類生命之舞的一部分。

我們可能會被超常狀態嚇到，當它們出現時，會抗拒和評斷：「我的身體正在消融。」、「我全身都在刺痛。」、「我的身體正在燃燒。」、「我實在太冷了。」、「聲音太吵了。」、「我的感覺太強烈了。」、「我不能忍受這麼多內在痛苦或能量波。」因爲害怕、反感和誤解，我們會與它們掙扎好一段時間，試著逃避、改變、克服或趕走它們，然而就是這種抗拒讓我們陷入其中。

可是，就像開始禪修時，我們會學習以療癒和慈悲的專注，不帶一絲抗拒或貪求，去接觸身體的疼痛和緊張；同樣地，困難和令人害怕的超常狀態出現時，也可以用同樣的慈悲和平衡的專注來對待。就像開始禪修時，我們學習去注意匱乏之心的誘惑聲音，但不捲入其中，所以我們也必須把平衡的覺察帶入甜美而有強烈誘惑的狂喜、明光和異象經驗。

我們對任何經驗的貪求或抗拒，都會使修行停在那一點上，阻止我們向眞理敞開。有一位學生很怕禪修時出現空曠的空間感，她害怕迷失自我、發瘋或失去日常功能。她花了兩年抗拒，直到有一次在引導式冥想中，終於讓自己對害怕和空間開放，那眞是美妙的經驗。她的心智平靜下來，心變得柔軟，她的禪修進入安詳自在的全新階段。

當我們以覺察而有智慧的專注面對新的經驗時，會出現以下三種情況中的一種：新的經驗會消失、維持原狀或變得更爲強烈。不論發生什麼情況，都沒有關係。當我們擴大修行的範圍、注意任何生起的狀態，以及我們對它們的反應時，就能將它們都視爲生命之舞的一部分。修行中，爲魔鬼命名時運用的工具，對這種觀點是極大的支持力量，因此我們能有自覺地爲這些超常狀態命名：「狂喜，狂喜」或「異象，異象」，這是承認眼前事物的方法，注意它，並以它的眞名稱呼它。我們說出它的名字，並創造一個空間，讓這個經驗生起和消逝時，就在過程中產生信任感。我們會重新連結到這種認識：我們追尋的方向是不占有任何經驗，而向艾倫・瓦茲所說的「不安全感的智慧」敞開自己，這是歷代累積的智慧。

心的道路會帶領我們體驗現象世界所有無窮的豐富，去看、去聽、去聞、去嘗、去碰觸、去思考，並在一切的核心發現心的自由和偉大。因爲我們每個人都是一朵人性之花，會以自己獨特的方式、自身特別的週期來綻放，所以不需要刻意指揮身心的特定能量。我們的道路既不是渴望它們，也不是害怕它們，眞正的道路是「放下」的道路。

當我們培養出寬廣、信心和開闊的觀點時，就能經歷所有狀態，並在其中找到永恆的智慧和深刻而充滿愛的心。

冥想：深思自己對超常狀態的態度

在禪修中，你與特殊、超常的狀態之間是什麼關係？你讀到有關這些經驗的描述時，請注意哪些經驗最能感動你，注意你被什麼地方吸引，哪些會使你想起過去的經驗。這些經驗出現時，你如何對待它們？你依戀它們或以它們爲榮嗎？你是否試著使它們一再出現，做爲你進步或成功的指標？你是否一再堅持，想讓它們重新出現？你將多少智慧帶入這些經驗？對你而言，它們是糾葛或自由的根源？你覺得它們是有益而療癒的，還是令你懼怕的？如同你會因執著而誤用這些狀態，你也可能錯誤地想逃避或嘗試停止它們。假如你是這種情況，若你對它們開放，你的禪修會如何加深呢？讓自己去體會它們帶來的禮物，鼓舞的禮物、新的視野、洞察力、療癒或絕佳的信心。請注意你接受這些事情的指導時，遵循的是哪一種觀點和教導。如果你覺得缺乏智慧的觀點，可以到哪裡尋找？你如何好好尊重這些境界，讓它們對你有所助益？

第10章 自我的擴展與消融：暗夜與再生

當我們終於能以平等的心和開放的心智看待恐怖與喜悅、生與死、所有事物的得與失時，就會生起最美麗和深度的平靜。

靈性修行領域就像宇宙和創造宇宙的意識一樣廣闊。在靈性生活中，我們有時會超越上一章所描述的能量和情緒現象，而經驗到意識的其他超常面向。心理學家威廉．詹姆士（William James）談到這種時刻，寫道：「平常的清醒意識只不過是意識的一種形式，環繞在我們四周的是無窮無限的世界，只被一層很薄的帷幕分開。」

在印度瑜伽和虔信的傳統中，這些世界被描述成不同層次的三摩地[1]。在基督宗教、蘇菲教派和猶太教的神祕傳統中，有一些典籍和地圖（理論或實務的描述或藍圖）描述由祈禱、臣服、專注和靜默所引發的意識狀態。這些領域的指南手冊有《未知之雲》（*The Cloud of Unknowing*）、《靈魂的暗夜》（*Dark Night of the Soul*）、卡巴拉教派的神祕描述，以及《鳥的集會》（*Conference of the Birds*）描述蘇菲教派的七個山谷的旅程。佛教傳統提供了數百個開啓意識的技巧，包括專注於呼吸和身體、運用觀想或聲音、反覆持咒和使用公案。公案就是「不可解」的問題，透過不斷重複思考不可解的問題，直到思維的心停止，出現不可知和寂靜的領域。

新的意識領域也能透過所謂恩典而自然開啓，或在特定情境的壓力下發生，例如瀕死經驗，也能被下述情形激發：具有神聖力量的勝地、具有強大力量的老師、迷幻物質；或是透過靈修訓練系統和直接的方法而達到：遵循嚴格的靈性訓練、透過持續不斷的禪修或祈禱，或處於極度安靜的環境。當我們非常深入地投入某種形式的修行，將整個生命全然融入，身心就能向原本未知的生命層面敞開。蘇菲教派詩人魯米邀請我們到那個層面，他寫道：「超越惡行與善行之外，有個光亮的意識地帶，我將與你在那裡相遇。」

在這些領域航行時，我們借重老師和「地圖」的指引，也就是在我們之前已到那裡旅行的人所擁有的知識。佛教禪修最完善的地圖之一，就是南傳佛教（上座部）關於高等意識的地圖。南傳上座部是唯一留存至今的佛教早期學派，他們的教導仍然是印度和東南亞當代佛教的主要類型。這張「地圖」跟隨的是上座部用來解釋禪修階段的經典和教導的精華。

佛教「定和觀」各種階段的地圖

上座部的修行地圖將神祕境界分爲兩大主要範疇：分別是透過擴展自我和消融自我所達到的境界。關於擴展自我的境界，上座部列出八個精微的意識層次，稱爲「禪定的境界」（也叫高等三摩地）。在這些禪定的領域中，又進一步描述如何達到六種存在的領域❷，以經驗生命的所有形式。透過禪修的專注力量來擴展自我，可以直接經驗這八種高等禪定的境界❸和六種存在的領域。這些領域會爲我們帶來屬天的明光和擴展狀態，我們在其中會體驗到非凡的感受、視覺感的明亮及精細的寂靜狀態。

上座部地圖描述另一種超越上述狀態的神祕境界，稱爲「消融自我的境界」。當我們引導意識愈來愈深入到存有的本源，透過死亡與再生的過程，逐漸消融所有身分認同和個體的自我感，就出現這些境界。在這些境界中，禪修被引導去揭開整個奧祕的歷程（意識透過這個歷程產生了不同的認同），在那當中體認到無我和自由。

上座部地圖用於內觀禪修。當你詳細閱讀時，請記住這種地圖有其幫助，也有其限制。禪修可以有非常不同的發展方向，視使用方法和個別的修行者而定。佛教之外的神祕主義經典，以數百種語言和觀點描述覺醒過程，但都有相同的要素。所以我謹愼地舉這個地圖爲例，說明靈性旅程可能遇到的前景和危險。

進入擴展的意識：近行定

禪定境界和消融境界的入口，都是心和心智的安定，稱爲「近行定」（access concentration）。祈禱或禪修中最早出現的強烈當下感和安定感的境界，就是近行定。當我們達到近行定時，靈性修行會暫時變得堅定而集中，不會被內在的障礙或世俗生活的變動所干擾。在近行定中，我們會融入禪修，非常專注，因此生起強大的意識轉變，清明、自在和專注都開始流入修行之中。

達到近行定需要自然的專注能力，加上堅定不移和自律。跟隨有經驗的老師進行密集禪修時，某些學生大約能在數月或數週的訓練中產生近行定。達到近行定的禪修原則是相同的：重複、專注和臣服。專注在祈禱或持咒、有顏色的光或觀想、呼吸或身體，或是慈愛、慈悲的感受，不斷重新集中注意力或一再地重複，經歷抗拒和困難的所有階段，直到心和心智逐漸靜止，和專注對象融爲一體，全然融入在這經驗之中。

初次經驗近行定❹，也許會感覺身體振動，雖然感到專注力變強，但就像剛學會騎腳踏車的新手，有時仍然會不穩定，會因爲背景中的事物而分心。透過不斷地重複和耐心，就能在這個狀態中達到平衡。一再臣服於這個經驗，可以讓我們學會如何培養和維持專注而集中的境界。

南傳上座部將入定前階段稱爲「近行定」，因爲我們的心和心智在此階段已發展出足夠的穩定性，而進入較高的禪定境界。從近行定當中，我們能擴展自我，一層層地提升意識，到達禪定的八種境界，和光明意識的非凡狀態合而爲一。擴展自我而進入禪定的精微境界，能使我們進入視覺意象的狀態，包括六種存在領域、屬天的明光與感受的境界，乃至超越這些境界的精細意識狀態。

我們也能從近行定進入其他完全不同的意識層面，就是「消融自我的境界」。在這個境界中，不會擴展和提升自我，而是更深入地看到自我和意識的本質，直到最精微和最高的自我感與獨立感也被消融。

各種禪定狀態

要擴展自我並進入禪定的八種高等階段（八定），必須有自覺地讓自己更完全地投入禪修對象。從近行定開始，必須一直保持專注，直到禪定更爲增強。這麼做時，許多令人平靜而覺醒的正向性質都會開始自動充滿我們的心與心智，南傳上座部稱之爲五種禪定的要素（五禪支）❺，包括引導的注意力、維持的注意力、欣喜、快樂、安定（尋、伺、喜、樂、一境性）。每當心與心智專注、純淨、不受干擾時，這些性質就會出現。

一再專注於禪修對象，並以五禪支溫柔地集中注意力，就能讓它們充滿我們的意識。藉著細心的專注，就能學會讓五禪支在我們心中保持平衡，然後透過內在的決心，自覺地把心引導到完全入定的第一階段（初禪），就能讓意識產生分離而強烈的轉變，發現自己安住於全新而穩定的第二種禪定狀態（南傳上座部稱爲三摩地或禪那（jhana）。這些都是非凡的狀態。當我們完全培養好之後，感覺好像逐漸脫離感官的知覺，沉浸於嶄新、全然完整而寂靜的宇宙。禪定狀態充滿欣喜、快樂、明光和自在，身體會體驗到每個細胞都充滿欣喜，產生巨大的安詳感和幸福感，有如海洋般的整體感和安住感會圍繞我們的意識。禪定是種穩定的狀態，在這種狀態下的禪修可以毫不費力地進行，我們的意識堅強、清晰、穩定而平衡。安住在禪定的第一階段，心靈必然感到清新而廣闊，充滿歡喜與快樂。

經由修行，我們能學會在第一階段的禪定中安住一段可長可短的時間。如果我們願意，就能繼續穩定注意力和深入集中力，使所有禪定的要素能更加強化；我們的意識會更加廣闊，進一步充滿明光和幸福感。根據南傳上座部的道路，禪定的第一階段是進入更高等、更精細的禪定狀態的入口。要從第一階段轉換至第二階段，必須刻意放下引導的注意力和維持的注意力，只留下欣喜、快樂和定。進入更精細的禪定階段時，又必須放下欣喜，然後放下快樂。每當我們引導禪修安住於更高、更精細的平靜和明亮的意識時，就會出現下一階段的禪定。當我們繼續前進，各個禪定階段會愈來愈寧靜、廣闊與安詳。這個過程開始時，可能需要幾天或幾星期，但熟練之後，只要一次禪坐就可以經驗到了。

前四個禪定階段可以透過專注於數十種禪修對象而達到：觀想佛陀及保護神的形象、色彩、愛的感覺、觀呼吸、身體、脈輪，甚至光本身。各個禪修對象發展出的基本禪定狀態都有其獨特的性質，但合一和擴展意識的根本經驗是一樣的。

從這些固定的禪修對象培養出前四個禪定的技巧後，就有可能向更精細的階段開放。南傳上座部稱後四個禪定階段是「超越物質的專注階段」（無色界禪定），在這些階段中，意識放下所有禪修的對象，擴展到精緻的寧靜和純粹覺知的無邊領域。體驗這些狀態會讓人感到驚奇，傳統上將它們描述成與神合一。

到達前四個禪定階段後，要進入更高的四個禪定階段，就必須有自覺地放下先前所有的快樂和平靜，引導意識沉浸在沒有邊界的空間中。無邊界的空間（空無邊處），是進入「無色定」的第一階段，從這裡進一步提升我們的覺察，一個階段又一個階段地前進，直到融入遍布整個宇宙的無限意識之中，專注於一種完全空無的狀態，以達到完全超越知覺認識的階段（識無邊處）。向每個更高的階段開啓時，自我的感覺會融入更精細而廣闊的意識之中。這些「無色定」是強而有力的瑜伽成就，需要相當的技巧才能達到並精通。精通各種禪定階段的人，也能引導禪定的力量去培養各種神通力量，包括心靈感應、心靈致動、看見過去世，以及許多其他能力。雖然這些能力偶爾會自然發生，但南傳上座部關於這種力量的系統化發展，要以戒律和禪定的修行爲基礎。

佛教文獻有許多關於禪定要素（禪支）、禪定階段、發展神通力量的詳細描述。最偉大的文獻之一是覺音尊者（Buddhagosa）的《清淨道論》（*The Path of Purification*）❻，這本厚達千頁的經典詳述四十種專注的修行方法，說明每一種方法如何達到完滿的禪定。它詳載通往這八種高等擴展意識階段的途徑，描述各種益處，並解釋伴隨意識發展而來的神通力量。覺音尊者也對消融與洞察的道路提出精確的描述。

這些禪定階段產生的合一意識雖然有許多益處，包括深刻的安詳、療癒與幸福，但必須記住同時也有各種危險。我們開始嘗到這些階段的滋味時，可能會渴望更多高深而不尋常的境界。如同之前討論過的，我們有時會緊緊抓住自己的洞識和經驗，以此增強自傲、意志和自欺。我們也可能對這些境界著迷，認爲它們如此有力而令人信服，因而一再返回那些經驗，認爲它們就是修行道路的終點、內在生活的實現。但它們其實只是合一和安住的深層狀態，並未完全與生活的其餘部分整合。了解這一點之後，我們就必須將它們導向理解和智慧，否則它們的價值就非常有限。

存在的領域

關於擴展自我的部分，除了八種禪定狀態，佛教的意識地圖還包括「六種存在領域」（六道）的經驗。提升意識，進入各種禪定的境界，大部分是欣喜、美妙的經驗，但專注的力量也會讓某些學生經驗到生命六種重大原型的領域。當意識擴展到這種層面時，無論是經由專注或自然產生，都會出現各種異象：偉大的天神和女神、過去世、聖殿或宗教儀式、戰場或戰爭的景象，或是前世的生與死。不僅佛教，印度教、道教、基督宗教、猶太教和回教的傳統也都有描述這種異象的經驗，並把這些美妙與恐怖、天堂與地獄的領域，認為是這個宇宙的眞實部分。

佛教和上座部的地圖描述這六種領域的生活是可以被意識經驗的。這六種領域中最痛苦的就是各種無盡的地獄道，那是充滿痛苦、火、冰冷及折磨的境界。最高的領域是天道，充滿喜悅、天使、狂喜、屬天音樂、歡喜和安詳。在這兩個極端之間有兩種可見的領域，就是畜生道和人道。畜生道的特徵是恐懼（吃或被吃）和遲鈍，人道則是快樂和痛苦的恰當平衡，最適合靈性的覺醒。最後兩個領域是幽靈的領域，一個是權力鬥爭的領域，稱爲嫉妒和爭鬥之神的領域，是地盤和巨大爭鬥的領域（阿修羅道）；另一個是強烈欲望的領域，稱爲餓鬼道，特徵是具有針孔小嘴和巨大腹部的餓鬼，它們有永遠無法滿足的追尋或渴望。簡單說來，這些領域都可視爲人類此生經驗中神話而詩意的描述。憤怒和狂怒使我們進入地獄道，強烈的上癮讓我們落入餓鬼道，美妙的感官享樂或優美的思想讓我們到達天道。我們甚至可以看出這些領域在人世間的地理位置：南洋群島的樂園也許是天道，撒哈拉沙漠以南的非洲的飢餓和戰爭是地獄道。同樣地，我們可以在華盛頓首府遇到權利和嫉妒的阿修羅，在拉斯維加斯遇到餓鬼。

但這些並不只是隱喻，重要的是了解這六種領域會在靈修生活中充分發展，成爲眞實而令人注目的經驗，就像我們在所謂日常世界中的經驗一樣眞實。當意識擴展時，我們會發現自己落入地獄道，或喜悅地進入天道，也能體驗畜生道的意識或餓鬼道的無窮欲望。某些靈性修行的力量會將我們投入這些領域，要求我們學習以自覺穿越其中，做爲我們發展靈性的重要部分。

我有一位年輕的美國朋友是住在斯里蘭卡的佛教僧侶，他以幽默而意外的方式發現禪定狀態的限制。經過幾年隱居的禪定訓練後，他決定到印度向其他老師進一步學習，隨身只帶著僧袍和缽，簡單地上路，靠化緣維生，就這樣拜訪了幾間不同的道場。最後，他來到著名印度大師主持的一間大型道場。由於是西方人，他獲准覲見上師，愉快地交談後，大師責備他靠別人的施捨過活。在這位上師的傳承中，每個人都必須工作謀生，而以此做爲平衡的靈性生活的一部分。僧侶回答，乞討在印度是古老而光榮的出家傳統，在佛陀之前就已在印度流傳許久。他們爭論了一會兒，沒有任何結論。

最後，這位美國人問大師是否仍願意教他這一派的禪定修行，大師答應了，指導他一種觀想的方法和一句神聖的咒語，並告訴年輕的僧侶，如果他能適當地修行，這些指示能帶他進入神聖的領域，遠遠超越人類生存的悲苦。

這位美國人被安排在一間小屋中，由於他是勤奮而有經驗的修行者，於是決心精通這個方法。他運用自己培養好的專注技巧，只過了四天就發現身體和心智充滿第一個禪定階段的狂喜和寧靜。進一步修行後，如同大師所預期的，他的意識打開，發現自己進入精細有如天堂、充滿明光的領域。接著他看見大師的影像坐在不遠處，於是他恭敬地靠近大師，大師報以微笑，向他打招呼，彷彿對他說：看吧，這就是我告訴你的境界。大師開口說話：「順便提一下，我也精通出家的生活。做和尙已經過時了，而且也是錯誤的修行方式，你應該把僧袍扔掉。」美國僧侶聽了這句話，極為惱怒，便尖酸地回嘴，你來我往，兩人在這光明的領域中，繼續爭執了一段時間。

這個故事說明，即使是這些高超的層次，它們本身也不是智慧的來源。即使達到這種成就，我們心中仍存在許多分歧的意見，而最高的意識狀態可能被明智地運用，也可能被誤用。如果誤用了專注的修行，就只能以暫時停止恐懼和欲望的方式壓抑我們的問題，離開這些狀態時，背後的困難又會再度出現。

要進入專注的境界和異象的領域，需要理解和指導。無論我們發現它們是迷人或令人害怕的，都必須以覺察和智慧來看它們，視之為意識本身的演劇。在禪宗傳統中，超常狀態和所有異象的經驗都被稱為魔障或錯覺。最高的天堂和最低的地獄都是短暫無常的，如同四季和群星的位置。不論我們在這些境界得到什麼修行成就，都是短暫的，不能在所有生活領域中帶給我們自由。因此，佛教傳統主要把禪定當成進一步認識的準備工作，對大部分學生而言，這些境界並不是必要的，但對那些能達到這些境界的學生而言，它們的作用是使身心潔淨、和諧，使意識平靜、淨化與合一。為了得到眞正的自由，禪修接下來就必須從自我的平靜和擴展，轉移到探索意識如何創造自我和自我的所有經驗形式。從禪定的平靜出來，我們必須回到近行定，引導注意力回到呼吸、身體、感官經驗及心智。我們由此開始，進入消融自我和洞察自我本質的道路。

消融自我

消融自我是上座部修行地圖描述禪修意識的第二個主要領域，它是許多內觀禪修方法的核心。這個領域並沒有把自我擴展到極度精微的禪定狀態，也沒有在六道中旅行，而是帶領意識觀看自我的本質和分裂的身分認同。即使達到天神的境界、體驗無界限的明光和平靜，仍不能得到自由，因爲各個境界不論有多麼特別，都有結束的時候。出入每一個境界後，會出現一個疑問：「這種劇碼發生在誰身上？」這就好像螢幕放映出我們不斷變化的經驗（我們由此經驗各種從天堂到地獄的劇碼），開始了解這些經歷就像電影一樣，我們轉身發現放映機、光和影片，整個劇碼的來源就在眼前。

有個佛教寓言說明：對所有外在形式不抱幻想，會使我們的心智轉向創造本身的過程。

一些孩子在河邊玩耍，他們用沙造了城堡，每個小孩護衛自己的城堡說：「這是我的！」他們壁壘分明，不許混淆各人的所有權。城堡都完成後，有個小孩踢倒另一人的城堡，將它完全摧毀。這座城堡的主人極為憤怒，抓住那個小孩的頭髮，用手打他，大聲吼叫：「他毀了我的城堡，來啊！你們都來！幫我懲罰他。」其他人都來幫忙，把那孩子打倒在地……之後他們繼續玩自己的沙堡，每個人都說：「這是我的，不是別人的！走開！別碰到我的城堡！」但夜晚來臨時，天色漸漸黑了，他們覺得該回家了，這時沒有人關心自己的城堡。有個孩子踩扁自己的城堡，另一個用雙手把他的城堡推倒，轉身離開，各自回家。

同樣地，在某個時候，我們能看出所有形式的禪修經驗都有其限制。這種體認如同標明了道路上的分岔點，我們不再把意識擴展到任何經驗領域，必須轉向，引導注意力去解決我們本質的問題，這就開始了消融自我之路。

靈性傳統提供許多消融或超越自我（不同的認同感）的方法。有一種修行方式是不斷自問：「我是誰？」其他方式包括透過禱告或奉獻的方式達到超越的臣服，或透過深刻的儀式和尋求異象而消融自我。

在內觀禪修中，消融自我的共通道路是從近行定的階段開始，就像擴展自我一樣。對大部分學生來說，就是像先前所描述的逐漸發展近行定的階段。那些已經進入更高禪定階段的人，必須從那些階段出來，開始自覺而小心地把專注力引導到生命本身的過程。

從近行定開始，此時的注意力必須放開所有禪修對象，開始不受干擾地檢視當下的感官經驗，如此做時，平靜、安定、欣喜、平衡的心這四個要素（輕安、定、喜、捨）就會自然地加入清明的覺察力、精進力和探究的心理特質（念、精進、擇法覺支）。這些特質合起來稱為「開悟的七個要素」❼，隨著禪修道路上的進展，這些要素的穩定性與清晰度會漸漸增強，這已詳細記載於我的上一本書《尋找智慧之心》（*Seeking the Heart of Wisdom*）。對消融的道路而言，重要的是原本使心智穩定的平靜和安定性質，結合了相等分量的探究性質。

我們運用定力開始探究自我時，禪定和注意力不再像望遠鏡般擴展意識，而更像顯微鏡。我們把注意力轉去檢視呼吸、身體、感官經驗、心和心智，我們彷彿在無聲地詢問：整個生命歷程的本質是什麼？它如何運作？當我們這樣做時，不論明亮的注意力轉向任何一處，身體和心智就會開始展現不斷變化的本質。因為我們的注意力與強大的定力結合在一起，所以身體上的任何感覺都不再有堅實感。我們好像突然能以細胞或分子的層次，感覺到身體的持續變化。同時，感官知覺也不會分散，我們能直接感覺到生命的如實本質，感覺到一刻又一刻的感官、聲音、味道、感受的印象，不再有複雜的思想，也不會被我們平常的認同感遮蔽。

這種身心的開啓，就是南傳上座部描述消融的內觀禪修道的開端。這張修行地圖有十幾種以上的階段❽，會隨著我們注意力的穩定、深入而自然產生。這些情形發生時，我們對身心的洞察就會隨之增加，也會出現不同的意識狀態，每個狀態各有獨特的面向。這些階段常在洞察的靈光中一起閃現，但有時是逐漸從一個階段到另一個階段的歷程。

近行定之後，第一個關鍵的洞察階段生起，稱爲「身心的洞察力」（名色分別智）。當注意力的顯微鏡，集中到足以剖析身心不同的個別差異的過程時，就看到和經驗到整個生命有如單純的物質元素和心智元素的複合物，只有刹那刹那的聲音和聽到它、刹那刹那的感官和伴隨它生起的念頭或影像、刹那刹那的味覺、記憶，僅僅只是感官經驗和我們對它們的刹那反應，再沒有別的了。

雖然這些描述聽起來平淡無奇，但光是經驗這些就已經非常特別，因爲我們能在其中看見平常連續的生命感及其計畫、記憶和行動本身，都是由想的層次建構而成的；若沒有思想，剩下的只是一刹那接著一刹那的感官經驗，以及伴隨每個感官經驗而有的意識知覺的刹那過程，如此而已。

注意力進一步深入時，下個層次的洞察力會顯示這些身心元素，各自會如何以因果的關聯出現，以及一刹那的思想、影像或聲音會如何成爲下一個刹那生起的條件。在這個新階段，身心會顯得相當機械化，無論我們注意何處，宇宙都顯示出因果條件的過程，好像種子一樣，在這一刻看到它被種下，在下一刻就看到它萌發出來。注意力更深入時，就像更高倍數的顯微鏡，帶我們進入意識的另一境界，生命在此消融成更多、更細微的經驗刹那，好像點描派畫家秀拉（Seurat）的畫。只要我們注意，看似堅實的存在都更明顯地一直改變，如感受、肉體、自身等。我們的身體變成只是感官的河流：我們的感官、感受、思想都開始顯現三個最基本的特徵。

第一是它們的短暫無常，如同沙的圖案不斷變動。第二是它們不可靠和不滿足的基本性質，因爲我們的經驗一直在改變，無論眼前這一刻是多麼愉快或美好，都不能帶來安全感或持久的滿足感。第三是無我的性質，所有現象都會自行遷移和改變，沒有任何部分能保持堅實或獨立的性質，我們無法加以擁有或控制，也無法指著什麼說這是「我」、「我的」或「你的」。

接下來，會出現更深入、更穩定的覺察階段，南傳上座部稱之為「生滅的境界」。我們的注意力在此變得相當平衡，體驗到生命只是短暫經驗的律動，如雨滴一般。這個領域有幾個特質，首先，我們在其中清楚地感到生命只是生滅的過程，每一剎那都在新生，也都在結束。第二，在這個階段，注意力和定力會變得如此強烈，以致於心和心智會變得極為清晰與明亮，七個開悟要素的所有力量都會自然出現：欣喜、精進、清楚的探究、平靜、安定、覺察力、平衡的心。在這個狀態中，覺察力會自動而輕易地出現，無論發生什麼事，心智都好像自由而沒有障礙地流動，出現極大的喜悅，我們會感到美妙的自由和平衡感。當我們更清楚地看見生命的本質，隨著這種幸福感，會產生不可思議的信心與清明。由於心與心智的開啓如此巨大，睡眠會減少到每晚只需要睡一、兩小時。有時神通力也會在這個階段自然開啓，夢境常變得強烈、清晰而自覺，也常有出體的經驗。從這個階段開始，甚至可以在夢中自覺地發展禪修。

這個階段的出現常讓學生以為自己已經開悟，這是所謂「暫時的覺醒」或「類似涅槃的境界」。為什麼說它是類似涅槃的境界呢？因為這種奇妙的禪定狀態出現時，我們會覺得自己從日常的身分認同中解脫，但我們仍不自覺地緊抓住這些境界，創造出一種新的靈性自我感。類似涅槃的境界令人覺得好像得到自由，但也是禪修的阻礙點，學生可能會長時間受困其中。在類似涅槃的境界中，喜悅、清明、信心、專注和覺察的真實特質很容易轉成「洞察力的腐化」。

洞察力的腐化是指我們執著和誤用修行時出現的真實正面現象。唐望談到力量和清明的危險，會發生在每一個有知識的人身上。在類似涅槃的境界中，學生會卡在正向的狀態裡，試圖維持它們，緊抓著清明、力量或安詳，用它們來強化自己已經覺醒、成功、自由的微妙感覺。若要脫離這種層次的執著，唯一的方法就是徹底放下，了解這一點是修行道路上最偉大的洞察之一。無論出現多麼卓越不凡的境界，都必須學會讓它自由來去，體認它並不是禪修的目的。然後透過自己的理解和老師的指導，即使是喜悅、平衡的心、清明的狀態，我們也能視之爲只是另一部分的覺察，注意它們也會如何生起、消逝。此時，我們會覺醒到深刻的體悟，知道眞正的自由之路是「放下一切」，即使是修行本身的狀態和成果，也要放下，向超越所有身分認同的境界敞開。

暗夜

根據南傳上座部對洞察階段的指引，我們放掉腐化的洞察力時，整個修行會完全轉變。我們的意識現在暫時不再抓取任何靈性的認同，就如早期的近行定階段使我們暫時放掉世俗的思想和認同。這種開啓代表自發而深入的「死亡和再生」過程的開始。在每一種傳統的靈性修行過程中，都會遇到許多死亡和再生的形式，本書描述的所有過程都能以此方式被經驗。療癒、透過糾結而擴展、充滿能量的覺醒、異象和脈輪的開啓，都牽涉到放下過去的認同和嶄新自我感的重生。不過，在內觀禪修超越類似涅槃境界的層次中，死亡和再生的過程是包含一切的，包括我們的整個存有。我們放棄靈性的認同後，禪修會引導我們經歷自我感的完全消融，有如經歷「暗夜」，就像經歷死亡一樣。有自覺地進入這條道路，會挑戰我們所知道的所有認同，然而這是通往自由的道路。禪學老師卡弗德·馮·杜肯（Karlfried von Durkheim）談到這個過程的必要性，他寫道：

> 真正走上這條道路的人，在世間的艱難時刻跌倒時，不會轉向提供避難處、安慰和鼓勵舊有自我活下去的朋友，而是尋找某個願意忠實而無情地幫助他冒險的人，如此他才能忍受困難，勇敢地經歷困難。唯有一再讓自己面對毀滅，才能找出自身內在無法被摧毀的部分。在這種勇氣中，蘊含著尊嚴與真正覺醒的精神。

將靈性上的死亡和再生描述爲「暗夜」，是源於偉大的神祕主義者十字架的聖約翰（St. John of the Cross）的著作，他生動地形容暗夜爲長期的無知、失落及絕望，這是靈性追尋者必須度過的階段，才能讓自己放空和謙卑到足以接受神聖的感召。他如此描述道：「只要靈魂仍有所依戀，無論其中有多少良善，都會讓靈魂無法達到神聖的自由。」

暗夜通常只會在我們獲得某些初步的靈性開啓後出現。修行首次閃現靈光時，會產生喜悅、清明、愛和神聖感，使我們體驗到靈性進展的強烈興奮感。然而，這些狀態必然會消逝，它們的出現好像是修行最初的禮物，我們接著便發現要維持和活在這些境界中，需要許多訓練和臣服。在內在世界，我們常在接觸到光後就失去它，又落入分裂、絕望或潛意識。這種情形也許會發生許多次，不斷重複開啓和放下、死亡和再生的循環，這就代表我們所走的靈性道路。但也就是這種死亡與再生的過程，引導我們走向自由。

在內觀禪修中，我們曾放棄生滅的光明狀態，而向消融、死亡和再生的深層循環開放。當覺察力放下原本堅持的腐化洞察力之後，就變得更準確、精細，然後覺察力就像專注的顯微鏡，開始以敏銳的清晰度看見整個生命經驗的消融。我們馬上會感到每一刻的消逝、每一個經驗的結束，生命變得像流沙一般，我們觀看或感覺到的一切都正在消融。在這個階段，我們周遭的事物沒有一件是堅實或可靠的。在所有層次上，我們的意識開始了解結束與死亡，我們注意到對話的結束、音樂的結束、人與人相會的結束、日子的結束，身體細胞層次的感官經驗的結束。我們感覺到生命一刹那又一刹那地消融。

現在暗夜更深了，當外在和內在世界都消融時，我們也失去了依恃感，產生巨大的不安和恐懼，帶領學生進入恐懼和可怕的境界。「哪裡是安全的呢？」、「無論我看著何處，事物都在消融之中。」在這個階段，我們會在自己身體中經驗到這種的消融和死亡。我們也許會往下看見一片片身體似乎慢慢融化、腐敗，彷彿我們是一具屍體。我們可以看見自己以上千種方式正在死去，或是已經死亡，原因可能是疾病、戰爭或不幸。這時可能會出現其他強烈的異象，你可能會看見他人的死亡、戰爭的景象、垂死的軍隊、火葬堆或埋屍的墳地。意識似乎向死亡的領域開放，向我們顯示所有在循環中移動的萬物的結局都是死亡。我們會經歷到世上每一部分如何存在，又如何不可避免地消逝。

這種恐怖與死亡的境界會產生深入的領悟，了解生命中固有的苦難：疼痛之苦、失去樂事及更大的痛苦：任何我們創造或鍾愛的人事物的消逝之苦，我們由此對世界的悲傷生出極大的同情。不論我們望向世上任何一處，我們的社區、家人、摯愛、我們的自我和肉身，似乎全是脆弱的，都有消逝的一天。

隨著恐懼的加深，有時可能會出現妄想。在這個階段，無論我們望向何處，都會害怕危險。我們會覺得如果走出門，就會被什麼東西輾過；如果喝水，水中的細菌可能會害死我們。在這種暗夜時期，每件事物都會成爲潛在死亡和毀滅的來源。人們經驗這些感覺的方式可能很不同：壓力、幽閉恐懼症、壓迫、緊張、煩躁、掙扎，或是一個接一個令人難以忍受的無盡重複經驗，始終在垂死掙扎。我們會覺得自己好像卡在無意義的生命循環中，生存似乎平淡、枯燥、死氣沉沉，好像沒有出口。

你可能會預期很難以禪修度過這些階段，唯一的方法就是用清明和接納的態度，持續不斷地感受意識的這些新階段。我們必須爲每一個狀態命名，讓它生起又消逝，其他任何反應都會讓我們卡住。當我們學會承認每一個狀態，爲它命名，專注地覺察它，就會發現自己一次又一次地死去。我們要做的就是向死亡敞開，成爲進入死亡領域的人，在面對它時覺醒。

穿越這些痛苦的階段後，接下來會出現一種追求自由的深切渴望。在這個狀態中，我們會渴望脫離持續出生與死亡所造成的恐懼和壓迫。我們了解必然有一種自由是不受看、聽、嗅、味、觸五官的限制，是某種超越我們的計畫和記憶、超越身心、超越自我認同的東西。其實，在暗夜的每一個層面中，增強的覺察力會逐漸解開我們的認同感，鬆開我們在生活中緊緊抓住的一切。

即使我們想要自由，卻常會出現不可能的感覺，覺得再也無法前進，因爲我們就是無法放下更多，於是進入大疑的階段，我們想要停止、變得煩躁。有部經典把這個階段稱爲「打包回家的階段」，因爲世界在此變得太困難，靈性修行對我們的要求太多，我們希望自己退出，回家睡覺或尋求母親的安慰。

因爲害怕和消融的強烈階段觸及我們內在痛苦的情緒，所以很容易卡在其中或失去方向。在這個過程中，老師的指導是很重要的，否則會迷失或無法承受這些狀態而放棄。如果在迷失、死亡、消融、恐懼的階段放棄禪修，這些狀況會持續糾纏我們，很容易和日常生活中個人的迷失和恐懼糾結在一起，成爲我們意識的暗流，而未解決的感受可能持續數月或數年，直到我們採取行動回到這個過程，並完成它。

巫術的修行或非常深入的治療也會發生同樣的情形。如果過程未被完成，那影響會深藏起來，滲透到表面，我們可能會長期憂鬱、恐懼或憤怒，直到我們回到最深層，解決它爲止。解決事情意味我們必須直接進入，直視它們說：「是的，我也能打開這個部分。」用既不緊握也不抗拒的開放心靈面對它們。

當我們終於能以平等的心和開放的心智看待恐怖與喜悅、生與死、所有事物的得與失時，就會出現最美麗和深度平靜的狀態，進入意識完全開放、覺醒且完美平衡的領域，這是極美妙的平和階段。我們能自在地靜坐幾小時，在意識的廣闊空間中，不再有任何干擾；意識變得非常明亮，超越類似涅槃的階段，因爲此時一切都已解開、自由，也不會緊抓任何東西。就像《金剛經》所說的，世界宛如光和色彩的演劇，如晨星，如彩虹，如雲，如海市蜃樓。每件事物都唱著同一首歌，就是空無和圓滿的歌。我們體驗到現象界和意識界、光亮和黑暗的世界，演出一場合一的舞蹈。

南傳上座部將這種深度平衡的狀態稱爲「崇高的平等心」，我們的心智變得有如水晶杯，或像清朗的天空，萬物在其中都不被遮蔽。我們變得完全透明，彷彿每個現象只是經過我們的身心，我們只是空間，整個認同感都打開，呈現出意識的眞實本質，這是我們認同身心之前的本來面目。

許多傳統都描述過這種狀態。禪宗及西藏傳統中的某些佛教修行，透過只管打坐、大馬德拉舞（mahamudra）和其他高級的密續方法，直接培養這種寬廣空間的視野。印度教裡的吠壇多哲學稱之爲不二（nondual）的狀態，包含一切與空無，也稱爲高等自我。基督宗教的神祕主義傳統把這種狀態稱爲「神聖的不動心」（Divine Apathy），這種意識與上帝之眼相連，以擁抱一切的心如實觀看世界的創造與毀滅、光明與黑暗。從這種觀點出發，我們會看見自己是無一物（nothing），也是一切事物。從這個平衡的位置出發，我們會嘗到世間的滋味，卻不被任何事束縛。

覺醒的境界

不論是經由禪修或其他深層的靈性歷程，每當我們安住於這種完美的平衡狀態，就會遇到更不尋常的意識狀態、自發的覺醒及深刻的體悟，這些狀態會自動出現在開放的心與平衡的心智中，有如神聖的恩典，甚至像靈光乍現。這些體悟會以許多形式出現，有時由崇高的平等心進入虛空，從寂靜的空無生起一切事物；整個宇宙會消失，不久又再度出現。從所有自我感和形相感中釋放，會帶來極度的平靜，也向我們顯示超越所有形式和有限存在的自由。有時這種關於虛空的體悟非常安寧而平靜，有時卻如雷電般令人震驚。有些學生向虛空的空無深入開啓後，會茫然數週之久，不確定如何回到日常生活。停止和虛空的經歷有時會有絕對虛無的味道，有時卻有奧祕而意味深長的豐富感。經歷空無時，可能有許多不同的面向。

在這種完美平等心的階段，學生會了解所有認同形式、所有存在本然的苦難和痛苦。我們在較早的階段中體驗並看見苦難，卻不了解它。在平等心中，我們的了解和接納使我們直接理解超越所有存在、形式、限制的自由和不朽。每當出現這種體悟，就會有一種不可遏止的喜悅，了解萬古以來我們在生命中流浪、糾纏，而現在我們已經解開執著，終於嘗到自由的滋味。

其他同樣具有啓明作用的體悟也會出現，向我們顯示全然的自由和解脫就在生命本身之中。當我們的心能體悟所有事物本然的完整與完美時，就會產生清晰的視野。就像艾略特（T. S. Eliot）所說的：「變動世界裡的靜止點」，我們能在自己與他人之外、在所有努力之外，達到整體而完全的感覺、超越與愛。就如神祕主義者所說的，我們就在這裡覺醒，在佛陀的身內、在基督的體內，即使是世上的有限事物，都充滿了無窮無盡的甜美與純淨。

在修行的深入階段中，深刻的頓悟和神祕的覺醒會持續展現。生命不斷改變的本質，顯示意識如何被我們經驗爲萬物的創造者和容納者。我們發現自己就是我們一直在追尋的實相。意識能被體驗爲明亮的光，或是經驗的豐富容器裡滿溢而出的寶石，像群星的銀河散發出光芒。我們清澈的心可以照亮人爲的時空。我們能直接看見當下的一切如何存在，看見整個時間感和創造感只是意識所玩的把戲，其中的個人認同只是鏡子製造出來的，而「時間只是上帝不讓所有事情同時發生的方法」。在每個剎那，我們能體認分離錯覺的生起，生活在隱藏一切之下的偉大平靜中。

這時，過去支持我們的舊方式逐漸死去，產生驚人的生命新視野。這種死亡與再生的過程可能發生在任何時候，在此之前可能需要幾星期、幾個月或幾年的禪修和禱告，也可能會突然發生，在手術檯上、經由強大的巫術儀式或其他特殊的情境。有些人是在日常生活中發生，發現人的心有可能達到完美的平衡與偉大。不論在什麼環境下，每當它被發現，它就開始轉化我們。雖然我們無法一直保持在這種狀態中，但就像我們曾經爬到山巔，嘗過內在自由的滋味，它就能滲透並影響我們日後的整個生活。我們再也不會相信自己是獨立的個體，因爲我們已經死過，就不再害怕以舊有的方式死去。這被稱爲「死亡前的垂死」，它爲我們的生活帶來美妙的整體性和平等心。

最後，這個過程的禮物就是了解宇宙最基本的「法」，也就是法則、道的教誨。我們看見佛陀的教誨，所有生活中的苦都來自於貪求、恐懼和有限的認同。我們在其中發現自由，脫離個體的糾結，使我們放空，又與一切連結。我們發現每個人的心都有可能解脫，古代如此，現代亦然。

我們終於看見靈性修行眞的非常單純，整個過程就是打開和放下的道路，覺察而不依戀單一事物的道路。這個教導使我們越過所有誘惑和魔鬼，經歷死亡和再生的整個過程，就如我的老師阿姜查所說的：

> 如果你放棄一點點，就能獲得一點點平靜；如果你放棄許多，就會得到更多平靜。所以，無論你執著何處，放下它，回到中心。學習以平衡和開放看待生命的變動。

結束本章時，容我提醒你，上座部提供的這個引導，只是眾多靈性開啓的路徑之一。即使是天生就有能力進入這些領域的人，也會發現這些經驗有其益處和限制。無論開啓的程度多麼巨大、開悟的旅途多麼強烈，也必定有下滑的時候。當你一層一層下滑時，會再度面臨旅程中的所有困難。

當我們回到日常意識時，會發現自己有時被這些狀態深深地轉化，有時卻沒有！這些狀態頂多留給我們較大的平衡感和無畏感，以及自在、柔軟的心靈與心智，但我們終究不能做什麼，只能放下它們。如果這些課題是眞實的，這就是我們會學到的。

一位中國老禪僧的故事可以說明這一點。這位禪師在多年寧靜的禪修之後，發現自己並未眞正開悟，於是去見師父說：「求求您，我可否到山頂找間小屋，待在那兒直到完成修行？」師父知道他已經成熟，便同意他的請求。這位禪僧在上山的路上遇見一位扛著大包袱下山的老人。老人問他：「出家人，你要去哪裡？」禪僧回答：「我要到山頂打坐，若不開悟，就寧可死在那裡！」由於老人看來充滿智慧，禪僧就問他：「老先生，請問你知道什麼是開悟嗎？」這位老人其實是文殊師利菩薩，傳說他總是在即將開悟的人面前出現。老人放下包袱，包袱就落到地上。就像所有美好的禪宗故事，禪僧就在那一刻開悟了。「你是指開悟就這麼簡單，只要放下，不執著任何東西！」接下來，剛開悟的禪僧回頭看著老人，問道：「那麼現在呢？」老人的回答是彎腰再拿起包袱，朝鎭上走去。

這個故事顯示出靈性修行的兩個面向，它教我們放下，鬆開我們對所有事物的執著和認同，提醒我們只是暫時借用這個軀殼而已。一旦了解這點，它又教導我們必須以關懷的心再度進入世界。我們必須拿起包袱，揹著它回到人間的生活。我們現在可以像菩薩般遊走，如同已跨越生死領域的人，以嶄新的方式自由活著。我們在這種自由中，爲世界帶來它最需要的，一顆了解與慈悲之心。

冥想：死亡與再生

當你視野清楚而心開放時，會發現自己活在不斷開始和結束的過程中。孩子長大離家、婚姻開始又結束、賣了房子、開始新生涯、退休。新的每一年、每一天、每個剎那，都在放下過去、開始新生。靈性修行使你與這種奧祕有最親密的接觸。靜靜坐著，你的呼吸、感受、念頭和心中的影像會不斷生起又消逝。在更深入的寂靜中，你發現意識本身會改變，會產生上千種視野和觀點。最後，所有你認爲是自己的部分（獨立的身體、心智和個體性），都會在你面前拆解，直到你發現：自己有限的認同並非你的眞實本性。

偉大的佛教經典《中陰聞教得度》（*The Tibetan Book of the Dead*），是指引人通過死亡、再生過程，和認識眞實本性的絕佳指南。這本書是用來讀給剛過世的人聽的，但因爲生死之間基本上並沒有差別，所以應用於一個肉身生命轉到另一個肉身生命的教導，也適用於這一生的指導：從一天、一刻、一個呼吸到另一天、另一刻、另一個呼吸。我曾爲垂死的朋友、面臨離婚的朋友、尋求異象的朋友、密集禪修的朋友，朗讀這本書。

你可以靜靜坐著，讀給自己聽，也可以錄音播放或要求朋友慢慢念給你聽。當你聽到這些字句，讓它們沉入你的意識，傾聽它們，以整個生命接受、打開。它們會帶領你回到自己的眞實本性。

記住明亮的光，純淨明亮的光，宇宙萬物由此而來，也回歸此處。你自心的最初本性，就是宇宙未顯現的自然狀態。放下一切，進入光中。信任它，與它融合，它是你的眞實本性，是你的家。你經驗到的影像存在你的意識中，它們的形式取決於你過去的執著、過去的欲望、過去的害怕及過去的業。在你的意識之外，這些影像便不再是眞實。不論有些影像好像多麼可怕，它們都無法傷害你，讓它們通過你的意識，它們遲早會離開，不需要捲入其中，不需要被美麗的影像吸引，不需要厭惡可怕的影像，完全不需要執著它們，只是讓它們通過。假如你捲入這些影像，可能會迷惑地徘徊很久。所以，讓它們通過你的意識，有如雲飄過晴朗的天空，基本上，它們的眞實性也不過如此。如果你變得害怕或困惑，你可以總是請求任何你信賴的開悟者保護你、指引你。

記住這些教導，記住明亮的光，你自身本性中純淨、明亮、閃耀的光，它是不朽的。當你能觀看經歷過的影像，認出它們如同宇宙中所有其他事物一樣，是由相同的純淨、明亮之光所組成時，你就得到解脫。不論你徘徊到何處或多遠，這光都只離你一瞬間、半個呼吸的距離。認出這純淨的光，永遠不嫌太遲。

譯注

❶ 來自梵文 samādhi，也譯作「三摩地」、「三摩提」、「三昧」，是印度教和佛教培養心智的修行方法之一，指心能持續地專注在一個對象，排除一切雜念、達到心神平靜。

❷ 即「六道」，地獄道、餓鬼道、畜生道、人道、阿修羅道、人道和天道。

❸ 即「八定」，四禪定和四無色界定：四禪定：初禪、二禪、三禪和四禪；四無色禪：一、空無邊處；二、識無邊處；三、無所有處；四、非想非非想處。詳見《清淨道論》第十章，高雄：正覺學會出版，二〇〇〇年，第一二六頁。

❹ 心修習定有三個層次：「遍作修習」、「近行修習」與「安止修習」。「近行修習」是鎮伏了五種障礙定的干擾煩惱（五蓋，本書稱爲魔鬼）及清楚的專注對象（似相）出現的時候。從似相出現直至入定的前一刹那心（種姓心），都屬於近行修習的階段。緊接著種姓心之後生起的心稱爲安止；這即是安止修習的起點。安止修習發生在色界禪那或無色界禪那的階段，參見《攝阿毗達摩概要精解》第九章，高雄：正覺學會出版，二〇〇三年，第三二八頁。

有二種定：「近行定」與「安止定」。在「近行定」時，所有禪定的要素是不強固的，因爲沒有產生強大的力量。譬如幼童，引導他站立卻常跌倒在地；同樣地，當近行生起時，他的心有時能專注於所專注的對象（此時的相因爲比開始時清楚，稱爲似相），但有時會墮心停止狀態（有分）。在「安止定」時，則禪定要素強固，因爲有強力之故。譬如有力的人，從坐到站起來，可以整天站立，如同安止定生起時，他的心可以斷絕墮入停止的狀態，持續整夜整日亦可，參見《清淨道論》

〈第四說地遍品〉，同譯注❸。

❺禪支：初禪有尋、伺、喜、樂、一境性五禪支，個別分開稱爲禪支，整體合起來則稱爲禪那（禪定）。二禪有喜、樂、一境性三禪支，三禪有樂、一境性二禪支，四禪具有捨受及一境性二禪支，參見《念處之道—大念處經講記》，嘉義：香光書鄉出版社，二〇〇三年，第一五二頁。

❻是西元五世紀中葉，覺音（Buddhaghosa）尊者以《解脫道論》（*Vimuttimagga*）爲底本，經改造增補之論書。本書彙集南傳佛教上座部的修行方法和教義，集其大成。

❼即「七覺支」：念覺支、擇法覺支、精進覺支、喜覺支、輕安覺支、定覺支、捨覺支。

❽根據《清淨道論》有十六觀智，包含：一、名色分別智（辨識名法與色法的特相、作用、現起與近因），二、緣攝受智（辨識名法與色法的諸緣），三、三法印智（聚思惟智）：弱的生滅隨觀智，四、成熟的生滅隨觀智，五、壞隨觀智，六、怖畏現起智，七、過患隨觀智，八、厭離隨觀智，九、欲解脫智，十、審察隨觀智，十一、行捨智，十二、隨順智，十三、種姓智，十四、出世間道智，十五、出世間果智，十六、返照智。憑藉這些觀智，可得到解脫。

第11章 尋找佛陀：一盞照亮自己的燈

面對各種靈性教導與修行時，必須保持真正的探索精神。這些教導和修行在我和其他人身上會產生什麼影響呢？佛陀的遺言談到我們必須成為一盞照亮自己的燈。

對靈性追尋者來說，這是個非凡的時代。現代靈性書店堆滿了基督宗教、猶太教、蘇菲教派和印度教的神祕修行經典。前幾章談到的靈性雲霄飛車和自我的擴展與消融，只是數百種靈性故事中的一小部分，可是其中有許多是互相矛盾的。我們知道傳統佛教中就有非常不同的觀點，有的學派透過淨化和超常意識狀態來追求開悟，有的卻認為這種追求本身就會使我們無法在當下眞正開悟。許多互相矛盾的觀點使我們在靈性生活中進退兩難，我們應該相信什麼呢？

起初，由於對修行的熱誠，我們很容易把聽到或讀到的每件事都當成福音眞理來接受。當我們加入一個團體、跟隨一位老師、投入一種訓練時，這種態度常變得更加強烈。但是，書籍、地圖和信仰的所有教誨，都與智慧或慈悲無關，它們至多只是路標，一隻指向月亮的指頭，或是過去某個得到眞正靈性滋養的人所留下的對話。要實現靈性修行，必須在自己裡面找到自覺的道路，活出靈性的生活。

幾年前，麻州有個叫珍的女人，她曾是禪修學生，在極度困惑的情況下來找我。她原本與一位醫生結婚，育有兩名孩子。她丈夫曾發作數次憂鬱症，在前一年病發時自殺身亡，令她非常悲傷痛苦，對小孩的影響更大。這一家人過去住在愛默斯特市郊區，曾參與當地許多靈性團體，與西藏人和蘇菲教徒一同修行。她先生自殺後，整個修行團體網絡幫了他們不少忙。幾週以來，這些朋友每天來料理三餐、照顧小孩，帶來安慰與支持，也爲這家人和死去的父親舉行許多靈性儀式。

有一天，有個西藏團體的好友非常興奮地來找珍，說：「我最近一直在西藏式的禱告中觀想過去四十天過世的人，昨天晚上看見妳丈夫，他現在很好。我看見的影像非常清晰，他進入阿彌陀佛的西方極樂世界的光中，我清楚地感覺到一切都很好。」珍聽了受到很大的鼓舞。然而幾天後，她在鎮上遇見一位參加當地基督教神祕主義團體的朋友，珍曾參加過這個團體的活動。這位朋友激動地告訴她：「他很好，我看見他，我昨晚在禱告中看見這個深刻的景象，他在天堂裡，周圍環繞著白光，和其他升天的人在一起。」聽到不同的說法，珍感到有些震驚和困惑。

她回家後，決定拜訪一位備受敬重的年長老師，他是蘇菲教派的大師。她一到那裡，還來不及解釋自己的困境，大師就對她說：「妳知道嗎？妳丈夫現在很好，他已進入一個子宮，將生爲女身，父母住在華盛頓特區。我在禪定中跟隨他的意識而得知的。」她在困惑煩亂之中，想找出哪一個說法才是眞的，所以前來見我。

我要她仔細想一想，她自己到底知道些什麼。如果把西藏的教誨、蘇菲教派的教導、基督教的神祕教義都放在一旁，只看著自己的心與存有，她已經知道且非常確信的是什麼，即使耶穌和佛陀都坐在這裡說「不，它不是」時，她仍能直視他們的眼睛說：「是的，它是。」我要求她把所有哲學和信仰、關於過去世和未來世的種種指引都丟到一旁，我提醒她，她所知道的也許是非常簡單的道理。最後，她打破沉默說：「我知道每件事都會改變，如此而已。每一件出生的事都會死亡，每一件有生命的事都在變化的過程裡。」我接著問她，這樣是否足夠，她能否在這個簡單的眞理中豐盛、誠實地生活，而不緊緊抓住必然需要放下的東西。這個簡單的認識也許就足以讓人活出智慧而屬靈的生活。

我要求珍把所有聽過的教誨都放在一邊，想想自己眞正知道的事，這是我們都必須做的工作。我們所知道的常常都很簡單，韓國禪宗的崇山大師（Seung Sahn）稱之爲「不知道的心」，在這種簡單之中，我們能了解生活的精神。我們能感覺生在這副身體中的奧祕、在此處參與各種聲音與色彩之舞的奧祕。在這種簡單中，某種東西會自行更新、自行完成，而且已經眞的完成。美麗的東西會在靜默中展現自己，伊莉莎白·庫伯勒羅斯（Elizabeth Kübler-Ross）在書中談到，在死亡的時刻會發現這個道理，那些有勇氣、有愛心默默坐著陪伴瀕死者的人，都知道這一刻並不可怕，也不痛苦，只是身體的功能安詳地停止而已。觀看一場安詳的死亡，會使我們想起觀看流星殞落時的安詳。

體認每件事都會改變的那一刻，珍再度發現自己的路。宗教和哲學雖然有其價值，但我們能做的，終究是向奧祕敞開，走上心所伴隨的道路，不帶有空想，也並非沒有困難，而是如佛陀一般，在這地球上，在我們的生活中，非常人性地活著。問自己一些問題是很有用的：我們能爲自己直接看見什麼、知道什麼？這些簡單的眞理還不夠嗎？我曾在許多禪修團體提出這個問題，大家通常會回答一些簡單的眞理，比如「無論我抱持什麼觀點，我都知道還有其他觀點」、「這個世界有黑夜和白天，有光明和黑暗，有快樂和痛苦，它是由對立面組成的」、「當我有所執著，就感到痛苦」或「此生眞正帶給我快樂的就是愛」。

自由和快樂來自我們深入的知道，即使別人抱持相反的看法也無所謂。只有當我們與自己所了解的眞理緊緊相連時，靈性生活才會堅定不移。

現代的情形有點類似古印度的靈性氛圍。歷史上記載，佛陀時代有許多其他派別的老師、瑜伽行者、賢哲及大師，提供了各種不同的靈性修行方法。就像我們這個時代一樣，佛陀時代的人在見識這麼多大師後，也感到困惑。佛陀一生最有名的教誨之一就是在羯臘摩村的開示。村民在連續接待幾位靈性教導互相矛盾的大師後，感到困惑。佛陀抵達當地，聽說這件事，就說：

羯臘摩村民們，你們或許感到困惑、懷疑，而你們的懷疑是由於不知這該懷疑什麼而引起的。你們也毋需相信我。如果你們希望了解靈性的真理，就必須以這種方式探索：羯臘摩村民們，不要滿足於傳言或傳統，不要滿足於傳奇或偉大經典上的字句，不要滿足於推測或邏輯推理，或是個人所喜惡的觀點，或說「這是大師或老師的話」。要往自己裡面看，當你發現某些教誨是無益的、應受非難的、智者會譴責的，當你接受之後會受害或感到痛苦，就應該放棄。如果它們造成虛偽和貪婪、造成偷竊或著迷、增加怨恨或妄想，就應該放棄。羯臘摩村民們，我再次告訴你們，不要滿足於傳言、傳統或任何教誨。只有當你從內心知道這些東西是有益的、無害的、智者會稱讚的，而且接受和實行時會帶來幸福快樂，你們才應該遵行。當它們帶來德行、誠實、慈愛、清明、自由時，你就必須遵循它們。

你可以這樣想：若有來生，今生的善到來世時的果，也將是善的；若沒有來生，就在此時此地體驗善的果實。

我們面對各種靈性教導和修行時，必須保持眞誠的探索精神：這種教誨和修行對我自己和其他人產生什麼影響？它如何運作？我和它是什麼關係？我是否陷入、懼怕或迷失在困惑中？我是否被指引到更仁慈、更了解、更平靜、更自由的境界？只有自己才知道我們所走的路是否能帶領我們達到最高的定境或治癒心靈的創傷。佛陀的遺言告訴我們，要做一盞照亮自己的燈，我們必須找出自己眞正的路。

靈性修行不可能透過模仿完美的外在形式來達成，這只會使我們「扮演靈性的樣子」。雖然我們可能眞的被智慧的老師和傳統的榜樣所啓發，但他們帶來的啓發也會爲我們製造問題：我們只想模仿他們，而不是保持內在的誠實和眞實，我們會在有意無意間學他們走路、言談、行爲的樣子。當我們拿自己的形象與開悟老師或佛陀、耶穌、甘地、德蕾莎修女等人的形象比較時，就會造成靈性生活極大的掙扎。我們的心自然會渴望完整、美麗和完美，但我們嘗試學習這些大師的言行時，會把他們的完美形象強加在自己身上，這會讓你感到十分沮喪，因爲我們不是他們。

事實上，剛開始時，靈性修行感覺好像會把我們帶往相反的方向。當我們覺醒時，更容易看見自己的錯誤和恐懼、缺陷和自私，而且看得比以前更清楚。這條路上最初的難題包括一些猛烈的覺醒，我們可能懷疑自己是否走在一條與心相連的道路，甚至不知道是不是正確的道路，於是產生懷疑。修行變得不像愛的活動，比較像體力勞動，而我們抱持的完美形象人物最後也會離開我們，更讓我們對自己和修行感到灰心。我們開始直接面對自己的缺陷時，會嘗試尋找另一種修行方式，想發現更快速的方法，或是決定徹底改變生活：搬家、離婚、加入修行團體。

在最初的沮喪中，我們會怪罪修行方式或周圍的人，或是責怪老師。我出家的第一年就發生過這種情形，當時我很勤奮地修行，一段時間後覺得很挫折，我遇到的不安、疑惑、反感和批評的心，對我來說很棘手。雖然我知道部分原因是自己的錯，但也覺得大部分是環境造成的。我當時住在森林寺院中，接受知名禪修大師的指導，每天除了五小時的禪坐之外，還必須誦經、汲取井水、編繩、參與團體事務，早上還要一起走路去化緣，這一切都被視為禪修的一部分。然而我聽說其他寺院的風格是把人關在房間裡，每天修行二十小時，在安靜、完全不受打擾的環境中修行。我開始覺得如果自己在那種地方修行，禪修就理所當然會更深入，我就能開悟。

我愈覺得沮喪，就愈覺得寺院很隨便，無法促成開悟，就連大師在我心中的形象也隨之改變。他怎能以這種方式經營寺院？他爲何不整天禪修，做個好榜樣，卻整天與僧侶們坐在一起，教導所有前來的村民？所以我去找他對質。我恭敬地向他禮敬，說我想去更嚴格的寺院，因爲這裡沒有足夠的禪修時間。「嗯，」他說：「沒有足夠的時間去覺察嗎？」我回答：「是的。」我對他的問題感到震驚，但挫折感實在太強烈，所以我繼續說：「此外，僧侶也太懶散，而你也不夠沉默，又常常前後矛盾，這似乎不像佛陀的教導。」只有西方人才會說這種話，他大笑回答：「我不像佛陀，這是件好事。」我有點惱怒地回問：「啊，是喔，爲什麼呢？」他說：「否則你就會一直在自己之外尋找佛陀，但佛陀不假外求！」說完後，他就要我回去繼續禪修。

佛陀說：「就因爲我們一直在自身之外尋找完美，才使我們痛苦。」這個世界的現象會不斷變化，佛陀把世界的循環稱爲無盡的「輪迴」，如果把任何完美的形象放入這個世界，本來就會產生挫折感，因爲即使是最完美的一刻或事物，到下一刻也會改變。我們要尋找的不是完美，而是心靈的自由。請再次牢記佛陀的話：「如同大海只有一味，鹽的味道，所有眞正的教誨也只有一味，就是自由的味道。」

佛教禪宗三祖解釋說，我們「不再對不完美感到焦慮」時，就得到自由。世界不會根據我們的想法而變得完美。我們長久以來一直嘗試改變世界，然而自由並非來自改變世界，也不是出於讓世界或我們自身變得完美。無論是透過超常意識、在團體或日常生活中追尋開悟，只要我們想追求完美，就不可能開悟。

既然如此，我們要如何在其中找到佛陀呢？當我們能誠實而慈悲地看待自己和世界時，佛陀就出現了。在許多靈性傳統中，只有一個重要問題需要解答，這個問題就是：「我是誰？」我們回答時，心中會充滿各種形象和完美的典範，包括我們想改變的負面形象及某些具有偉大靈性潛力的正面形象，但靈性道路無關乎改變自己，而是要傾聽生命的基本法則。

有個關於納斯魯汀的現代故事，他是蘇菲教派的老師與神聖的愚者。他說自己有次到銀行兌現支票，出納人員請他出示身分證明，納斯魯汀從口袋掏出一面小鏡子，看著鏡中說：「是啊，正是我！」禪定與靈性修行就像這樣，好像看著鏡子一般。一開始，我們仍以慣有的方式看待自己和世界，依照我們抱持已久的形象和模式，說：「這是我」、「我很聰明」、「我很勤勞」、「我很可愛」、「我毫無價值」、「我聰明而大方」或「我膽小而羞怯」。然後，我們可能試圖修改或重塑自己的形象，但如此機械化的方法是沒有用的。有些人禁欲苦修一年，以爲那是眞正的道路，但隔年又改成歌頌奉獻的方式，以爲那是眞正的道路。亨利．米勒（Henry Miller）了解僵化的觀念有多麼荒唐可笑，他說：「我寫的關於某人的事，我知道後來也能被我寫成完全相反的描述。」

我們對自己、自己的靈性生活、對其他人，在心中抱持什麼形象？這些形象和觀點眞的是我們嗎？這是我們的眞實本性嗎？自由不是出於自我改進、使身體或人格變完美的過程。在靈性生活中，我們必須找出另一種觀看方式，而不是以平常的形象、理想和希望來觀看。我們要學習以心來看，心的方式是愛，而不是以頭腦來看，頭腦的方式是比較和解釋。這是完全不同的存有方式，使我們超越完美，就好像我們起起落落的靈性修行，都能被佛陀的心容納。從這個角度來看，一切事物都能包含在我們的修行之中。

在我們每年爲期三個月的密集禪修中，有位朋友詢問幾位成員靜坐的情形。「姬兒做得怎麼樣？」我說：「很好。」「山姆做得如何？」我說：「很好。」「克勞蒂亞做得怎麼樣？」「嗯，她曾經歷一段難受的時期，但現在很好。」我繼續回答有關其他六個人的問題：每個人都做得很好。最後他問道：「你說他們做得好，是什麼意思？」我停下來想了一下，然後說：「意思就是他們還沒離開。」我們都笑了，但這是很嚴肅的答案，因爲在覺醒的領域中，重要的並不是擁有什麼特殊經驗，而是我們是否也能將這些經驗放入修行之中，是否能對眼前的一切持續地開放自己，並學習在此處愛人。

從初步的靜坐和修行中面臨的必要治療開始，我們漸漸向一個嶄新而陌生的領域敞開，可能會出現超常意識狀態，也可能沒有，但最後會發現我們向來所追尋的就在此處，就在我們安住下來的那一刻，就在自我的本質中，就是我們的佛性或根本的善。當我們完全活在當下、安住在此刻，就會發現它，但不是尋找一件事物，而是出現一種完整和整合的感覺、力與美的感覺。我們找遍全世界，卻發現它就在家門口。我們一次又一次地學習這種簡單。

若想經由控制自己和他人得到力量，就會發現那只是假象，當我們毫不動搖地安住在事物的本來面目，就會在深度靜默與完整的時刻出現眞理和內在固有的力量。我們原本想透過別人或完美的心智狀態來追尋美或愛，但這種目標也只有在欲望和渴求停止時，才會自動而完整地出現。這就是向我們的佛性覺醒。

我們尋找的是「我們是誰？」完成修行時，會發現我們要找的答案一直都在眼前。即使是教宗也是如此，教宗若望二十三世說出這種經驗：

我常在夜晚醒來，思考一個嚴肅的問題，決定向教宗報告。然後我完全清醒，想起自己就是教宗。

這就是禪修：恢復我們的眞實本性，發現無限的平靜與安詳感，在生活中找出寬廣的心，讓自己透明地面對永遠閃耀的光。「它並不遠，」一位禪宗大師說：「它比近還要更近。」這並非要我們改變什麼，而是要我們不去抓取任何事，並打開我們的雙眼與心靈。

這聽起來也許過於簡單，那我們再深入一些。找一個生活中的困境，看看如何在其中找出我們的佛性。我們將做個簡單的冥想，以喚起宇宙的原型、慈悲與智慧的能量，每當我們記得向它們的聲音敞開，就會發現這些能量一直在我們體內。你讀完這段和接下來兩段文章後，請閉上雙眼，想像自己置身於生活中最大的困境，也許是工作或人際關係的難題。請你回想它、描繪它、想像它、思考它、感覺它，以任何你覺得最容易感受的方法進入它，讓自己如實地重新經歷那個景象、其中的人、困難的處境及你對它們的反應。讓它達到最糟的地步，注意你的身體在其中有什麼感覺、你如何行動，以及你的心理狀態。

然後想像有人敲門，而你必須應門。你暫時離開現場走出去，看見等你的人是佛陀、耶穌、聖母瑪麗亞或觀世音菩薩。他們來探望你，親切地看著你，問道：「今天不順心嗎？」他們建議：「我們交換位置吧！把你的身體借我，讓我向你示範我會如何處理這個情況。你可以隱形在一旁觀看。」於是你將身體借給女神、佛陀、耶穌或某位神，然後隱身跟著他們，走進最困擾你的地方。對話和問題仍和之前一樣，只要注意他的示範。耶穌、佛陀、瑪麗亞或任何一位神如何回應這個處境？沉默嗎？帶著什麼能量？他們選擇說什麼話？在這種情況下，他們的心境如何？他們的身體處於什麼狀態？讓他們向你顯示他們的方法。他們教導時，請你留在旁邊，不要走開。

接著他們會再回到原先遇見你的地方，慈愛地把身體還給你。在他們離開前，會以最具療癒力量的方式溫柔地碰觸你，在你耳邊低聲勸告。仔細聽聽這些智慧與關愛的由衷之言。盡你所能聽他們說話、想像他們、感覺他們，使他們完全符合你明智生活的所需。

並非所有人都能輕易進行引導的冥想，但大多數人都發現經由練習就能想起困境，並以全新的方式來探索和想像。可能需要花一段時間靜靜地練習，才能得到這種智慧，但也可能很快、很輕易就達成。這都沒有關係，它就在你裡面，等待被發現。

做完這個練習後，問自己一個問題：佛陀、耶穌、瑪麗亞或觀世音菩薩是從哪裡來的？你在這次冥想中學到的超凡智慧、慈悲或任何其他特質，原本就在你裡面！它早就在這裡了。你不需要去製造或模仿，只要傾聽它，在自己裡面發現它。那些來自內在靈性人物的勸告往往很簡單：「愛每個人」、「記得要溫和」、「爲自己及眞理站穩」。但我們在自己心中聽見這些話時，它們就有了新的意義。當我們在最大的困難中，能想到不同的方法來使用身體，能描繪或感受其中的力量與智慧、慈悲與清明時，所有問題就會呈現新的意義。

以下是我在團體中帶領這種引導式冥想時，學員提出的一些解決方式。有人看見佛陀代替他們面對因計畫延誤而大發雷霆的老闆，佛陀堅定而強壯地站在那裡，但仍保持身體柔軟，他只說一句話：「做這些事，你一定感到責任重大。」老闆的態度立刻軟化，可以心平氣和地和職員討論。還有人前去拜訪愛挑剔的雙親，觀世音菩薩借用她的身體，並沒有與父母爭吵，只是坐著陪他們看電視，盡量試著表達愛意。觀世音菩薩離開時，在這位充滿挫折感的女兒耳邊低語：「不要太常回家。」還有位媽媽想到的問題是每天早上被三個要求過多的孩子不斷煩擾，覺得沒時間留給自己而苦苦掙扎。她遇到的化身是聖母瑪麗亞，瑪麗亞走進去，坐在地上與孩子們玩耍，設定限制，注意上學時間一到，就送他們出門，但她滿足了他們大部分的需要。她離開時，在忙碌的媽媽耳邊說：「多愛他們一些，別太在意家事。」

靈性成就不是來自特殊的祕傳知識、研究偉大的經典或有系統地學習偉大的宗教著作，也不是出於控制或權力；它不是用某種特定的方式依附在某些東西上，也不能說什麼方式是錯的。它與控制他人無關，甚至與控制自己無關。它源於心中的豐富智慧。

幾年前，我在東南亞的森林寺院遇見一位老和尚，我們在一個晴朗的夜晚看見一顆人造衛星劃過星空。他指著它，告訴我那是天空中的新星。我試著對他解釋火箭及衛星，令我驚訝的是，他竟質疑地球是圓形的觀念，他一直認爲地球是平的。他在一九二〇年代受過相當於小學二、三年級的教育，這種教育背景不足以讓他相信地球是圓的，但許多人卻認爲他是聖人。他的心充滿慈悲與智慧，吸引許多人找他傾吐煩惱，並聽取他的勸告。雖然他連地球是圓的都不知道，但他對人性和生活的了解卻極爲深入而美妙。

在任何環境下、不論是圓或方的任何星球上，都能找到心靈的智慧。這種智慧不是來自知識、完美的形象，也不是透過比較和評斷，而是以智慧的雙眼和關愛的心來觀看，以慈悲接觸世上所有存在的生命。

心靈的智慧就在這裡、在現在、在任何片刻。它一直都在這裡，只要發現它，永不嫌太遲。我們追尋的完整和自由，就在自己的眞實本性中，這是我們的眞我。每當我們開始靈性修行、讀一本關於靈性的書或思考什麼是好好生活，就已經開始打開這個眞理的歷程。這個歷程不會停止，這個眞理就是生命本身。

讓我以一個振奮人心的故事結束這一章。有個年輕人找到尼撒哥達塔住的小公寓，他是我以前在孟買時的印度上師。這位年輕人問他一個靈性上的問題，然後離開。一位定期來學習的學生問道：「那人會怎麼樣呢？他會得到啓示、偏離正路或繼續沉睡？」尼撒哥達塔說：「太遲了！他已經起步了，他來這裡詢問一個關於自身本性的問題，光是這個事實，就表示他內在知道自己究竟是誰的地方已經開始覺醒。即使要花很長很長的時問，但他已不會回頭了。」

冥想：變得單純而透明

當你深思自己的靈性生活時，問自己：你對生命的眞理知道些什麼？你眞的需要更多知識嗎？或是這個簡單的根本智慧就已足夠？什麼原因使你沒有活出已知的簡單眞理？如此做時，你需要放下什麼？有什麼困惑和恐懼妨礙你的慈悲？想要明智而好好活著，需要什麼力量和信任感？你會如何改變生活，讓你的身體、心靈、心智對內在的光更無知、更透明？你能想像知道得愈少，卻愈有智慧嗎？

讓自己感覺到一種單純的愛，你可以將它帶入每一刻。注意你的靈性生活如何引導你走到這個方向。

第三部

擴大修行的範圍

靈性生活的週期・神聖之地，沒有疆界・我是誰・慷慨與慈悲・你無法獨自完成・心理治療與禪修・國王的新衣・業・擴大修行的範圍

第12章 靈性生活的週期

如果我們認為修行就應該如何，反而會造成阻礙，使我們無法尊重實際發生在我們身上的階段。

生命的自然週期

每一個古老的智慧體系都認爲人的一生有如一連串的階段：童年期、接受教育和學習的階段、家庭生活和工作的階段、沉思修行的階段。美洲原住民傳統把這些週期的演變視爲人生大事，透過儀式使每一位成員帶著全然的覺知與支持，進入新的人生階段。現代心理學家如艾瑞克森（Erik Erikson），也談到充滿智慧與意義的人生是由一連串必然的連續階段組成的。

四季的變化有其美感，重視人生的週期就會發現其內的優美，靈性修行也是如此。我們如果能了解何時適合隱修，何時適合旅行，何時適合安定、扎根，何時適合成家、養兒育女，就能擁有平衡的靈性修行。若能欣賞這些週期，就能欣賞宇宙的自然法則，也就是生活中的道或法。詩人溫德爾．貝瑞在〈萬物的法則〉（The Law That Marries All Things）一詩中談到這點：

雲隨風而飄，
才是自由的。
雨落下時，
才是自由的。
水聚集在一起時，
才是自由的，
在向下的過程中，
在上升進入空中時。
若你喜愛法則，
若歡唱進入其中
如水順流而下，
就得以在其中安歇。

一開始，我們可能誤以爲靈性修行是直線式的旅程，經歷某種風景之後，達到遠方的目的地：開悟。其實不然，靈性修行應該被描述成愈來愈寬廣的環形或螺旋形旅程，在過程中開啓我們的心，讓我們的意識逐漸吸納生活中的一切，視之爲靈性的整體。前幾章談到，每當修行達到新的層次時，原本處理過的議題還是會一再出現。所以，如何度過生活環境與修行兩方面的變遷，也必然是一再出現的問題。二十五年前，拉姆·達斯在《活在當下》（*Be Here Now*）一書中談到靈性生活的週期循環：

修行就像坐雲霄飛車，每次達到新高點之後，接下來通常是新的低點。了解這一點，會比較容易度過這兩種階段……除了上下的循環，還有內外的循環，就是在某些階段會覺得被拉入內在工作，只想找個安靜的地方打坐，有的階段卻想向外發展、回到日常生活。兩種階段都是修行的一部分，日常生活發生的事對你的禪修有幫助，而禪修經驗也能幫助你以不執著的方式投入日常生活……一開始你會認為修行只是生活中的一小部分，但後來就會了解你所做的每件事都是修行的一部分。

生活的變化不只是出於內在需求的轉變，也來自外在環境的轉變。佛陀教導我們，存在的本質就是不停的變化。我們要如何在靈性修行中欣賞這些自然的生命週期？我們必須先尊重生命會帶來不斷變化的週期，並接受這些週期帶來的內在任務，順著這個過程就能自然產生靈性的成長。這雖然顯而易見，但我們的社會已忘卻這些自然韻律，並以各種方式教導我們忽略它們：孩子被強迫進食，盡早學習知識，而不是自由玩耍、以健康的方式學習；許多中年男人還沒有度過青春期，女人努力保持年輕，好像要逃避成熟；老年被視爲可怕的挫敗。不論哪一個生命階段，我們都缺少智慧的榜樣，也沒有啓蒙和成長的儀式。

各個生命階段的靈性意義

當我們尊重生命的自然週期，就會發現每個生命階段都有靈性層面的意義，都能提供助長靈性的智慧與經驗。舉例來說，靈性意識的主要來源之一是最早期的生活：生活在母親子宮時的美妙合一經驗。我們的意識會牢牢抓住這個記憶和合一的可能性，運用到禪修之中。當我們還是嬰兒時，體驗到初次看見、感受、觸摸這個世界的新奇感，以及身體感官和需求的直接經驗。在我們認識和感受的對象中，重新喚醒這種直接的經驗，重新捕捉自發而完整的信任，是在日後修行中找到靈性基礎的關鍵。

許多人最初的靈性經驗發生在童年，那是生來就與神聖事物自然連結的經驗。童年時期的嬉戲、歡樂與好奇，都是重要的基礎，藉此在修行中愉快地重新找回這種精神。如果我們與父母的關係是尊重和關愛，這份關係就會成爲其他關係中尊重和信賴的基礎。如果我們在子宮裡、嬰兒期或童年期擁有不好的經驗，就需要大量的療癒來恢復應有的幸福感。但這些痛苦的經驗也可能刺激我們渴望眞正的幸福，而每個人的童年都必然有某些時刻蘊含了覺醒的種籽。

青春期的獨立和叛逆提供修行所需的另一種性質：堅持爲自己找到眞理，採納自己的經驗而非他人的指導。當我們進入青年期，開始承擔各種責任時，就會發展對他人的關懷，這種成熟能帶來人與人之間相互交融的感覺，滿足互相尊重和社會正義的需求，這是使我們覺醒而走上宇宙慈悲道路的來源。

成人生活自然會帶來靈性的任務與啓發，我們對家庭、社群、世界會愈來愈關心和負責，我們會需要願景，強烈渴望實現自己獨特的人生。當我們成熟時，生活自然會出現沉思的特質，我們可以感覺到內在需要深思的時間、想要得到洞見、渴望與心保持接觸。年老時，由於已見到許多生死的循環，內在就會滋生智慧與超然的態度。

以自覺接受每一階段的任務

人生的每個階段都有靈性成長的種籽，當我們能有自覺地接受適合自己的人生任務時，靈性生命就會成熟。可惜在許多靈性團體中，有些人會逃避這些任務，他們可能從二十五歲就開始耗費多年光陰，試圖忽視自己的身體或創造力，直到四十幾歲才痛苦地發現自己其實想擁有家庭或事業。他們也可能加入某個靈性團體，想像自己終生像佛陀一樣生活，有如與世隔絕的流浪隱士，卻忘記佛陀流浪一段時間後，仍在一間寺院安頓下來，成爲一個團體的領導者，並花費二十五年教導別人。即使是投入寺院生活的人，也會經歷必然的週期，從一開始的訓練和孤獨時期，到後來負起教學、領導、管理的重責大任。

不論是在寺院、工作場合或家庭生活，我們都要爲心的發展傾聽各個週期的需要，並接受各個週期的靈性任務。與成長有關的自然週期（如發展正當的生計、搬遷至新居、小孩出生、進入靈性團體），都會帶來靈性的任務，這些任務要求我們的心在承諾、無懼、耐心和專注中成長；與結束有關的週期（如子女離家、父母年老與死亡、事業失敗、離開婚姻或團體），則會帶來不同的靈性任務：悲傷、優雅地放下、放棄控制、在失落時找到平等心與全然的慈悲。

我們有時會面臨週期的選擇，比如選擇婚姻或開始新的事業，這時最好能深思哪個方向能使我們更接近心的道路，爲這段人生帶來適時的靈性功課。

更常見的情形是我們無法選擇，巨大的生命週期衝擊著我們，向我們展現困難的人生階段與挑戰，遠超過我們能想像的程度。如中年危機、離婚的威脅、自己或子女的疾病、錢財問題，也可能只是再度冒出不安全感或未實現的雄心壯志。人生中這些困難而世俗的部分，看似需要加以克服才能得到平靜，以從事靈性修行，可是當我們抱持注意和尊重的態度，就會發現每件事都包含了靈性的功課。也許是在極大的混亂中仍能集中注意力的功課；或是寬容的功課，對製造痛苦的人培養出寬恕的心；也可能是接納或勇氣的功課，需要尋找心的力量以站穩立場、活出最深層的價值。

即使是靈性老師和上師也要面對這些無法預料的週期，比如心中生起自己未曾實現的渴望，或是整個團體面臨艱難的處境。有位極受敬重的印度上師發現學生充滿嫉妒和競爭時，被迫全面評估自己的教導是否適當。還有位靈性老師極度渴望到山林中隱修數年，卻在自己的上師過世時，被指派為著名寺院的住持。有些老師在修行的某些週期中，可能要面對所創立的團體過於依賴自己，或是自己過於依賴教學。艱難的週期是每個人的修行。

修行方式也有週期

世俗生活有週期的運行，且每一週期都包含靈性的功課，同樣地，內在靈性修行的技巧和方式也有自然的週期。我們常認為不同的靈性道路各有不同的修行方式，比如服務窮人、禱告獻身、瑜伽體位、隱修閉關或研究探索。但靈性之旅可能在我們的成長過程中，引導我們吸納許多不同的修行面向。某階段的修行可能是全心獻身、追隨一位老師，下個階段卻可能是自己修行、探索；或是在某個階段全心過著與世隔絕的孤獨生活，下個階段卻要求我們透過服務他人而擴展慈悲心。我們可能在某些階段專注於身體，某些階段是禱告和臣服，另一些階段是研究和思索。

就如我在第六章談到的，我的老師阿姜查能敏銳地察覺學生所處的不同週期，藉此指導學生的修行，讓他們能有意識地處理自己的週期。當他覺得學生已做好準備，就會把害怕寂寞的學生分配到遠離人煙、與世隔絕的洞穴修行；依戀平靜生活而難與人相處的學生則被送到曼谷大馬路邊、每天有數百位朝聖客駐足的寺院；不喜歡料理食物的學生會被派到廚房工作，傲慢的人每天的例行職責可能是清掃浴室和廁所。

某些禪寺會把這些週期正式納入訓練，指派團體成員擔任某些角色一、兩年，做為修行的一部分。包括師父的侍者，一方面學習服務、負責和獻身，同時從接近師父的機會中獲益。還有一種角色是糾察師，要拿著香板巡視，注意打坐的學生是否打盹，還要大聲維持秩序、拉回迷途的學生，不接受任何散漫或懶惰的藉口。另一種相反的角色是寺院的照顧者，為需要的人提供額外的坐墊、照料病人、安排整個閉關活動，並提供各種滋養的支持。學生被分配某種角色後，不論是否符合自己的性情，都要全力以赴。從某個角度來看，這種訓練很有趣，會互相輪替，一個人擔任一整年嚴格無情的紀律執行者之後，可能會被派去當照顧者，日夜都必須學習當一個溫柔親切的人。靈性修行期待人能學習所有角色，包括在需要時砍柴挑水、不動如山地禪坐、像祖母般烹調食物，並像佛陀一樣開懷大笑。

我們的意識包含所有這些角色，而且還更多，如英雄、情人、隱士、獨裁者、智者和愚人。即使沒有老師或團體可以引導我們進入不同的修行面向，在禪修中也會自然遇到。身心似乎是互相循環的，好像有自然的智慧會帶領我們進入最需要被我們接納和了解的部分。禪修有時會提供極大的平靜感，使人能安詳地走出人生的劇碼，接下來可能對自己的家庭創傷和童年的痛苦有新的覺察，然後花很長的時間處理悲傷和寬恕，接著可能又進入深入的專注和廣闊的洞識。但接下來可能是以新的方式開啟身體，在修行中呈現身體的疼痛或能量的釋放。持續進行個人的療癒時，可能會看見世人受苦的景象，覺得必須有所回應，而將之納入修行。這些循環並沒有固定的順序，也沒有高下之別。這些內在的週期開啟時，我們的靈性任務就是要覺察它們，並將愛、智慧、寬恕帶入每個週期裡，這是所有週期都需要的要素。

無法預料的收穫

靈性修行中，最有價值的教導有時是出乎意料的。有位學生在十天閉關禪修的經驗深受感動，決心接受長期的密集修行。他花了兩年存錢，累積足夠的假期，準備到泰國和緬甸進行三個月的閉關修行。沒想到才閉關一星期，他就接到緊急電話，得知父親因嚴重心臟病住院，母親和家人都需要他回家。他非常愛父親，決定立刻回家陪他，但又非常失望，因爲他期待了很久，終於能到亞洲閉關修行，卻必須立刻回家，誰也不知道何時才能再有這種機會。我相信讀者都已猜到故事的結局，他在家裡照顧父親、關心家人的需要、在父親過世時面對死亡的奧祕，這九個月有如深刻而充滿意義與自由的靈修時期，是他一輩子難能可貴的時光。

另一位年紀較大的男子遇到相反的情形，他擁有成功的事業、養育三個十幾歲的小孩，他接受大量心理治療來處理童年和酗酒的家庭背景所造成的悲傷。他參加閉關修行時，仍陷在親子衝突中，因爲小男孩們正處於狂暴的青春期。他來打坐是爲了更能集中心力去了解自己和孩子，結果卻證明他需要集中在別的焦點。閉關沒幾天，他的意識就轉向一種深邃的禪定狀態，充滿獻身的感覺，看見自己的身體充滿光，周圍的樹木開始閃爍，意識中充滿一種深刻的神祕洞見。他想寫詩及作曲。令他大爲驚訝的是，他發現自己渴望住在靈性團體裡，並決定孩子長大成人後就付諸行動。他爲自己的人生找到全新的方向和價值，帶著新的洞見，回家後就能以嶄新的平靜面對青春期的孩子。

有位年輕女性在森林中簡樸地生活數年後，來到我們的禪修中心。多年的密集禪修使她得到豐富的收穫，她天生就有平靜的力量，能達到自由、喜悅的深刻境界，並能體會豐盛的空性。接下來她進入一段親密關係，找了份工作。重返世界一、兩年後，她再次參加一位客座老師長達兩個月的禪修，但崇高、明亮的狀態消失了，她陷入可怕的童年景象，虐待、遺棄、酗酒的父母與胚胎期以來的巨大痛苦幾乎淹沒了她。禪修五年的喜悅消失了，取而代之的是另一個痛苦的五年歷程，這需要她面對、整合、全然接納自己的傷心往事，就像對待以前的喜悅狀態一樣。第二個五年的重心是慈心觀、治療、繪畫和深刻的內在療癒。完成第二個階段的結果使她進入新的階段：結婚、成家。每一個階段都是自然出現的，她能做的就是加以接納和尊重。

如果我們認爲修行就應該如何，反而會造成阻礙，使我們無法尊重實際發生在我們身上的階段。我們常常希望自己的情緒都得到解決，以邁入下一個層次。參加密集禪修的學生常問我：「爲什麼我仍會悲傷？我爲這個失落已悲傷了好幾個月，現在應該已經過去了。」可是，悲傷也像波浪起伏、循環出現，時候到了，自然會結束。當我們深深接納它，它是否出現都沒關係時，就結束了。同樣地，學生會抱怨：「我已經處理過性欲的問題，爲什麼它又出現了？」或「我以爲自己已經能接受人生的痛苦，卻在修行中發現人生還有不同層次的痛苦，現在才開始面對、了解。」

修行不會按照我們想的理想狀況進行，而是根據生命的法則。我們可能天眞地想像自己的心能像巨大的向日葵一樣，日復一日、穩定不變地敞開，充滿慈愛、悲憫和連結，可是我們的心與感受都有自己的韻律和週期。心就像身體的其他部分，有時打開，有時關閉，好像盛開的花在寒冷的夜晚會闔上花瓣一樣。我們的身體反映出星辰的運轉及移動。我們有清醒和睡眠、地球會旋轉、太陽升起又落下、女性有月經週期、心臟會跳動、呼吸會進出、腦脊髓液會清洗大腦和脊椎，這些都是自然的韻律。

即使我們希望「超越」身體，但身體就像心一樣，有自己的週期。當我們尊重這些週期，修行就得以開啓。有位學生在多年的禪修中企圖忽視身體，結果一直生病。以勉強的方式追求靈性，可說是她生病的部分原因。最後，她因爲病得太嚴重，不得不在修行中注重運動、飲食和瑜伽。一旦她對身體表達認可和尊重，生命的其他部分就也開始健康起來，甚至禪修也更爲深入、豐富。

相反地，另一位學生過度重視身體、運動、體重、健身及外貌，禪修時仍忍不住想這些事，非常痛苦。持續數年後，他終於不得不放掉這些強迫性想法，放下自己多年努力維持的身體形象。放下身體後，他就能專注於自己的心，以及長期隱藏在禪修背後的各種恐懼。於是，好像雲霧散去，生活與禪修以深刻而嶄新的方式整合起來，在其中產生一股全新的慈悲心和幸福感。

密集禪修結束後：在變遷中修行

不論遇到突如其來的外在週期或自然而然的內在週期，靈性修行都要求我們以清醒的方式尊重這些變化，在修行的週期中優雅地吸入、呼出氣息。有一個絕佳的機會可以學習這個功課，就是在長期的密集禪修、靈性研討會、閉關修行結束之後的過渡時期。現代的靈性修行常要求我們暫時進入一個靈性團體，修行數天到數週後才回家。從密集禪修和靈性團體的開放與支持回到複雜的日常生活，這種轉變可能很困難，特別是我們若堅信其中某個階段比另一個階段更屬靈時，尤其困難。但透過專注，可以覺察內在和外在的變遷，將之融入心的修行。

密集禪修結束時，環境的改變自然會使我們面臨失落感，如果禪修培養出平靜開放的心與單純的生活，我們可能會害怕複雜的日常生活將使我們失去這些收穫，在受到保護的禪修環境中喚醒的靈性敏感度會消失殆盡。禪修使我們的感官和情緒變得開放、脆弱、纖細、敏感，回到城市的家中，每天和家人、工作、塞車奮戰，會讓我們覺得難以承受。效果愈好的禪修，這種恐懼可能就愈強烈。我們可能也害怕沒有人了解我們，希望生活保持在禪修時的狀態。我們可能試圖抓住禪修時遇到的任何美好狀態，即使是深刻的覺醒之後，仍可能有執著和驕傲，禪宗稱之爲「開悟的臭味」。所有恐懼、執著和驕傲的力量都會使我們無法邁向下個修行階段，所以這種變遷是完美的境遇，可以學習如何經歷修行的週期。

首先需要耐心，必須體認變遷可能是很長的過程。如果禪修期間很深入或時間較久，可能會經歷數週到數月的艱難與困惑，才能再度融入原有的生活。最重要的是能有自覺地承認自己的失落感，我們經歷生活的變遷時，必須允許自己感受到失落，然後放下。這樣就能讓我們的心對前一個階段的結束，感受到悲傷與不可避免的執著。若能尊重失落感、允許自己看見執著，就能覺察放下的過程。

同樣地，我們也必須尊重自己的脆弱。禪修常使我們非常開放，而對緊繃的日常生活感到煩躁、震驚。回到塵世時，我們有時好像需要被尊重和保護的新生兒，從前一週的西藏寺院到下一週回到醫院病房從事護理工作之間，這個小嬰兒有時需要泡泡熱水澡、聽聽舒緩的音樂，做爲兩個時期之間的橋樑。爲了尊重這種敏感度，我們必須注意如何轉換，比如撥空讓自己安靜、改變時間表以得到額外的沉思時刻、延緩最忙碌或最艱難的工作，讓自己有足夠的時間從安靜的狀態慢慢轉換到大量的活動。與其他一起修行的人定期聚會也很有幫助，大家可以一起大笑和流淚，幫助彼此度過週期的變遷。

從安靜的禪修期返回後，常會以更爲清晰、無法否認的方式看見世界的痛苦，包括自己和他人的痛苦。其實這是靈性道路的一部分，可以把心打開，更清楚地看見一切，但也可能令人覺得難以承受。我們可能發現自己重複舊有的潛意識模式，或面對棘手而未解決的老問題，而需要對自身的痛苦抱持慈悲的態度。我們以全新的眼光觀看時，周遭世界似乎是出於潛意識而充滿壓迫感，我們可能更清楚地看見周圍許多人帶著煩惱、寂寞、焦躁或恐懼的面容，揭露了現代生活的強度與速度，以及生活背後的愚昧與巨大痛苦。如果我們能有自覺地允許自己的心被觸動，這種經驗就可能成爲慈悲心的來源。

即使我們毫無困難地離開密集禪修，仍會進入新的週期。我們可能體驗到明光的變遷，徜徉在生命的奧祕中，充滿喜悅，也可能再次驚歎生命的細膩美麗，或對眾生開啓充滿愛的心門。這時的任務就是把這種精神擴展到日常生活的行爲中。

優雅面對生命的變遷

每一種狀態都會走到下一個階段，絕對不要逃避生命的變遷。優雅地進入其中的主要方法就是不斷地仔細練習，像練習騎馬一樣：一次次散步、小跑、慢跑，跑過平坦與粗糙的地面、上山下山、起跑與停止，直到我們能優雅而有自覺地經歷生活。度過人生的困難階段，就能學會用心信任這些週期的展現，就像信任樹根深入土壤、樹葉向上伸展，信任每片花瓣都會由外至內依序綻放。不論是密集禪修時或結束後，都要信任修行中任何引起我們注意的焦點（我們的身體、個人的歷史、周圍的團體），會在永恆的當下帶給我們完滿而眞實活著所必須的部分。

從某個角度來看，我們並不是要去什麼地方。奇妙而偉大的佛陀開悟故事說明他如何實踐完美的慈悲與耐心、穩定和平靜，經歷十萬劫的修行而成為佛陀。所謂一劫，請想像一座比聖母峰更高更大的山，每一百年有一隻渡鴉啣著一條絲巾飛過這座山，絲巾擦過山頂，這座山被絲巾磨平所花費的時間就是一劫。我們可以將之解讀成佛陀修行了很久，但這個比喻更深層的意義是指出修行的永恆性。我們並不是嘗試在明年、二十年後或下輩子達到更好的境界，而是學習在超越時間的生命展現前敞開自己，愈來愈與之和諧一致，使我們的心愈來愈能含融人生的所有季節。

在佛陀宇宙的
十個方向中
只有一條道路。

當我們清楚觀看，並沒有
各種教誨的差異。
會失去什麼？得到什麼？
如果有所得，
在一開始就已得到。
如果有所失，它就藏身附近。

——良寬禪師

冥想：回想靈性生活的週期

舒服自然地坐著，讓自己輕鬆地感受當下。放下任何計畫，感受呼吸的自然韻律。平靜下來之後，開始回想自己的整個靈性生活，回憶自己第一次是如何被喚醒心靈的生活，回憶你在體驗到可能性、奧祕、神聖的當時有何感覺。仔細回想接下來數年有哪些靈性老師和神聖地點激勵了你，回顧多年來你遵循過幾個系統化的修行、度過了幾個週期、給你最多教導的處境、出乎意料的功課、孤獨隱居的時刻、融入團體的時刻、你遇到的考驗、你的貴人、嚮導，還有最近的修行。也要注意你遇到的難題所帶來的困擾與學習。

享受這種回想，視之爲故事、冒險，帶著驚奇與感激之情欣賞它的週期。接下來感覺自己安住在今日此刻，以開放的態度面對未來的生活，感覺未來可能會遇到什麼事：生命中下一個自然的階段、人生還不完善的領域、你渴望吸納的某些靈性修行。請做你自己的靈性嚮導，注意有哪些情境可能對你有益。如果當前的生活允許，你是否應該騰出一段獨處的時間或加入靈性團體？你的靈性修行是否召喚你花一段時間爲別人服務，或者現在正是投入事業、創造力、家庭生活和家人的時候？你是否需要老師，還是目前最好依靠自己的資源？如果當前的生活不允許你做出上述選擇，你目前究竟處於什麼階段？要如何好好看重你的選擇和生活處境，將它們放入開放的心與修行的週期？請你體會如何誠實面對自己，也誠實面對生活中展現的法與道。

第13章 神聖之地，沒有疆界

製造區隔是為了避開我們害怕的事，日後卻會為此付出代價。神聖而充滿靈性的階段之後，會出現相反的極端：暴飲暴食、耽溺性欲等，這是靈性的暴食症。靈性修行不會讓我們脫離痛苦和困惑，只會讓我們了解逃避痛苦無濟於事。

分裂的生活

若想實現靈性生活，就不能再把生活切割成不同的區塊。我們的生活被切割成工作、假期、休閒等時期，我們把事業生活、愛情生活、靈性生活、運動娛樂的時段切割開來，周遭社會更誇張地反映出這種切割：教堂容納神聖的生活，商業區則爲世俗與不信教的人而存在；教育和家庭生活分開；商業利潤與盈餘和地球與環境的利益分家。把生活切割開來的習慣如此強大，導致我們只有破碎零散的視野。

如果我們界定什麼是神聖、什麼不是神聖，如果我們認爲某種體位、修行、技巧、場所、禱告和詞句是「屬靈的」，而生活的其他部分是「不屬靈的」，靈性修行就很容易延續生活中的分裂模式。即使是最深處、最內在的生活，也會被我們切割成不同的區塊。

我在泰國旅行時認識了一位佛學老師，他的例子可以說明靈性生活被切割成不同區塊時，會造成多麼大的影響。他是四十四歲的緬甸僧侶，曾在仰光參與爭取民主的示威活動，經歷數年艱困的歲月後，因為面臨生命危險，最終逃離獨裁政府的鎮壓，在緬甸和泰國邊界的難民營落腳，繼續教導佛法。他雖然面對巨大的艱難，仍積極提倡正義、慈悲與靈性生活。他周圍的學生和群眾常常挨餓、生病，缺少醫藥或其他援助，緬甸軍隊有時也會來騷擾他們。雖然面對這些困難，他仍然是穩固的靈性燈塔。在這段期間，他遇見一位二十出頭的泰國農村婦女。起先她只是提供他食物、物品和支持，但兩人逐漸愛上對方，不過這位僧侶認為自己對這位年輕的泰國婦女來說，只是個現成的好老師。幾個月後，我聽說這位僧侶決定到曼谷的緬甸大使館前自殺，以抗議邊境難民營和緬甸全國的不公不義與諸多苦難。

我找他長談之後，才驚訝地發現：雖然他計畫以自焚抗議多年來對抗的不公不義，但這並非他做此決定的眞正原因，眞正的原因是他愛上那位年輕女孩。他十四歲就穿上袈裟，二十九年來一直按照佛門清規生活，沒有別的生活技能，他無法想像自己竟然想結婚、建立家庭，可是他愛上了她。他不知道該怎麼辦，所以認為最好的解脫之道就是為政治因素自焚。

我簡直不敢相信自己的耳朵，他曾面對極大的困苦，在巨大的痛苦與危險中仍勇往直前，卻在面臨自身的兩難困境，與一位女子的親近關係及其挑起的強大感覺時，準備自焚。靈性修行的切割竟然使他無法處理這些強大的感受及其帶來的衝突。國家的衝突反而比內心的衝突更容易面對。

我和他討論如何能同時保持僧侶的身分，也擁有愛和歸屬的強烈感受，於是他在修行中加入這方面的考量。那位女孩體貼地離開，給他一段冷靜考慮的時間，雖然雙方都覺得很不容易，但他最終結束了這段關係，她也搬到別的地方。他重新投入教學，並以新的體認在心的修行中加入自身的熱情，以及對佛法的熱情。幾年後，他成為非常著名的老師。

希望這個故事能讓你們了解，把生活切割成不同區塊會產生多麼強大的影響，我們又多麼容易用「靈性」的道理來強化這些影響。

分裂與整合

只要有錯誤的切割，就會造成問題。現代生態學指出狹小、被切割的生活觀造成的後遺症：我們大量使用石油，釋放許多碳氫化合物，影響空氣品質和整個地球的氣候；耕種只求最大效益，讓大量殺蟲劑和化學肥料流入我們賴以維生的水源和土壤中；雨林和南北極冰原受到的破壞，會影響我們生存的要素。多少年來，我們遺忘了這些和其他種種的交互影響，造成我們的心、生活與靈性修行互相切割開來。

數年前，我和妻子在印度旅行，拜訪一位知名的瑜伽老師維瑪拉．沙卡爾（Vimala Thakar），她的道場在阿布山。她曾投入印度的農業發展多年，足跡踏遍各省，和印度聖雄甘地的追隨者在農村一起工作；後來她遇見克里希納穆提，使靈性生活轉了個大彎。她緊緊追隨他，被他的教誨轉化。她在克氏的祝福下成爲禪修老師，其教誨幾乎等同於克氏的親自教導。此後，她在世界各地帶領密集禪修和研討會。

我們拜訪她時，得知她再度回到農村從事農業發展計畫。我問她是否認爲禪修的力量有限，所以才停止禪修，轉而以服務他人爲眞正的靈性生活。她對我的問題感到震驚，於是這麼回答：

> 先生，我是熱愛生命的人，身為熱愛生命的人，我不會忽略生命的任何部分。所以當我經過印度的貧窮農村，看見人民因為沒東西吃而飢餓，或是因為沒有乾淨的飲水而生病時，我怎能不停下來回應這種苦難呢？我們挖掘新的水井、建造乾淨的飲水系統，並學習如何使農作物豐收。

我到倫敦、芝加哥或聖地牙哥時也會看到苦難，但不是缺少乾淨的水，而是充斥寂寞孤單、缺少靈性滋養或認識的苦難。就像看到農村缺少乾淨飲水時的自然反應一樣，我也會回應西方人缺少心的認識和平靜的情形。身為熱愛生命的人，我怎能從整體中切割出任何部分呢？

維瑪拉的看法反映出所有生命的整體性和相關性，這是靈性生命成熟的標誌。可是，靈性的語言和意象有時缺少這種整體性，而強化了我們自己的切割，誤以爲某種情形是靈性、某種情形不是靈性。我們以爲要超越自我，或努力達到神聖的狀態、得到淨化、超脫欲望和身體；我們被教導要透過苦行才能開悟，並相信開悟就是超越或外在於自身的某種境界。可惜的是，達到一種純淨神聖境界的想法，正符合我們原本可能擁有的神經質、擔心或過度理想化的傾向。只要我們把自己看成汙穢不潔、可恥或沒有價值的人，就會利用靈性的修行和淨化的觀點來逃避自己，以僵化的方式遵循靈性的戒律和形式，希望產生一個純潔而屬靈的身分。印度人稱之爲黃金鎖鍊，它不是鐵製的鎖鍊，但仍只是鎖鍊。

藏傳佛教老師丘揚·創巴仁波切（Chögyam Trungpa Rinpoche）以這種「靈性的物化」告誡眾人，說明我們會如何模仿靈性修行的外在形式，包括服裝、教義、文化和禪修方法，以逃避世界或支撐自我。

分裂的原因：早年的創傷

大部分人都會在生活中經歷心理創傷和巨大的痛苦，靈性修行似乎可以做爲逃避之道，以擺脫身心的困擾、逃避過去的痛苦和存在的孤寂。靈性的前景愈美好，就愈符合我們不想受塵世干擾的心願。許多禪修學生在深入的靜默中，發現自己早年的生活經驗痛苦到根本不希望自己出生、不想活在人身之中，他們期望以靈性來逃避痛苦。可是，所謂淨化的觀念，所謂超脫或超越身體、世俗欲望和汙濁的想法，會把我們帶到什麼地方呢？真的能帶來解脫嗎？或只是強化原有的厭惡、恐懼和限制呢？哪裡能找到解脫呢？佛陀說人的苦惱和開悟都在具有感官和心智的五呎之軀內。若不在此時此地，還能在何處找到解脫？

印度神祕主義詩人卡比爾說：

朋友，趁你活著時渴望真理。
趁你活著時投入經驗之中！……
所謂「拯救」，屬於死亡之前的時光。
若不在活著時扯斷繩索，
難道要死後由鬼魂來做嗎？
有人以為只要身體腐朽，
靈魂就會進入狂喜——
那全是幻想。
現在如何，到那時就也如何。
若你現在一無所獲，你的結局就只是
死亡之城的空虛居所。
若你現在與神聖交融，來世

就擁有滿足的面容。

我們只擁有現在，日夜展現在我們面前的就是這個唯一的永恆瞬間。看見這個眞理才能了解神聖與世俗無法分開，即使是最超越的靈性洞見也只閃現在此時此地，進入我們行走、吃喝、相愛的生活之中。要看見這個眞理並不容易。我們內心恐懼的力量、批評的習慣，會不斷阻止我們接觸神聖。我們常不自覺地將靈性拉回好壞、聖俗的兩極，重建早年生活的模式。這些模式曾幫助我們度過童年經驗到的痛苦、創傷和失能。如果昔日恐懼的策略是躲藏起來，我們可能利用靈性生活繼續躲藏，卻聲稱自己已棄絕人生；如果童年遇到痛苦的防衛方式是幻想，我們可能會讓自己迷失在靈性生活的願景中；如果過去試圖以好行為逃避責備，現在可能會試圖用靈性的純淨或神聖來逃避；如果幼時以強迫行為或自我驅策來彌補寂寞和能力不足的感受，現在的靈性也可能反映出相同的情形。我們會利用靈性繼續使生活分裂。

有位學生來自施虐的家庭，他父親常有突如其來的暴力，他處理這種危險處境的方法就是對任何可能的問題都非常敏感，所以有強烈的偏執傾向。他在靈性修行中重建這種情形，把老師和學生分成好人和壞人、危險的人和同夥的人、他不喜歡的人和他崇拜並試圖模仿的人。若有人表現得像他狂野的年輕時期一樣，他就會過度批評、不理睬或覺得害怕，就像他害怕自己的這些部分一樣。他以這種方式切割周圍的團體，結果他對許多人的敵意使他的妄想和恐懼成眞：許多人眞的對他生氣，因此很快就重建出原生家庭裡劃分好人與壞人的危險處境。他也用屬靈書籍的內容來強化分裂，評斷哪些人、行為和做法是神聖的，哪些是出於欲望、怨恨、妄想和無知。

若缺少指導，這種人會耗費數年以靈性生活重演早年的創傷。上述例子需要非常小心地引導他注意自己如何對好與壞、對他人做出兩極化的不信任和理想化，而建立如此強烈的感覺，並了解這種情形根源於何種恐懼。一旦能如此檢視，就能從外在世界的問題轉向自身內在的困擾與悲傷。當他看見是自己創造了生活中的恐懼、妄想、分裂和痛苦，整個舊有的自我感就會脫落，並喚醒新的可能性。

另一位年輕女學生帶著極大的不安全感和恐懼來修行。由於早期童年的巨大痛苦，她退縮到靜默和白日夢中求取平靜，在沉默中逃避周遭世界的問題和衝突。靈性修行使她得到極大的寬慰，這裡的方式認可她的沉默和內向，支持她逃避世界。她的老師起先以為她是很優秀的禪修學生，能毫無困難地接受戒律和禁語的規定，很容易安靜，對人生的短暫本質有深入的洞識，知道如何避免執著的危險。她一次又一次地參加密集禪修，卻漸漸顯示她是以修行來逃避世界，她的禪修只是在重建早年家庭生活的恐懼。就像前面提到的學生一樣，她的生活侷限在某些區塊。請她注意這點時，她激烈地抱怨：「佛陀豈不是說要孤獨、坐在森林裡的樹下、過著隱居生活嗎？老師怎麼建議我有所不同呢？」

她的否認過於強烈，難以突破，因此耗費多年在不同的靈性團體打轉。直到十年後，她有強烈的挫折感和不滿足，才有動機開始改變生活，打破自身的限制。

分隔的牆是出於恐懼和習性、應該或不應該的觀念、什麼屬靈和什麼不屬靈的看法。由於我們無法忍受生活的某些特殊部分，於是築牆隔開它們。我們通常不會築牆隔開世上普遍而巨大的痛苦、不公義、戰爭、盲從的行為，卻會築牆隔開自己最直接、最私密的痛苦，因為它最深刻地觸動我們、傷害我們，而這就是我們必須檢視、了解的部分。只有在我們能覺察這些心牆時，才能發展出向生活全面敞開自己的靈性修行。

相似的近敵

佛教傳統有一種獨特的教導，能幫助我們了解內心的切割和分裂是如何在靈性生活中重複出現，就是所謂「近敵」。近敵是在心中出現的性質，偽裝成逼眞的靈性體悟，事實上只是贗品，使人與眞實的感受分開，而不是連結。

近敵的例子如下。佛陀描述四種神聖狀態：慈愛、悲憫、喜悅、平等心（譯注：即慈、悲、喜、捨）。這些狀態是心的覺醒和開啓的標誌，但各個狀態都有模擬眞實狀態的近敵，但是出於分裂和恐懼，並不是眞誠的連結。

慈愛的近敵是執著。我們都知道愛的關係很容易在不知不覺中產生執著。眞正的愛是一種開放的表達：「我愛本來的你，不帶有任何期待或要求。」執著則帶有分裂感：「因爲你和我分開，所以我需要你。」一開始，執著可能很像愛，但漸漸會顯明並不是愛，其特徵是黏人、控制和恐懼。

悲憫的近敵是憐憫，也會使我們分裂。憐憫是可憐「那些窮人」，好像自己與眾不同，但眞正的悲憫是我們的心對他人的痛苦產生共鳴，「我也和你共有人生的哀愁。」

感同身受的喜悅（對別人的快樂感到喜悅）的近敵是比較，想知道自己比別人多、少或相同，並未與別人一起歡欣，卻有隱微的聲音自問：「我的是不是和他的一樣好？」、「什麼時候才輪到我？」這種比較也會製造分裂。

平等心的近敵是冷漠。眞正的平等心是在經驗當中的平衡，冷漠則是因爲害怕而退縮、不關心，這是逃離生活的表現。所以，在平等心的情形下，心是向所有事物開放的，包括喜悅和悲傷之時。冷漠的聲音則是退開來說：「誰在乎呢！我才不讓它影響我。」

這些近敵都會僞裝成屬靈的樣子，可是當我們將冷漠稱爲屬靈，或是以憐憫回應痛苦時，就只是表現自己的分裂，以「靈性」來防衛。美國文化會強化這種情形，因爲文化常教導我們否認自己的感受而表現出堅強、獨立的樣子，以完美典型和心智力量爲自己製造安全感。如果不認識、不了解這些近敵，它們就會成爲靈性修行的致命傷。它們所做的區隔無法讓我們長時間避開生活的痛苦和意外，卻必然會阻礙眞實關係中的喜悅和開放的連結。

分裂的實例

就像近敵一樣，區隔的力量會使身體和心靈分裂、精神和情緒分裂、靈性生活和關係分裂。若不檢視這些分裂，靈性生活就會停滯，覺察力也無法繼續成長。

關於這種情形，我以一位決心修行的年輕男子爲例。他花了數年在許多日本禪寺和一間斯里蘭卡的佛寺修行。他來自破碎家庭，幼時父親過世，繼父有酗酒的習慣，姊姊對毒品上癮。他透過非常堅決的意志和強大的動機，學習讓心平靜，達到深入的專注。他在日本回答許多公案時，曾對空性和萬物的相互連結有強烈的體悟，也在斯里蘭卡的佛寺學會在禪修中讓身體消融於光中。姊姊過世時，他趕回去面對殘破的家庭，幫每個人度過這段艱難時期，但過不了多久，他就病倒了，爲此感到害怕。

爲了了解自己的狀況，他找了一位諮商師，諮商師請他述說一生的故事。在他陳述的過程中，諮商師會間歇打斷他，詢問他的感受，他都以精確的禪修語言描述身體的感覺，如「我的呼吸暫停了一會兒，雙手變冷」或「我的胃部緊縮」。他在第二次會談被問到有何感受時，描述「喉嚨跳了一下」和「全身通紅發熱」。經過數次類似的會談，最後再問到「你有什麼感受」時，他流淚滿面，一股以前不知道的巨大哀傷和情緒大量湧現。他過去能覺察身體和心靈，卻在禪修中以這種覺察能力築起一道牆，不讓自己感受到一生經歷的痛苦情緒。此後，他了解自己的修行方式必須包含感受的部分，結果許多過去的創傷都得到療癒，他的生活展現出以前不曾有過的喜悅。

一位天主教修女向我描述靈性生活分裂的團體實例。她在修道院生活了二十四年，前十四年保持嚴格的靜默修行，表面上，整個團體有良好的運作，但在梵蒂岡第二次大公會議後，各個修會逐漸開放，於是這位修女所屬的修會改變做法，開始交談。她說，開始說話的頭一年，對整個團體來說簡直就是一場災難。不滿、瑣碎的怨恨、妒忌，以及累積數十年未解決的所有問題，都在這群缺少談話技巧的人之間不自覺地散播開來。她們花了痛苦而長久的時間，學習在修行中包含說話的部分，這段過程幾乎摧毀整個團體。許多修女在這個過程中覺得過去浪費了一段生命，沒有處理彼此的眞實關係，因而離開團體。所幸留下來的修女對眞理和姊妹般的愛抱持全新的獻身精神，而得以改造整個團體。她們引進一些智慧的良師，幫助大家學習如何把衝突和談話帶入禱告生活，團體終於恢復了完整與恩典。

區隔與陰影

製造區隔是爲了避開我們害怕的事，日後卻會爲此付出代價。神聖而充滿靈性的階段之後，會出現相反的極端：暴飲暴食、耽溺性欲等，這是靈性的暴食症。即使是社會也會以這種方式表現，「屬靈」的地方有許多人覺察、覺知和清醒，其他地方剛好相反，充滿酗酒、雜交和其他潛意識行爲。

區隔會製造相反的陰影，陰影是黑暗地帶，對我們隱而不顯，因爲我們全神貫注在其他地方。虔誠信徒的陰影會包藏激情和俗世的渴望，無神論者的陰影可能是暗藏對上帝的渴望。每個人都有陰影，它在某種程度上都是外在忽略和排斥的力量和感受。我們愈強烈地相信某件事、排斥其相反面，就有愈多能量進入陰影。正如俗話所說：「正面愈大，背面的陰影就愈大。」當我們試圖以靈性保護自己免於生活的難題和衝突，陰影就會滋生。

靈性修行不會使我們脫離痛苦和困惑，只會讓我們了解逃避痛苦無濟於事。只有認眞看待我們的眞實處境，修行才有助於我們走過其中。藏傳佛教老師耶喜（Yeshe）喇嘛有段痛苦的人生可以說明這點，他是極受尊重的禪修大師，是充滿慈悲心、已證悟的老師。有一天，他心臟病發作而住院治療，一段時間後，他寫信給一位情同手足的喇嘛，上面寫道：

我以前不知道住在加護病房的經驗和痛苦，由於效力強大的藥物、永無止境的注射、協助呼吸的氧氣管，我的心靈被疼痛和昏沉壓倒。我了解在死亡階段很難保持覺知而不變得昏沉。我生病後第四十一天，身體狀況惡劣到極點，我變成墓地的領主，心靈像反對神的異教徒，話語像狂吠的老瘋狗，背誦禱詞和禪修的能力衰退。多日來，我思考該怎麼做，以極大的努力覺察而做到穩定的禪修，結果獲益良多。我逐漸培養出心中極大的喜悅和快樂，心靈的力量漸增，我的問題也逐漸減輕而消失。

即使是偉大的老師也無法避免身體的問題，無法避免生病、老邁和死亡。同樣地，我們也不能不顧感受和混亂複雜的人際關係。即使是佛陀也要面臨難易不同的各種關係，最困難的關係包括想殺害他的敵人、製造麻煩的學生，以及返家拜訪時面臨雙親的問題。記住這一點，然後要如何修行呢？

真正的靈性

我們必須看見，靈性是遠離區隔和分裂、擁抱人生所有面向的持續活動。我們特別要學習的藝術是覺察生活中被封閉的部分，如此做時，就面對了個人過去的模式，過去為了保護自己而有的習性。所謂解脫並不是超越這些模式，這只會製造新的區隔，而是走入其中，經歷它們，把它們帶入心中。我們必須願意走入黑暗，感受過去築牆所隔開的黑洞和匱乏、軟弱、憤怒或不安全感。我們必須非常注意自己談論陰影時述說的故事，看看背後的眞相是什麼。當我們願意進入內心的恐懼、匱乏和不安全感時，就會發現這些部分的牆是由謊言、老舊的自我形象、過時的恐懼、關於什麼是純潔、什麼是不純潔的錯誤觀念所組成的。我們將看見這些牆是出於對自我、對自己的心、對世界缺乏信賴而形成的。看穿這些，我們的世界就得以擴展。當覺察的光照亮這些故事和觀念，以及其下的痛苦、恐懼或空虛時，更深層的眞理就會自行展現。透過接納和感受這些部分，就能發現眞正的完整、幸福和力量。

不論生活中因為恐懼和保護自己而築牆的力量有多強，我們都會發現另一種無法阻擋的強大力量，足以打破這些心牆，這是內心深處對完整的渴望而發出的力量。我們內在有某個部分知道完整而沒有分裂的感覺、與萬物連結的感受。在困難和修行中，這份力量會在內心滋生，推動我們擴展靈性，從沉默的禱告者變成幫助遊民的人。當過於活躍的服務使我們失去方向，這股力量也會帶領我們回到靜默。面臨痛苦時，這股力量會幫助我們度過。

面對生活中的不確定、痛苦和危險時，眞正的靈性不會採取防衛的方式，不會為了逃避未知而做好「預防注射」（這是坎伯〔Joseph Campbell〕形容一般宗教做法的用語），而是向整個神祕的生命歷程敞開自己。耶喜喇嘛的靈性訓練和智慧無法使他的身體和心智在醫院裡保持完整，但他的心卻能將經驗的每一部分都當成修行。

如果堅持完美的理想，就會使生活分裂，也使自己和生活分裂。中國的禪宗三祖教導說：「當我們對不完美不會感到焦慮時，就會產生眞正的開悟和完整。」身體並不完美，心靈也不完美，我們的感受與關係當然也不完美。所謂不會對不完美感到焦慮，就是了解庫伯勒羅斯說的：「我不夠好，你也不夠好，但這沒什麼不好。」這種了解能帶來完整與眞正的喜悅，這種能力可以使我們進入生活的每一個區塊，感受每一份感覺，安居在身體中，並認識眞正的自由。

我們不需要特殊的知識就能結束分裂的情形，我們需要的是更少「知道」生活應該如何，而向生命的奧祕更爲敞開。

我們渴望的淨化並不在於使世界完美，眞正的淨化在於能接觸所有事物、包容所有事物的心，以心的慈悲含融一切。愛的偉大不在於我們知道什麼，不在於我們達到什麼，也不在於我們有什麼改變，而在於生活中愛人與自由的能力。

基於這種精神，鈴木禪師罹患癌症而瀕臨死亡時，召集所有學生，對他們說：

在面臨死亡的這一刻，如果我在死亡時覺得痛苦，沒有關係，這就是受苦的佛陀。不要疑惑，也許每個人都會因為身體或精神的極度痛苦而掙扎，沒有關係，這不是問題。我們應該為有限的身體而感恩……就像我的身體、你的身體。如果你擁有無限的生命，就真的有問題了。

雖然物質的身體是有限的，但我們的眞實本性使我們向無限敞開，超越生與死，達到與萬物不可分的完整。莊子頌揚這種超越時間的認識，談到古時的眞人「睡時無夢，醒來無憂，輕鬆自在，快樂逍遙」，因爲道涵蓋了一切。

讓你的心保持平和
觀看眾生的混亂，
深思他們的回歸。
如果你不了解本源，
就會在困惑和悲傷中失足
當你了解自己來自何處，
自然會變得寬容、
無私、愉快，
仁慈有如祖母，
尊貴有如國王。
沉浸在道的奇蹟之中，
你能處理人生帶來的每件事，
也為死亡做好準備。

冥想：區隔與完整

舒適而警覺地坐著，閉上雙眼，感覺呼吸的自然韻律，讓自己安靜地活在當下。感覺呼吸的輕柔動作，讓全身都能感覺到呼吸的動作。當你覺得平靜而敞開時，開始回想生活中屬靈而神聖的部分。在你的生活中，神聖的感覺最清楚顯現出來時，是在什麼情形、什麼地方？什麼活動（如禪修、禱告、在大自然散步、聽音樂）最常出現生動的神聖感？哪些地方最容易讓你覺得神聖？什麼人、什麼情境最常在你心中喚醒這種感覺？如果你活在這種氛圍之中，會是什麼感覺？

現在回想相反的經驗，生活的哪些部分被你視爲不夠神聖？什麼地方讓你覺得分裂，靈魂和心尚未覺醒？生活中缺少覺察和慈悲的部分，就是神聖性被你遺忘的部分。可能是身體的任何部位、身爲男性或女性的生活、感受和心智的任何部分，也可能是與工作、生意、金錢、政治或社區有關的活動；也許是家庭生活的某個部分，或是與特定人物、家人、同事或朋友有關的部分；也有可能是特定的活動和場所，比如你的創意和藝術天賦、愛情、購物、開車、市區活動、醫院或學校，可以是任何場所或任何被你視爲與神聖無關的面向。

你要一個一個地看見每一個被你從靈性生活排除的區塊，當你感受到每個部分時，輕輕將它擁入心中，仔細思考「把它放入修行會有什麼意義」。請想像神聖的感覺會如何滋長，並以全然的專注和慈悲將它涵蓋到修行之中，肯定這些人物、場所或活動。一個一個地描繪這些區塊，並感覺內心對它們產生尊重與完整感，感覺每個區塊會教導你什麼功課、會如何帶來深刻的專注和慈悲的開啓，直到你不再排斥任何部分。一個一個地感受你的靈魂與關愛會重新住進生命的每個範疇。接下來讓自己安靜，在這一刻感受你的呼吸與完整。讓這種尊重的專注與慈悲在每一刻與你同住，你就會在生活的每個部分感受到神聖。

第14章 我是誰：無我或眞我？

靈性生活有兩個並行的任務，一個是發現無我，另一個是發展健康的自我感。表面上兩者互相矛盾，但兩者都必須實現，我們才能覺醒。

靈性修行必然會使我們面對身分認同的奧祕。我們生而爲人，賦予我們生命、使我們和世界成形的力量是什麼？世界上各種偉大的靈性教導都一再告訴我們，我們並不是自己以爲的樣子。波斯神祕主義者說我們是神聖源頭的火花，基督宗教神祕主義者說我們被上帝充滿，還有人說我們是與萬有合一者，又有人說世界全是幻象。有些教導解釋意識如何創造生命以表現所有可能性，有能力去愛、去認識自己；有些指出意識如何迷失在自己的各種模式中，失去方向、因無知而輪迴。印度瑜伽各派稱呼世界是神聖之舞（lila），很像但丁說的「神聖喜劇」。佛教經典描述意識本身如何創造出有如夢幻泡影的世界。現代關於瀕死經驗的許多報告提到離開身體的奇妙舒適感、金色的光和發光的生命。這些或許都能證實我們有多麼不了解自己的眞正身分。

當我們在靈性修行中探索自我和身分認同的疑問時，就會發現需要了解自我的兩種不同面向：無我和眞我。以下先談無我的部分。

無我的本質

佛陀在開悟之夜面臨身分認同的疑問時，突然發現我們並非以獨立的生命形式存在。他看見人類傾向於認同侷限的存在感，又發現關於個體小小自我的信念正是造成痛苦的根本錯覺，使我們失去生命的自由與奧祕。他將之描述爲「緣起」，這是意識建立身分認同的循環過程，包括進入形相、回應感官的接觸，再依附於某些形式、感受、欲望、影像和行動，而創造出自我感。

佛陀的教導不曾談到人是以某種固定或靜態的方式而存在，卻把我們描述成五種變化歷程的組合：物質身體、感受、知覺、反應，以及同時經驗上述所有歷程的意識之流（譯注：即色、受、想、行、識五蘊）。我們抓緊或認同這些模式時，就會產生自我感。認同的過程就是選擇各種模式，稱之爲「我」、「我的」，這是非常隱微的過程，我們通常無法察覺。我們會認同身體、感受或思緒；會認同影像、模式、角色和原型。於是在文化中，我們可能會固定下來，認同身爲女性或男性、父母或子女的角色。我們可能認爲自己的家族史、基因、遺傳就代表我們是什麼人。我們有時會認同自己的欲望：性欲、美感或靈性的欲望，同樣地，我們也可能以智力或占星學的宮位做爲身分認同。我們會選擇英雄、情人、母親、無用之人、冒險家、小丑或小偷的原型做爲身分認同，以此爲某年或一輩子的生活基礎。只要我們對錯誤的身分認同緊抓不放，就會繼續保護和防衛自我，努力實現這個有限又不足的自我，害怕喪失自我。

可是，這些都不是我們的眞實身分。我曾跟隨一位大師，他常嘲笑我們多麼輕易就緊抓著新的身分認同不放，至於他自己，他會說：「我不會這樣，我不是這副身體，我不曾出生，也永不會死亡。我什麼也不是，又是一切。你的身分認同製造出你的所有問題，如果找到超越之道，就有永恆不朽的愉悅。」

由於身分認同和無我的問題很容易造成困惑和誤解，所以需要更仔細地探討。基督宗教的經典談到在上帝裡喪失自我，道家和印度教談到超越所有身分認同、融入眞我，佛教則談到空性和無我，它們的意思是什麼呢？空性並不表示事物不存在，「無我」也不意味著我們不存在。空性是指生命和產生所有生命形式的肥沃能量土壤，並不是分裂的。我們的世界和自我感都是各種模式的演劇，任何能被我們抓取的身分都是一時的、短暫的。這個觀念很難從「無我」或「自我的空性」之類的名相來了解，事實上，我的老師阿姜查曾說：「如果試圖在理智上了解它，腦袋可能會爆炸。」可是，修行中的無我經驗卻能爲我們帶來極大的自由。

第十章談到自我的消融，我們看見深入的禪修會如何拆解身分認同感。事實上，有許多不同的方法可以了解自我的空性。當我們沉靜而專注時，可以直接感覺到我們無法眞正擁有世上的任何東西。我們顯然無法擁有外在的事物，雖然和自己的汽車、房子、家庭、工作有某種關係，但不論是什麼樣的關係，所謂「我們的」都只能持續很短的時間。人、事、物終究會消逝或改變，我們終究會失去它們，沒有例外。

我們若注意經驗的任一片刻，就會發現自己也無法掌握它。若仔細觀看，就會發現思緒不請自來，我們也無法掌握它們，即使想要它們停下來也不行，思緒好像是自己在思想，根據其本性來來去去。

我們的感受也是如此。有多少人相信自己可以控制感受？注意觀看，會發現他們比較像天氣：心情和感受會根據某些情況而改變，並非由我們的意識或欲望來掌握或指導。我們能命令快樂、哀傷、惱怒、興奮或不安出現嗎？感受是自己產生的，就像呼吸是自己呼吸、聲音是自己發聲一樣。

身體也是根據自己的法則。我們的身體是一袋不受支配的骨頭和液體，它會老化、生病或以我們不想要的方式改變，這都是根據它自己的本性。事實上，我們愈仔細觀看，就會愈深入看見，不論身內身外，我們都無法掌握任何東西。

當我們注意到每一件事如何從空無一物中生起、從虛空中出現，又返回虛空、回到空無一物時，就面臨自我空性的另一面向。我們過去一天所說的話都消逝了，同樣地，過去一週、一個月或整個童年都到哪去了呢？它們出現之後，舞動了一會兒，現在都已消逝了。二十世紀，更早的十九、十八世紀，古希臘羅馬、埃及的法老王等等，都消逝了。所有在當下生起的經驗，在完成自己的舞動後，都會消逝。經驗只會短暫存在，以某種形式存在短短的時間，然後形式就結束了，由新的形式取代，每一瞬間都如是變化。

莎士比亞在《暴風雨》（*The Tempest*）中如此描述：

先生，開心點：
歡宴結束了：
我們這些演員，
正如我預先告訴你的，都是精靈
已在空中消散，成為薄霧：
這個景象如同沒有基礎的建築物
聳入雲霄的高塔，華麗燦爛的宮殿，
莊嚴神聖的寺廟，偉大的地球本身，
沒錯，其內所有一切，都將消散，
就像這個幻想的慶典消逝一樣，

連一點廢墟也不會留下：
我們的本質，
就像夢的本質，我們短促的一生
不過是一場睡眠。

我們已描述過，在禪修中，精確而深入的專注會顯示空性無處不在，不論是感覺或思緒、不論是身心的任何部分，只要仔細專注於其上，就會體驗到更多空間、更少的堅實性。經驗就像現代物理學描述的粒子波動，會一直變動，並不是堅實的型態。即使是以相同方式觀察變化的主體感覺，也是如此，主體的觀點在每一瞬間都會改變，就好像自我感在童年、青少年到老年都是不同的。不論我們把焦點放在何處，只要仔細觀察，就會發現堅實的表相會在專注之下消逝。

尼撒哥達塔說：

真實世界超越我們的思想和觀念；我們透過欲望之網來觀看它，將之分成快樂和痛苦、對與錯、內和外。要看見宇宙的本然樣貌，就必須跨出去，超越欲望之網。這並不困難，因為網上充滿了孔洞。

當我們敞開自己，倒空自己，就會體驗到萬物間的相互連結，了解一切是相互關聯的，每個經驗和事件都包含所有其他的經驗與事件。老師需要學生，飛機需要天空。

當鈴聲響起，聲響是來自鈴、空氣、耳中的聲音，還是我們的大腦呢？全部都是，正如道家所說：

「聲響來自兩者之間。」鈴聲從這裡傳到每一處：在我們遇見的每一個人眼中，在每一棵樹、每一隻昆蟲、在我們的每一口呼吸之中。

一行禪師以一張紙爲例：

如果你是詩人，就會清楚看見雲飄浮在這張紙上；沒有雲就沒有水；沒有水，樹就無法生長；沒有樹，就無法造紙。所以雲在這裡，這張紙的存在有賴於雲的存在，紙和雲是如此貼近。容我們想一想其他事，比如陽光。陽光非常重要，因為沒有陽光，森林就無法生長，人也無法成長，所以樵夫需要陽光才能砍樹，樹需要陽光才能成為樹。於是，你也能在這張紙上看見陽光。如果你更深入去看，用菩薩的眼光、用覺醒之人的眼光來看，就不只看見雲和陽光，而是看見每一件事物：麥子成為麵包給樵夫吃，還有樵夫的父親……每一件事都在這張紙上……

這張紙沒有獨立的自我，從這個角度來看，空性意味著紙裡面充滿每一件事、整個宇宙。這張薄紙的存在就證明了整個宇宙的存在。

當我們眞的感覺到這種相互連結及產生萬有的空性，就會發現自由和無邊的喜悅。發現空性會帶來輕鬆的心、彈性，以及安住於萬物之中的自在。我們愈牢固地抓緊自己的身分認同，問題就會愈堅實。我曾請一位常常保持愉快的斯里蘭卡老禪師教我佛學的精華，他只大笑著說了三次：「無我，就沒有問題。」

關於無我的誤解

關於無我和空性的錯誤觀念到處充斥，這些混淆的觀念會破壞眞正的靈性發展。有些人相信他們能透過努力，去除以自己爲中心的自我，而達到無我；有人誤以爲空性的概念就是冷漠、無價值或無意義的內在感受，其實這些感受來自痛苦的過去，被他們帶入靈性修行之中。前文談過，有些學生會以空性爲藉口，用來逃避生活，指稱生活全是幻象，從生活問題中製造出「靈性逃避」。這些關於空性的誤解都忽略了空性的眞正意義及其帶來的自由解脫。

試圖擺脫自我、得到淨化，徹底根除或超越所有欲望、怒氣和自我中心，克服「壞的」自我，這些都是陳腐的宗教觀念。這種觀點強調禁欲苦修，比如穿上剛毛襯衣、過度禁食、絕欲苦行，許多古老傳承都有這些做法。這些方法有時是爲了引發超常意識，但更常見的情形卻只是造成反效果。更糟的是，這些做法意味著我們的身體、心靈和「自我」都是有罪的、骯髒的、欺騙的，「我（好的部分）必須運用這些技巧擺脫自我（低下、壞的部分）。」這種方法絕對沒有用，因爲根本沒有需要擺脫的自我！我們是一連串變化的歷程，並不是固定不變的生命，根本沒有自我，只有我們的身分認同讓我們認爲有自我。雖然淨化、仁慈、專注確實能改善我們的習性，但自我否認或自我折磨都無法擺脫自我，因爲自我一直都不存在。

當空性被誤以爲是匱乏和情感貧乏（許多學生把這種情形帶入靈性修行），就會以其他方式使原有的問題持續下去。如前所述，靈性修行會吸引許多受過心理創傷的人，他們想藉此得到療癒，這類人愈來愈多。當代文化非常缺乏靈性，愈來愈多孩子在缺乏滋養和支持的家庭中長大。離婚、酗酒、不良的環境、令人痛苦的教養方式、鑰匙兒童、由托兒所和電視來照顧兒童，都會使人缺乏內在的安全感和幸福感。這些兒童長大後，雖然有成人的身體，內心卻仍像匱乏的小孩。美國社會有許多這種「成人小孩」，當代文化常有疏離和否認感受的情形，又會加深他們的痛苦。

許多學生帶著這種問題來參加靈性修行，他們的心靈有許多破洞，有些心理學家稱之爲「軟弱的自我感」或「匱乏的自我」。這種自我的匱乏感已在我們的習性和緊繃的身體存在多年，也見於自以爲的人生故事和心象之中。如果我們有自我的匱乏感，如果一直否定自我，就很容易誤以爲內在的匱乏是無我，誤以爲這是通往開悟的道路。

女性更容易誤以爲無我是內在的匱乏。在男性爲主的文化中，女性很容易認爲自己不重要、在男性世界無足輕重、女性的命運和工作毫無價值。這種強烈的制約產生的身分認同會充滿沮喪、害怕，常常覺得自己不夠好。

有位女士在禪修中有這種感受，所以認爲自己非常了解空性。她曾向一位年輕男老師學習五年，但這位老師也誤解空性。她來見我時，談到自己多麼深刻地了解無我和人生無常的教義，每當經行或禪坐時，她會非常清楚地體驗到無我。在我看來，她只是個蓬頭垢面又沮喪的人，所以我深入詢問，請她詳述自己如何體驗空性，然後請她在我面前經行，並明確說出自己有何發現。她經行時，我指出她的步伐沉重、身體緊繃，她也很快就發現了。在探討自己的經驗後，她才了解那根本不是空性，而是麻木不仁和了無生氣。經過一番深談，才知道她的身體和感受已關閉多年，她的自我價值感低落，覺得自己沒有能力做出有價值的事。她誤以爲這種內在感受就是深奧的教義：無常。釐清這種混淆之後，她開始面對現實生活。

類似的混淆還包括誤以爲「空性」是「無意義」，這種誤解會強化潛在的憂鬱及對世界的恐懼，以爲自己無力尋求美的境界，或因而缺乏積極投入生活的動機。

眞正的空性和憂鬱的空虛是不同的，可以用兩種不同的問候語來比擬：覺醒的人會說：「早安，上帝。」（Good morning, God）沮喪或困惑的人卻會說：「天啊，又是早晨。」（Good God, morning）混淆兩者會造成一種被動的情形：「一切都是幻象，只是靈性大夢的展現，我什麼也不需要做，我們什麼都不用做了。」這種被動狀態會造成疏離，這是平等心的近敵（見第十三章）。了解事物奧祕空性的人絕不會因此變得被動，眞正空性的標誌是喜悅，它在每一瞬間從空無向我們示現，使人欣喜地肯定人生的奧祕。

還有一種對空性的誤解，就是我們會想像在空性的體驗中，就不會受世界影響或超越了世界。一位有這種想法的日本武士來到禪師面前自誇：「全世界都是空的，一切皆空。」禪師回答：「哈，你懂什麼空性？你只是又髒又老的武士。」然後對他吐了一口痰，武士立刻舉起劍，他受到了羞辱，而羞辱武士的代價就是你的性命。禪師鎭定地看著他說：「空性一下子就大發脾氣了，不是嗎？」武士聽懂了禪師的意思，於是收劍入鞘。

從無我到眞我

自我感的消融或體驗到人生的無我本質，只是靈性生活的一面。正如我在本章一開始所說的，靈性生活有兩個並行的任務，一個是發現無我，另一個是發展健康的自我感，探索眞我的意義。表面上這兩者相互矛盾，但兩者都必須實現，我們才能覺醒。

一天傍晚，阿姜查談到這個矛盾。就一個佛學大師而言，他的說法非常驚人。他說：「所有關於『無我』的教導都不是眞的」，接著又說：「當然，所有關於『自我』的教導也都不是眞的。」然後大笑。他接著解釋，「自我」和「無我」這兩組名相都只是概念或觀念，我們試圖以之粗略地說明一個奧祕的歷程，而這個歷程既不是「無我」也不是「自我」。

哈佛大學的佛學老師及心理學家恩格勒嘗試說明如何了解這個矛盾，他說：「你必須先成為重要的某人，然後才能成為無我之人。」他的意思是要有強壯、健康的自我感，才能承受禪修的消融過程，進而深入認識空性。這句話說得沒錯，但千萬不要以直線的方式了解它：自我的發展和無我的認識可能以任何順序出現。就像靈性生活的所有面向一樣，自我和空性會在修行中以螺旋的方式一起發展，在嶄新而愈來愈深入的認識中，兩者的發展會交替出現。

有位禪學大師深知這個歷程的兩面，他在每年訪問美國的行程中，發現一位資深學生卡在修行中無我的「空性」部分。這個學生能在連續數小時的禪坐中保持清明、空無的靜默，並能輕易解決許多禪宗公案，但在生活中卻被動而沉默，忽視家庭生活。他的居家生活過於安靜嚴肅，子女受到忽視、禁止喧嘩，婚姻瀕臨破碎。他的妻子向禪學大師抱怨，這位學生卻說：「靈性修行的結果不就是這樣嗎？」禪學大師知道問題出在哪裡。

他請這位學生和妻子一起來參加密集禪修。當其他學生在沉思傳統的禪宗問題，比如「一隻手會拍出什麼聲音？」時，他給這對夫妻不同的公案：「佛陀做愛時是什麼樣子？」當其他學生在禪坐和經行時，他卻要他們一再思考這個問題，並早晚各向他報告一次答案。

密集禪修的時間愈久，就愈來愈專注、靜默。在這種禪修體驗中，大部分學生會變得安靜、清明而放空，只有禪堂最後面的這對夫婦例外。雖然他們禪坐的時間較少，但一天接一天，這對夫妻逐漸發出愈來愈強烈美好的能量。老師每天也會向他們談到完整性，鼓勵他們像行動中的佛陀一樣找出真正的滿足。

密集禪修挽救了他們的婚姻，修復了他們的家庭生活，並教導學生同時了解自我的完滿與空性。

自我發展的過程

修行如何能幫助我們發展健康又完滿的自我感呢？我們如何能達到眞我？這個歷程可以從幾個不同的角度來了解。正如西方心理學的描述，最初的自我感或正向的自我力量來自早年的發展，天生的氣質或業力的傾向會受到童年環境的反饋和鏡像的塑造，產生自己是誰的感覺。若我們與父母有良好的連結，受到他們的尊重，就會發展出健康的自我感；反之則形成匱乏而負面的自我感。接下來，這種初期的自我感會被老師、學校、社會狀態和之後的家庭生活所強化。透過這種重複制約，在最早期的童年模式之上再一層層累積，以及用健康或不健康的方式不斷重建，就產生我們熟悉的自我感。如果是不健康的自我感，自我的靈性功課在一開始就是恢復和療癒的功課，也就是了解並釋放匱乏或受傷的自我感，重新喚起失落的能量，與自己有眞實的連結。自我恢復到某個程度時，接下來就是進一步發展性格、智慧、內在力量、技能與慈悲。佛陀的教導中，把這種發展形容成「善巧特質」的培養，比如慷慨、耐心、覺察和仁慈。

接下來，自我的發展就會導向更根本的層次：發現眞我，也就是發現靈性生命如此努力培養的各種正向特質，其實早已存在我們的眞實本性之中。從這種眞實本性的角度來看，我們也會發現並肯定個人的天命，我們的自我在此生有其獨特的模式，藉此得以覺醒。只有結合自我的發展與發現及對自我空性的認識，我們才能完全了解眞我。

佛陀的修行中，有一段特殊的經驗，可以用來說明這項矛盾。佛陀在追尋解脫時，一開始跟隨當時兩位偉大瑜伽士的方法，卻發現他們的方法有其侷限，於是佛陀進入長達五年的自我否認與禁欲修行，嘗試以其人格力量消除或克服所有缺點。先前談到佛陀的獅子吼曾提到這一段。在那五年的苦行禁欲中，他試圖降服身體、心靈、欲望和恐懼，由此找到解脫之道。佛陀在這條路上走到最後，卻無法成功，於是坐下來省思，忽然有了奇妙的體悟，顯示出開悟之路。他想起小時候坐在父親花園的蒲桃樹下，在天眞的狀態中自然出現一種完整而滿足的感覺，在兒時就已體驗到他所追求的平靜、清明、身心自然合一。佛陀憶起這種深邃的完整感之後，徹底改變修行方式，開始滋養、看重身體和心靈。他想起自己能安住宇宙之中，而不是與之爭戰，於是了解覺醒絕不是力量的產物，而是由安住的心、敞開的心靈產生的。

在那重要的一刻，佛陀運用健康的童年回歸自然的智慧，也有人說他還運用了累世修行發展出的耐心、勇氣和慈悲。大多數修行的人並沒有佛陀的健康童年或強健的自我感可資運用，而是帶著軟弱或不穩固的自我感；即使能暫時超越匱乏的自我、達到開放無我的狀態，仍然無法將之整合，也無力在生活中實現這些體悟。

所以對許多學生而言，自我發展的第一階段是復原。先前談過禪修是一種療癒的過程，復原時，我們全心全意地了解使自我感軟弱、匱乏、阻塞的痛苦處境，開始看見自己的防衛和別人的期望是如何遮蔽我們最深經驗的眞實基礎。我們逐漸能不再認同這些老舊模式，而產生比較健康的自我感。當害怕而匱乏的自我被放下，我們必須像小孩一樣重新開始，認識並恢復曾受虐待或與自我分裂的身心。我們要恢復自身的感受，恢復自己的獨特觀點，說出內心的眞話。在這個過程中，通常需要經驗豐富的人當嚮導，以他們爲榜樣來學習愛、誠實和接納，以創造健康的自我。

找回迷失的自我是西方靈性旅程的重要部分，在心理學和女性主義的文獻中有許多記載。莎頓（May Sarton）在詩作〈我現在成爲自己〉（Now I Become Myself）中如是表達：

我現在成為自己。這需要
時間、許多年和許多地方，
我曾分解、搖晃，
戴上別人的臉，
瘋狂奔跑，好像時間
已然老去，大聲警告，
「快一點，在那之前妳將死去——」
（什麼？在早晨之前？
或看清楚這首詩的結局時？
或在圍城中安全地愛？）
現在站著不動，在這裡，
感覺自己的重量與密度！……
現在有充足的時間，而時間很年輕。
喔，在我活著的這個小時
整個人完全不動
被追逐的我，曾瘋狂奔跑的我，
站著不動，站著不動，命令太陽停止！

也許要耗費多年的深入處理，才能停止奔跑，說出未發出的聲音、內心的眞話。但這是達到完整與眞我的必要過程。

自我發展的下一個部分是性格的發展。佛陀常把靈性修行描述成培養心和性格的各種良好品質，包括自制（限制自己不發出會造成傷害的衝動）、仁慈、堅忍、警覺與悲憫。他勸勉弟子要培養開悟的要素，藉著不斷努力，強化靈性的能力：能量、穩定、智慧、信心與覺察。佛陀身爲開悟的榜樣，可說是高貴的戰士或熟練的巧匠，透過勤奮的訓練發展出整合和智慧的性格。我們也能選擇發展自己，以耐心處理心靈和心智中的模式，逐漸塑造出意識的方向。

重複的練習是大多數靈性和禪修道路的基本原則。先前談過如何練習專注而逐漸訓練小狗，而我們也可以常常重複誦念禱詞，藉此強化信心。持續禪修使我們學會如何善巧地放下可怕或狹隘的身分認同、如何平息我們的心、如何傾聽而不是反應。我們可以有系統地把注意力放在慈悲的反省、淨化每個行動的動機，就能逐漸改變自己。佛陀說：「就像師傅把箭造得又直又正，有智慧的人也使自己的性格又直又正。」不論用哪一種方法修行都是如此，所以我們必須信賴自己，佛陀說：「自我才是眞正的避難所。」了解這點，我們就能做出選擇，願意強化自己的勇氣、慈愛和悲憫，透過反省、禪修、專注和重複的訓練，在內心喚起這些特質。我們也能選擇棄絕驕傲、怨恨、懼怕和緊縮，以彈性和開放做爲健康發展的基石。

本自俱足的真我

當自我的發展逐漸成長、心愈來愈少糾結，就開始發現與自我有關的深層眞理：我們不需要改善自己，只要放下讓心受到阻礙的障礙物。心不再因恐懼、憤怒、執著、困惑而緊縮時，我們試圖培養的靈性特質就會自然展現。這些性質是我們的眞實本質，每當我們放下僵化的認同結構，這些特質就會自然在意識中閃現。

一旦喚醒靈性的能力，如信心和覺察，它們就會自行發展，成爲充滿我們的靈性力量，不假外求地在我們內心運行。意識純粹而清明的空間自然會充滿安詳、清晰與連結。充滿害怕的自我感被釋放時，偉大的靈性特質就會閃耀光芒，這些特質顯示出人根本的善與眞正的家。

一位總是板著臉的老工程師，多年來的呼吸都很緊繃，他帶著緊繃的身體來參加內觀。禪修時，他體驗到緊繃與恐懼愈來愈強烈，而得以看見童年的影像與被拋棄的痛苦感覺，其實他多年來一直帶著這種感覺而不自知。他能感覺自己如何用緊繃的身體勇敢面對生活之苦，而這種防衛的背後其實是可怕的無力感和脆弱感。經過數天允許自己感受軟弱和無能後，他的整個生命得以敞開，進入廣大而平靜的空間。

起初他有點害怕這種不熟悉的感覺，但深入體驗後，就覺得愈來愈容易，在其中發現極大的平靜與安詳。當他安住在這個空間裡，就能在其中發現與生俱來的完整性，這是它的巨大力量。他確切知道這種幸福與力量是他的眞正本質，也是他多年來追尋的目標。一旦接觸到它，它就會透過覺察和放下的過程在他內心成長。由此，他的生活特質從試圖補償軟弱和不足的掙扎，轉變成享受與安住於歸屬感和完整感。

波斯詩人魯米用愛與幽默提醒我們擁有這種可能性，他說：

突然遇到危險時，大部分人會大叫：「喔，上帝啊！」
如果沒有用，他們為什麼一直這麼說呢？
只有愚人才會一直重複無用的話。

全世界都住在安全的護衛裡，波浪裡的
魚、天空中的鳥、大象、
野狼、獵食的獅子、龍、螞蟻、
等待的蛇，甚至大地、空氣、
水、火裡搖曳的每一粒火星、
所有活著的、存在的，都在神聖的支持中。沒有一物
曾有一刻是孤獨的。

所有禮物都來自那裡，不論你
以為張開手迎向的是誰，
他就是那給予者。

在我們的掙扎之下、在發展自我的任何渴望之外，都能發現我們的佛性，這是本自俱足的無畏、連結、完整和歸屬。這些基本性質是我們的眞實本質，就像地下水一樣，每當我們放下侷限的自我感、無價值感、匱乏和渴望，就會自然湧現那些性質。眞我的經驗是明亮、神聖的，且有轉化的作用。眞實本質的寧靜與完美是意識偉大的神祕回映，數百種古老傳承曾優美地描述過，如禪宗和道家、美洲原住民和西方神祕主義等等。

眞我的獨特表現

要喚醒佛性，還需要了解自我的另一面：實踐個人天命的需求。這種發現是很基本的任務，對西方人而言更是如此。傳統佛教故事常談到個人可能立下重大的誓言，願意耗費許多世以成爲佛陀的首席侍者、具有無比精神力量的瑜伽士或無限慈悲的菩薩。持續許多世的意圖能讓每個人根據自己的業力產生特殊的性格和命運。大家必須認識這一點。

就如瑪莎．葛蘭姆（Martha Graham）所說的：

> 有一種活力，一種生命力，是透過你得到實現的。因為只有一個你，所以這種表現是獨特的，如果你阻止它，它就永遠無法透過任何其他媒介而存在，這個世界就失去了它。

佛性的各種普遍性質必須透過每一個人才能閃現，從每個人的個別模式中逐漸展現出來。這種獨特的模式就是我們的性格、天命、個別的實現之路。若要找出我們的天命，就要以智慧來認識個人的潛能，並了解實現潛能所需的任務，如此就會開啓個人轉世的奧祕。

我們雖然無法知道過去的業力，卻能認識自己的深層模式與原型，我們的個體性就是由此塑造出來，然後就能在修行中實踐這些獨特的模式與性格型態，並由僵化的認同轉化成透明的珍寶，使開悟的性質閃現於個人獨特的表現。批判的智力轉變爲區辨的智慧，擁有美的欲望轉變成給環境帶來和諧的力量，直覺力變成敏銳的照顧能力和療癒的恩賜。了解我們擁有的模式與恩賜，並加以實現，這是自我發展最奇妙的部分，使我們的潛能和獨特的天命得到肯定。藉此，我們可以把修行、家中和社區裡的特殊任務，以及實現自己的能力、恩賜和我們的心，結合成一個獨特的個體，如此做時，個體的本質就反映出普遍的性質。

當佛性和這些個人性質結合了自我空性的深入體悟，就徹底發現了自我的本質。這種眞我既是獨特的，也是普遍的，既是空無，也是完滿。

曾有一位中國皇帝詢問佛學大師，是否能以可見的方式描述自我的本質。這位大師製作了一個有十六面牆壁的房間，每一面牆由地板到天花板都鑲上鏡子，房間正中央點燃一支蠟燭，皇帝進入時，就看見一根燭火以千萬種形式展現，每一面鏡子都由近至遠展現無數燭火。大師接著以一塊水晶取代蠟燭，皇帝看見水晶在每個方向的反射。當大師指著水晶，皇帝看見房間裡的千萬顆水晶也反射在水晶裡面。這位大師指出最小的粒子也包含了整個宇宙。

眞正的空性不是空無一物，而是包含萬物。奧祕而豐富的「空」會創造並反映出所有可能性，由此產生個體性。個體性可以被探索、發展，但無法被擁有或固定不變。自我在無我之中，就如燭火被廣大的空性所容納。愛的巨大能力、獨特的天命、生命和空性都交織在一起，閃現、回映出生命的眞實本質。

《易經》談到一面精心打造的水井，周圍鋪滿石頭，其中總是充滿乾淨、純潔的水。這種純淨就是我們的眞實本質，可以在自我的所有影像和空性之下被發現，存在生命的偉大寂靜之中。我們發展的性質是無法命名或擁有的，一旦我們試圖使之固定不變，這些性質就被扭曲了。其實心靈的發展與釋放是同時進行的，這是有相與無相的奧祕。就像井中的水一樣，每件事都是清澈、可以飲用的，天上地下，每個地方都可見到清澈的水。

冥想：我是誰？

許多靈性傳統促使人覺醒的主要做法，就是不斷自問：「我是誰？」或是以不同的方式詢問，如「擁有這副身體的是誰？」許多老師如馬哈希和中國、日本的偉大禪師都曾使用這個方法，重複這個簡單而深奧的問題，引導學生發現自己的真實本性。這是一個我們終究必須自問的問題，若不覺察它，就會把許多事物視爲自己的身分，比如你的身體、種族、信念、思想。若能眞誠地提出這個問題，很快就會感受到更深層的眞理。

詢問「我是誰？」的方式，可以在獨自禪修時提出，也可以找同伴一起進行。最有效的方法是和另一個人一起，然後一再提出這個問題，在持續進行中得到愈來愈深入的答案。

做法如下：輕鬆舒適地坐著，面對同伴，準備好一起冥想半小時。先決定誰在前十五分鐘提出問題，然後放鬆地看著對方，提問者開始發問：「你是誰？」讓對方自然地回應，想到什麼就說什麼。提出一個答案後，稍等一會兒，提問者再問：「你是誰？」如此一再重複提出這個疑問，持續十五分鐘，然後交換角色，也進行十五分鐘。

重複提出這個問題時，可能會出現各式各樣的答案，你也許會先說：「我是男人」或「我是女人」、「我是父親」、「我是護士」、「我是老師」、「我是禪修者」，接下來的回答可能愈來愈有趣，如「我是鏡子」、「我是愛」、「我是笨蛋」、「我是活人」都有可能。答案本身不重要，它們只是逐漸深化的歷程的一部分。每次被問時，只要溫柔地傾聽答案即可。若未浮現答案，就停留在那段空檔，直到浮現出回答。如果浮現困惑、害怕、笑聲或眼淚，就留在這些感覺裡面，但無論如何都要一直回答。請你自然地融入過程，讓自己享受這種冥想方式。

雖然只有短短半小時，但你的整個觀點都可能改變，可能會更了解自己的眞實身分。

第15章 慷慨與慈悲

當自我價值感仍然低落時，就無法表明限度、設定界限或尊重自身的需求，於是看似慈悲的協助就會混雜依賴、恐懼和不安全感。成熟的愛和健康的慈悲並不是依賴的關係，而是相互交融的關係，出於對自己和他人的深度尊重。

慷慨布施的精神

印度菩提伽耶（Bodh Goya）有一間座落於佛陀開悟之處的寺院，附近有一長排乞丐想從朝聖人潮中得到施捨的金錢。多年前，我到菩提伽耶拜訪一個月，第一天就天眞地把錢給乞丐，結果每當我從市場走向寺院，就會有一群乞丐圍著我喊叫、拉扯我的衣服、甚至大聲要錢，因爲他們知道我會給錢。這件事使我整個月都很難受，我確實想幫助他們，但用錯了方法。

第二次去時，我擬定了一個計畫，決定等到離開時再把剩下的錢全部給他們。離開的那天早上，我把四十美金全部換成盧比，打算以恭敬的方式給每一個乞丐四盧比。我走到寺院前長達一百五十人的乞丐行列，在每一隻手上放錢，爲這種明智的方法感到高興。可是當我走到一半時，整列乞丐已亂成一團，遠端的乞丐擔心我的錢會用完，都擠到前面來，伸出手，憤怒地抓我的身體、衣服和金錢，碰到什麼就抓。我為了避免被他們抓到，立刻轉身跑開，把剩下的錢灑到空中。

我跑到夠遠的安全距離後，回頭看見一場痛苦的景象，完全不同於我原先的期望，所有乞丐都用四肢在地上爬行，彼此搶奪掉落地上的盧比。我知道自己還必須好好學習布施的技巧和給予的藝術。

各種宗教傳統都充滿慷慨布施的崇高精神和犧牲。耶穌要門徒散盡家財跟隨他，德蕾莎修女告訴為最貧窮的人服務的修女：「讓他們把妳消耗光。」有個故事提到佛陀的前世，他看到生病又飢餓的老虎媽媽無法為兩隻幼虎覓食，心中充滿慈悲，於是跳下懸崖，成為牠們的食物。

十六世大寶法王（His Holiness Karmapa）是藏傳佛教的領導者之一，曾到美國開示祈福，據說他是觀世音菩薩的化身。他在一場法會中向上千位參與者傳授培養慈悲心的傳統方法，要學生吸入世界的痛苦、呼出慈悲。結束時，一位資深的心理學家詢問：「一定要全部吸入嗎？如果對方有癌症怎麼辦？」大寶法王慈祥地看著他，只說：「你要全部吸入，讓世界的痛苦碰觸你的心，將之轉化成慈悲。」在場沒有人知道大寶法王剛被診斷罹患癌症，但他的教導卻非常堅定：全部接受，將之轉成慈悲。他在一年後過世。

我們要如何了解極度慷慨和慈悲的偉大教誨呢？慈悲的布施是真實靈性生活的基礎，因為這就是放下的實踐。慷慨布施的行為會打開我們的身、心、靈，使我們更接近自由。每一個布施行為就是體認到人與人的相互交融，這是佛性的表現。但對大部分人而言，慷慨布施是一種需要發展的特質，我們必須尊重這項特質會逐漸成長，否則所謂靈性就會被理想化而變成模仿，在慷慨的特質成真之前，就表現出慷慨的樣子。捐出全部財產可能是件好事，但若是無意識而重複地做，就是不健康的。不論是慷慨付出時間、財產、金錢或關愛，原則都一樣，真正的慷慨會在我們的心開放時成長，隨著內在生命的整合與健康而成長。

傳統的教導指出慷慨布施有三種層次，第一層是猶豫的給予。起初的布施會帶著躊躇不安，擔心自己以後會需要現在給出去的東西。我們想把東西儲存起來，但又體會現在是該給出去的時候。度過這種勉強的過程之後，就能體會到快樂和自由，這是給予的喜悅。

第二層是友愛的給予，這是開放、平等的分享，提供能量和物質支持，好像給予所愛的人一樣。「我有這樣東西，大家一起享用」，這是毫不猶豫的給予。大方自在的精神會促進這種慷慨布施，由此讓內心滋生喜悅、友善與開放的精神。

最成熟的層次稱爲高貴的給予，我們非常樂於別人得到幸福快樂，而有自發、直接的慷慨布施，不只是平等的分享，而是非常樂於看到別人幸福，把最好的給別人，讓別人享用。自己因爲這種慷慨布施而得到更大的快樂，好像我們成爲別人快樂的自然管道，而在內心找到國王和皇后般的豐富。

我們可以感覺這三種層次的慷慨各自會如何在生活中帶來更多喜悅和亮光，但我們展現眞正慷慨布施的能力常受限於仍未完整發展的自我，也就是上一章所談的主題。生命的健康與完整感會自然湧現大量的慷慨布施。在最好的傳統文化中，人在身體和精神層面都得到照顧和滋養時，就會產生使內在和外在更爲豐富的資源，慷慨、分享和彼此交融都是自然的生活方式。許多部落文化都絕對不會拒絕敲門的陌生人，必然會邀請對方進入、分享飲食。有一種美洲原住民儀式是把大量食物、飲料、衣服給予小孩，然後族人大喊：「我餓了、我渴了、我好冷。」再由小孩把豐富的物資分給需要的人。

慷慨的假象：相互依賴

如前所述，許多人沒有豐富感、缺少強壯的內在自我感，當匱乏和創傷的情況沒有得到療癒時，就很難了解眞誠的給予是什麼感覺。當內在的經驗仍充滿需求時，給予常常隱含得到回報的期望。在自我得到復原之前，就表現崇高慷慨行爲的企圖，往往只是在不健康的依賴之外做出一層修飾罷了。

慈悲和慷慨的典範被曲解時，反而會強化緊綳、恐懼的自我感所產生的依賴和執著。在這些情境中，慈悲和慷慨都被誤用，使我們在別人不當的支持中失去自我。匿名戒酒會和其他運用十二步驟的團體都用「相互依賴」來描述這種情形。在這種情形下，我們會以不當的方式協助別人逃避，不去面對生活中眞正的困難，最典型的例子就是酗酒者的配偶爲了「保護對方」而說謊掩蓋伴侶喝酒的事實。以這種方式「幫助」，只會讓伴侶繼續喝酒，無法從酗酒的痛苦後果中有所學習。這種「相互依賴的幫助」都是出於自己的恐懼和依賴，我們不敢面對伴侶酗酒的痛苦事實，或怕公開眞相會破壞關係、失去對方。

就像酗酒的情形一樣，相互依賴會使靈性團體的學生掩蓋老師的不健康行爲，以捍衛安全感和歸屬感的神話，避免揭發這類事時可能產生的衝突。

在許多關係中，我們的恐懼和依賴都會使我們不敢說出眞相。我們可能無法劃出界限、不敢拒絕對方。慷慨在一開始也可能是健康的，後來才惡化成強迫行爲。例如有些女性多年來花許多時間支援公益團體、靈性組織或非營利機構（其工作可能永無止境），卻在這段時間忽略自己的身體、健康、發展和自我價値感；有些男性不論遇到什麼要求，都很難拒絕，多年後才發現自己充滿怨恨，卻不了解它從何而來。

在修行中必須面對的問題就是如何知道自己的行爲是出於慈悲或相互依賴。佛陀的故事提出了一個答案。佛陀談到一個特技家庭，祖父和孫女四處旅行，在高空表演平衡動作維生，因爲彼此都很關心對方的安全，於是找佛陀討論什麼是最好的防護方式。祖父提出的觀點是各人要先關心對方，所以他要注意孫女的平衡，孫女則要注意他的平衡，他們就能保護彼此。孫女詢問佛陀，這個方法是不是反而不好，她說：

「如果各人先照顧好自己，由此來保護對方，難道不是更好的方法嗎？我們的特技不是會表演得更好嗎？」聽了小女孩的說法，佛陀說：「雖然她年紀還小，卻很有智慧。如果祖父照顧好自己、注意自己的動作，就也保護到孫女的安全；如果小孩以覺察、關心和尊重保護好自己，就也保護了身邊的人。」

人與人的關係是需要平衡的，如果忘記自己的角色，或忽視周遭的人的行爲對我們造成的眞實後果，就會產生相互依賴和不健康的慈悲。上一章談到內在創傷、低落的自我價値感、覺得自己不重要，這些都是相互依賴的根源。當我們低估自己的直覺和情緒（出於低自我價値感或害怕別人的否定），也會產生相互依賴。

許多人碰觸不到自己的內心，很容易失去判斷力，不知道在某個情境中的適當行爲是什麼。我們可能急於照顧別人，或是要討好別人、安撫別人，或是想避免與人發生衝突，而無法清楚地面對自身的需求與處境。有個笑話談到這種現象，兩位接受「客觀訓練」的科學家，必須學習跳出自己的感覺。他們做愛後，一位轉身向另一位說：「你的感覺很好，我的感覺怎麼樣呢？」

無法接觸到自己和缺乏自尊心，也是在修行中像上癮一樣依賴的來源。靈性生活有許多關於不健康依賴的故事，學生有時會把靈性修行和藥物成癮結合，比如酗酒的牧師、交替運用禪修和藥物的禪修學生，藉此保持快感，並以靈性用語來辯解不健康的生活方式。有時，靈性本身的作用就像上癮一樣。

我們已看見某些禪修方法會使人得到快感，以此避免處理現實生活。一名護士和一位把生活完全投入靈性修行的男子結婚，他想「開悟」，然後教導別人。於是她白天照顧病人，回家後照顧他。他常常參加密集禪修、閱讀靈性書籍、吸食迷幻藥、與朋友高談靈性，而她卻一直工作來支持他。有一天，她想要有自己的家庭和孩子，卻對自己的渴望有罪惡感，因爲她的期望可能會迫使他無法修行。

長久以來，她支持他、為他說話，認為這一切都是正確的，但又不自覺地感到怨恨，卻不敢說出口，她不知道如何拒絕。最後，她來找我，我建議她誠實說出自己的感受，於是她的痛苦感覺傾洩而出，最後把丈夫趕出家門。他經過幾次密集禪修，感覺自己很可悲，於是回家，找到工作，開始把妻子、家庭、將來可能有的孩子都納入靈性生活之中。

學習分辨

正如佛陀與特技表演者的對話指出的，當我們脫離慈悲的層面，就會產生虛假的安全感或缺少智慧的慈悲。所有不健康或過度理想化的慷慨布施都起於這種錯誤，這時缺乏對自己的深度尊重。當自我價值感仍然低落時，就無法表明限度、設定界限或尊重自身的需求，於是看似慈悲的協助就會混雜依賴、恐懼和不安全感。成熟的愛和健康的慈悲並不是依賴的關係，而是相互交融的關係，出於對自己和他人的深度尊重，可以說「是」，也可以說「不」，就像明智地養育孩子的父母一樣，知道要在什麼時候設定界限、什麼時候說「不」，他們很愛孩子、為孩子好，但也尊重孩子為自己學習的需求。有時候，一句堅定的「不」、「我不能」或「我不答應，因為超過我的限度」，是我們所能說的最屬靈的話。

設定界限和限度，從依賴、糾結的愛轉成互相尊重，學習在給予時仍尊重自己的需求，這些做法都需要在自我價值感和自我覺察上有深刻的成長，這些都是自我健康發展的要素。有些學生在練習設定界限的藝術時，必須暫時停止給予；有的人覺得自己過於貧乏，完全無法給予，便可以從任何微小的慷慨行為開始自自然然地練習。不習慣給予的人願意練習給予，這種意願本身就是一種高貴的能力。我們可以學習培養有智慧的慷慨，能敏銳地了解自己和他人的需求。

佛陀在指導覺察的練習時，建議我們仔細注意心的狀態，因爲行爲是由心發出的。如果期待我們總是只想行善，就過度理想化了；我們必須傾聽，才能知道心在何時有所執著、何時感到害怕、何時產生依賴。透過深入的傾聽，就能開始區分依賴與愛的不同。同樣地，我們也能辨認心在何時開放、何時沒有執著、何時是互相尊重與關懷的。以此爲基礎，我們的行爲就會充滿智慧與慈悲。

透過對自己早年經驗的了解，可以學習分辨智慧與依賴的不同。我們可以思考自己在早年的家庭中如何滿足需求、如何設定界限、如何對待不安全感。如果沒有覺察這些，就會在靈性生活中不斷重複這些家庭模式。十二步驟的團體聚會方式爲成員提供機會，可以聽見其他成員的個人故事，這種誠實述說家庭故事的經驗是強而有力的過程，可以用來分辨健康與依賴、尊重與恐懼，並找出智慧而眞實的慈悲。

家庭模式的辨認也可以是禪修的一部分。在一次密集禪修的團體面談中，有位學生無法停止自己對關係的強迫性思考。吉姆白天經營一家食品合作商店，晚上從事一項愛滋病研究計畫。他和另一位男子（他的情人）住在聖塔克魯茲山中。他一直掛念自己的客人和案主，又擔心少了他陪伴的情人，總是覺得參加十天禪修是否太自私。我詢問他成長的情形，父親在他出生後離開妻子和三個小孩，再也沒有回來，母親整天工作以維持家計，偶爾喝點酒。吉姆五歲就開始嘗試幫助家庭保持和諧、讓母親有好心情。他一生都在照顧別人，這都是出於責任感和罪惡感，他已爲此感到非常疲憊。

他述說自己的故事時，爲了如此依靠別人來衡量自己的人生而流淚，團體的人也跟著流淚。我問他覺得自己像幾歲，他說：「五歲。」我問他能否擁抱這個內在小孩、傾聽他的需要：他能否爲自己找到慈悲心，就像他爲別人做的一樣。這樣做了一段時間之後，他逐漸對自己的生活發展出關懷的態度，他的禪修、關係和工作都得到改善。

真正的慈悲

靈性修行常使人忽略要對自己慈悲。我帶領密集禪修的前幾年，發現自己每隔一段時間就覺得筋疲力盡。在三、四次密集禪修、進行數百次個別會談之後，我就會逐漸枯竭，對學生和同事感到煩躁。最嚴重的時候，我會覺得油盡燈枯，完全不想再聽到學生的問題。在這段期間，我有機會向敦珠仁波切（Dujom Rinpoche）請教，便提出這個問題。他是知名的密宗大師，我期望他會提供一種特殊的觀想或咒語，使我能被明光包圍，背誦神聖的語句，不因爲學生太多而受干擾，並能處理他們的問題。他詳細詢問我如何修行和教學的細節，然後說：「對，我能幫助你。」我等待他說出高超的密宗教法，但他接著說：「我建議你指導較短期的密集禪修，放更長的假。」我現在認爲這句話確實是很高超的教導。

慈悲的基礎首先要建立對自己的敏感度，眞正的慈悲起於健康的自我感，了解自己是誰，肯定自己的能力和恐懼、感受與完整，以及其他部分。慈悲絕不是出於恐懼或同情，而是基於每一個生物的尊嚴、完整和福祉，由心產生的深刻支持反應。這是我們看見苦難與痛楚時所產生的自發反應，是我們面對普世的失落與痛苦經驗時，因爲彼此共鳴與自然連結而產生的感受。當我們的心得到開啓與療癒，自然會爲心所接觸到的一切尋找療癒。對自己慈悲能引發極大的力量，在面對眾生時，能把怨恨轉化成寬恕、把仇恨轉成友誼、把恐懼轉成尊重。它讓我們能以誠實眞摯的方式，把溫暖、敏感與開放散播給周遭不幸的人。

慈悲有時能引發行動，有時不能。慈悲的生起並不是爲了解決問題，但在有需要的時候，慈悲會湧出行動。眞正的慈悲起於一種感覺，就是心毫無所懼，能擁抱一切、接觸一切，和一切建立關係。丘揚·創巴稱之爲靈性戰士哀傷的溫柔之心，他說：

當你把心喚醒，會驚訝地發現你的心是空的。你向外界尋找，你是什麼？你是誰？你的心在哪裡？若你真的去觀看，不會找到任何有形或實體的東西……如果你尋找覺醒的心，如果你用手穿越肋骨去感覺它，將發現那裡一無所有，只有溫柔。你覺得酸楚、柔軟，如果你張開雙眼看著世界的其餘部分，就會感到巨大的哀傷。這種哀傷不是因為受到不當的對待，你不會因為某人侮辱你或自覺窮困而覺得哀傷。事實是，這種哀傷的經驗是無條件的，只要心完全打開、暴露，就會有這種感覺。這是純粹、自然的心。即使一隻蚊子停在其上，你也會非常感動……這是戰士的溫柔之心，具有療癒世界的力量。

慈悲心、眞正的慈悲所具有的非凡力量，可以轉化我們遇到的痛苦。

我最近讀到一篇文章，談到一對不孕的夫婦，他們決定從貧窮的國家尋找小孩來收養，並認爲這是偉大的服務。他們從印度收養了一位兩個月大的美麗男嬰，但第一年就發現這個小孩有嚴重的健康問題。首先，他有嚴重的聽障，無法聽到聲音；其次，他有腦性麻痺，雖然不影響智力，卻會阻礙身體的發育。這對夫婦教他手語，以便與他交談，當大到能走路時，爲他準備一張小輪椅，讓他能四處移動。接下來，他們爲領養殘障兒童的父母建置了一個支持性網站。之後他們擔心兒子會被孤立，做了一件最令人驚訝的事，就是寫信給印度政府，詢問能否再收養一位聽障兒童。這個新聞故事附了一張照片，兩個笑容洋溢的孩子互相擁抱。請把你自己想像成這個故事的主角，收養一名小孩後，發現他既聾又跛，然後想像自己毫無自憐或恐懼地說：「我有一個這樣的小孩，請再給我一個。」

無畏的慈悲會帶領我們直接進入人生的衝突與苦難。無畏的慈悲能認識人生無法避免的苦難，以及我們面對苦難、從中學習的需求。有時候，只有苦難之火和我們行動的結果，才能爲我們帶來更深入的認識、對所有生命感到仁慈、得到解脫。

學習無畏的慈悲

當我正式請求加入阿姜查的寺院時，他的回答是：歡迎我，只要我不怕吃苦！偉大老師的角色就是幫助學生學習面對苦難，這種無畏的慈悲所產生的力量，不但是仁慈的力量，也可能是冷酷的力量。公共電視的大自然影集就將這種情形展露無遺，母獅和母狼有時會爲小寶寶犧牲一切，盡全力保護牠們，但到了不同的時期，這些母親可能完全不理小孩，獨自離開、留下牠們或把牠們趕出洞穴。母鳥到某個時候會把小鳥抛出巢穴，即使小鳥哭叫：「我還不會飛！」但母鳥有更深的了解：「這是對的，你要開始學習，今天就是學習的日子。」

對自己或他人的慈悲，有時需要設定清楚的限度和界限，學習說「不」，但也並未將別人趕出我們的心房。我有位女性朋友曾在印度學習，有次旅行時，爲了去火車站，在夜間穿越加爾各答陰暗的街道。她同時修習內觀和慈悲觀已有數個月，那天晚上，她和一位朋友要去一間禪修中心，突然有個人跳上她的人力車，想把她拉下來。她和朋友極力把那人推開，驚慌地趕到火車站。她把這個故事告訴老師時，老師關心地說：「噢，親愛的，妳要在心中充滿慈悲，然後用傘敲他的頭。」

慈悲的練習是沒有公式的，就像所有偉大的靈性藝術一樣，需要我們傾聽與注意，了解自己的動機，然後問自己什麼是眞正有幫助的行動。慈悲會展現出靈活性，好像竹子會隨著環境改變而彎曲。所以，要在必要時設定限度，同時也要有彈性。

慈悲讓我們的心經歷人生的矛盾、愛、喜悅與痛苦，內在的慈悲開啓時，就能產生行動來停止戰爭、療癒環境、照顧窮人、關心愛滋病患、拯救雨林。但真正的慈悲也包括愛自己、看重自己的需求、尊重自身的限度與真正的能力。

即使是佛陀也必須面對這種限度。他有一個頭銜是「願意教導的老師」，他通常都能為身邊的人帶來極大的利益，但也有例外。有一次，在建立寺院秩序、訂立男女僧侶的規定後，有一間森林寺院發生激烈的爭執，某些僧侶譴責其他人違反規定，但對方否認，並說那些譴責者因錯誤的指控而違反規定。

佛陀前來與他們談話，建議大家要互相道歉，但僧侶不接受。佛陀試了各種方法，希望大家能聽他的話，但最後了解自己不能做什麼，只能離開他們，讓他們承受自己造成的後果。於是他離開不守規定的僧侶，到森林深處度過一段平靜的雨季，與動物同住。他做了自己所能做的，不勉強多做什麼。

真正的慈悲與智慧一起出現時，我們會肯定、喜愛、稱讚自己和他人。慈悲並不是緊抱著一種完美的理想，認為我們應該無止境地為「我以外」的一切生命付出，慈悲的對象是包括我們自己的一切生命。於是自我與他人的分裂消融了，就像太陽升起一樣自然，慷慨和慈悲的力量會在修行中成長，並發現這就是我們的眞實本性。就像衝向小孩的汽車被父母推開的畫面一樣，我們會發現愛的力量在某些時刻會增長到非常強大的程度，遠超過我們面臨的物理現實界。這種慈悲出現時，就像穿透我們的恩典，同時帶著一種溫柔和無畏的力量，這是其他方法都無法得到的結果。

一位單親媽媽告訴我，她如何在沒有錢、沒有多餘時間的情形下，獨自努力撫養四個小孩。她似乎已用盡了一己所能，但當最小的女兒在十四歲因意外而癱瘓時，她不自覺地產生一股偉大母性的慈悲能量。她女兒無法說話、移動，醫生不認為她還有恢復的機會。但母親知道女兒的內在仍是清醒的，她就像所有母親一樣，深深相信女兒一定會恢復。於是這位母親搬入病房，每天幫助女兒。先是在醫院花了一年，然後回家又花了兩年，幾乎每天陪著女兒，只是不斷舉起女兒的手掌，然後放下，一再地舉起、放下，或在她眼前來回搖晃一些東西，日復一日，直到女兒的手和眼睛開始移動。三年後，這個女孩恢復到足以回學校的程度，現在她已長大成人，從法律系畢業，即將結婚。這種忠誠的慷慨是無法強迫的；當我們深深連結又能放空時，它就會穿透我們。於是，我們的心自然流動，有如流向神聖的音樂。

冥想：將哀傷轉化成慈悲

人心有絕佳的能力，可以擁抱生活的哀傷，並將之轉化成慈悲的水流。佛陀、耶穌、聖母瑪麗亞、觀音菩薩（慈悲的女神）等偉大人物的能力，就是在面對世上一切苦難時，擁有這種溫柔、仁慈的心所散發出的力量。每當你的心開放、不再隱藏時，慈悲的水流就開始從內心覺醒。當你願意讓你的心被別人的痛苦和需求碰觸，就會產生慈悲。

要培養這種特質，可以練習傳統的慈悲觀，以及用心中之火轉化哀傷的方法。

以穩定、安靜的方式坐著，輕輕呼吸，感覺自己的身體、心跳、內在的生命力。感覺你如何珍惜自己的生命，面對哀傷時如何保護自己。一會兒之後，想著某個你深愛而親近的人，想像他的臉孔、你對他的照顧，注意你如何讓他留在心中，然後讓自己體會他的哀傷、他在人生中的苦難。感覺你的心自然打開，轉向他、希望他安好、爲他提供安慰、分受他的痛楚，以慈悲面對痛苦。

這是心的自然反應，除了這種反應之外，開始積極地祝他安好，重複誦念傳統的語句「願你沒有痛苦和哀傷，願你安詳」，並在你慈悲的心中擁抱他。繼續以這種方式重複誦念這些語句數遍。

當你學會感覺內心深處對這個親近的人的關懷時，接下來可以把這種慈悲擴展到其他認識的人，一次一個人。逐漸地，你可以進一步向鄰居、向所有遠方的人，最後是對所有生命開啓自己的慈悲，他們都是我們的手足。讓自己感覺到每一個生命的美麗如何爲你帶來喜悅，每一個生命的苦難都使你落淚，感覺你與所有生命之間的溫柔連結，這種連結會因他們的哀傷而感動，並在慈悲中擁抱他們。

接下來，讓你的心成爲世上哀傷的轉化者。感覺你在心的部位的呼吸，好像你能以輕柔的呼吸進出你的心。感覺心的溫柔，並想像你能吸入痛苦、呼出慈悲。開始在所有生命的哀傷中呼吸，每吸一口氣，就讓他們的哀傷碰觸你的心，並轉成慈悲。每呼出一口氣就願所有生命安好，把你的關懷和仁慈之心擴展到他們身上。

呼吸時，開始想像你的心有如淨化之火，可以接收世上的痛苦，轉化成慈悲的光與溫暖。這是強而有力的觀想，需要一些練習。對自己要溫和。讓心中的火在胸中溫和地燃燒，吸入飢餓者的哀傷，吸入陷入戰火之人的哀傷，吸入無知者的哀傷。每呼出一口氣，就想像各地的生命，並呼出療癒的慈悲安慰。每一口輕柔的吸氣要一次又一次地讓每一種生命的哀傷碰觸到你的心，每一口呼出的氣也要一次又一次地擴散慈悲的療癒力量。就像世界之母一樣，把世界帶入你的心，在每一口吸氣中邀請所有生命碰觸你，在每一口呼氣中，以慈悲擁抱所有生命。

一段時間之後，靜靜坐著，讓呼吸和心跳自然平靜下來，有如世界中的慈悲核心。

第16章 你無法獨自完成：尋找老師的帶領

某些老師像搗蛋鬼，出其不意地戲弄學生；有些是嚴格的老師，會指出學生的每一個錯誤，試圖削弱其自我和驕傲；有些老師透過肯定和鼓勵來教導，培育學生的優點；有些老師像教授一樣教導；有些老師以愛和慈悲，使我們在其中融化、敞開自己。老師最偉大、最純粹的力量就是以自己的自由和喜悅形成的環境。

爲什麼需要老師

靈性生活的成長過程中，在某些時候，與老師或靈性嚮導建立關係是非常重要的。不論你曾經接受老師的帶領或正考慮找一位老師，都有必要仔細思考這個關鍵性的關係。雖然美國人最重視的是能靠自己來滿足需要，但拓荒和牛仔的精神不見得適合靈性生活。先前已經談過，禪修會產生深刻的療癒過程：必然出現的障礙、處理強迫性所需的技巧、體內脈輪和能量系統的強大開啓、暗夜和死亡—重生的經驗，還有靈性生活的各種週期。在這些領域中，我們要如何憑自己找出道路呢？即使我們在生活中有自發的覺醒（如遇到巨變或瀕死經驗），但若沒有老師和一套系統化修行方法的支持，就會發現這些痛苦或狂喜的經驗與洞見往往會逐漸消退。

從靈性書籍和經典取得地圖和指引仍然是不夠的。我們不知道靈性生活會帶領我們到何處，它卻又總是要求我們走入困難與未知。試圖獨自修行的人和接受有經驗的老師指導修行的人比起來，前者幾乎必然都較易陷入混亂或缺少深度。

靈性生活的基本原則就是在未知的領域學習最深入的功課。我們覺得最困惑、陷入最大的困難時，常常是即將有某種全新開啓的時刻。我們最軟弱的那一面，最容易讓我們對生命的奧祕覺醒；我們最大的優點（即最能勝任、最明瞭易懂的部分），反而使我們遠離奧祕。要進入這個超越自我的領域，卻沒有嚮導，實在是過於勉強的做法。

魯米用一個故事警告我們這種情況的危險：

有人抓到一隻鳥。

這隻鳥說：「先生，你一生吃了許多頭牛和羊，卻仍覺得飢餓。我這身瘦骨頭沒什麼肉，一定無法滿足你。如果你放我走，我會給你三句智慧的話。第一句會站在你手上說，第二句在你的屋頂上說，第三句會從樹枝上說。」

這個人大感興趣，就鬆開鳥，讓牠站在手上。

「第一句：不論是誰說的，都不要相信荒謬的事。」

小鳥飛到屋頂上說：「第二句：

不要為失去的哀傷，它已經過去了。

永遠不要為已發生的事懊悔。」

這隻鳥接著說：「附帶一提，我體內有一顆大珍珠，重量相當於十個銅錢。這表示你和你的子孫擁有一筆財產，但你已失去了它。你原本可以擁有這顆世上最大的珍珠，但很明顯，現在已經不是你的了。」

這個人像女人生產般嚎啕大哭。

鳥兒說：「我不是才說過：『不要為過去的事哀傷，也不要相信荒謬的事』嗎？我全身上下還不到十個銅錢那麼重，體內怎麼可能有那麼重的珍珠？」

這個人恢復理智說：「好，請告訴我第三句話。」

「好，你已好好運用了前兩句話！

「不要給酒醉和昏睡的人任何勸告，不要把種籽撒在沙上。」

魯米希望我們了解人多麼容易受騙。

即使我們接受了美好的勸告，還是很容易忽略或誤解它。我們在許多地方卡住，包括恐懼和執著造成的層層困難，還有自欺和缺乏自我價值感之處。它們會出現在每個人的修行中，愈是自以為受過良好教育、擁有足夠能力的人，便爬得愈慢、摔得更重。

如同布萊伯利（Ray Bradbury）嘲諷地說：「你在人生學到的第一件事就是你是笨蛋，你在人生學到的最後一件事就是你仍然是這個笨蛋。有時我自以為已經了解每件事，不久我又會清醒過來。」

世俗的教育對禪修沒有幫助。

有次在波士頓，一間新設立的安寧病房主任（他是靈性相當深厚的醫生）請我為所有員工帶領密集禪修。在第四天密集的打坐和經行後，這位醫師來找我討論。他因為心臟部位的劇痛而非常擔心，疼痛會傳到雙肩。痛得厲害時，他發現更難處理的是恐懼。所有症狀都讓他相信自己是心臟病發作，他只問我是否要叫救護車或請人送他到醫院。我問了好幾個重要的問題，包括身體的感覺、充滿能量的經驗和他的心境。仔細聽他回答後，我告訴他這些症狀其實是心輪開啓的跡象，這種情形是心臟附近的肌肉放鬆下來（即放鬆身體的盔甲），以及情緒和靈性開啓的結果。我自己也經歷過，並看過許多人有這種經驗，我接著說：「此外，你剛開始經營一家全新、以靈性爲取向的安寧病房，不是嗎？若眞是心臟病發作，也許這次密集禪修來得正是時候，能讓你確實面對自己的死亡（我非常確信並非如此）。你來這裡不就是要學習死亡和臨終嗎？還有什麼地方是比密集禪修更好的死亡地點呢？」說完後，就送他回去打坐。如果沒有老師，他很可能會一直對自己的經驗感到困擾，也很可能會去醫院治療（如果你經歷這麼嚴重的疼痛，又沒有老師指導，當然還是要去醫院）。

關於老師的迷思

靈性的歷程不是隨機發生的，所以在我們迷路時，古老傳承的嚮導和老師能了解我們的旅程，並加以協助。問題是即使我們體認自己需要老師，也不知道該找誰。西方文化很少有如何尋找靈性老師、上師或嚮導的榜樣，當代已找不到古老而美妙的學徒精神，大部分教育都出自非個人的大型機構，甚至愈來愈常透過錄影帶和電腦來教學。但我們都聽過上師和禪師的故事，當我們初次想像自己與這種人建立關係時，常會扭曲或誇大向老師學習的實際情況。有些學生對靈性大師有過度膨脹的想法，想像自己的老師有如全知全能的神，許多靈性團體也會提倡這種誇大的觀念。這些學生談到老師時，好像他們無所不能，「老師幫我得到工作」、「老師讓這件意外發生，來教我學習人生的功課」、「老師用法力製造出我現在的處境」、「大師正在做這件事」、「大師指導每個人，並為每個人負責」、「大師會讓我在適當的時機開悟」。

有些學生過度謹慎，很難以任何方式尊重或重視其他人，這種學生會對老師產生與上述相反的誇大觀點，因為他們很難接受別人可能真的知道得比自己多，很難接受別人的教導。這種人聽了假上師或老師墮落的故事後，就覺得不需要老師，並認為沒有可以信任的真正道路。這種態度多半來自個人過去與權威人物之間未曾解決的問題，也顯示自己無法自在地扮演不同的角色，不能一方面當學習的學生，另一方面又當別人的老師。即使沒有這些問題，也可能只是因為不知道如何與老師相處、不知該如何回應老師而尷尬害怕，不敢找老師。長久來看，我們在其他關係中的任何問題，最終都可能出現在我們與老師的關係中，包括信任的議題（輕信或無法信任），以及界限、害怕、懷疑和需求的議題。

學生與老師之間的各種問題，背後大多是我們每個人最深的渴望：被人以完整而全然的方式來愛與接納。很少有人以這種方式被愛過，但我們也害怕被這種方式來愛，因為過去的失落和遺棄造成的痛苦，仍然烙印在心裡，讓我們既困惑又害怕。這種恐懼一方面可能會使我們低估老師的價值，以保護我們不會因為強烈的渴望而受傷害；另一方面也可能讓我們自我膨脹和理想化，只尋找最完美的大師──那永遠不會傷害我們、讓我們失望的大師。但我們真正需要的是學習如何去愛、如何被愛。師生關係的核心就是這種愛，也只有在這種愛的容器裡，才能往前學習其他的教誨。

最好的老師都知道這一點，並能教導我們如何去愛和信任自己，還能教導我們如何去愛真理、愛人生。他們本身就是榜樣，為我們帶來真誠無懼的關係。有經驗的靈性老師與我們建立的關係，不論是短暫的相遇或終生的相連，往往成為非常親密、重要的精神交流。老師與其教誨的真誠性是神聖的器皿，可以護持真理，由此帶領我們的心得到覺醒。

備受敬重的禪學大師鈴木禪師的學生迪克森（Trudy Dixon）如此描述他：「由於他就只是自己，所以成爲學生的鏡子。和他在一起，不需要他的稱讚或批評，就能感覺到自己的長處與缺點。在他面前，我們看見自己原初的面貌，我們看見的超凡入聖其實就只是自身的本性。」

各種風格的老師

每當有人問我該如何找到老師，最誠實的回答就是「這是個神祕的過程」。最常見的情形就只是遇見他們、聽見他們，或是出乎意料地被帶到他們面前。我們常在看到一張照片、讀一本書或聽某位朋友談到一個老師時，發現這個人能啓發我們、呈現出偉大的可能性、使我們感動、喚醒某種渴望或願景。這種啓發會以強大、神祕的方式拉動我們，甚至使我們心不甘情不願地來到老師面前或加入靈性團體。我們可以參訪不同的靈修中心，嘗試他們的教法，聽演講或參加法會，在其中爲自己找出某位老師。現在甚至有指南手冊介紹西方世界中各種佛教、印度教、基督教和猶太教的修行中心，這些書也能幫助我們尋找老師。

有許多美妙、奇特的故事談到尋道者與同伴找到老師的經歷。我認識一位男子，他到印度最重要的寺院，想在佛陀開悟的菩提樹下服用迷幻藥，卻在路上「不經意地遇見」一位很棒的老師，因而丟棄迷幻藥，跟隨這位老師修行了十年。另一個人只是在電話簿中看到「禪」的類別，就打電話詢問能否與當地禪修中心的老師談談。我還認識一位中年婦人，她的老師在研討會中直接走到她面前說：「我要妳跟著我學習。」還有一位年輕的美國男子，原本完全不知道什麼是靈性生活，卻在生病住院時夢見一位西藏喇嘛。兩年後，他到尼泊爾旅行時遇見當年夢中出現的喇嘛，這位喇嘛微笑著說：「我已經等你很久了。」

靈性老師有各種不同的風格。在佛教傳統中有兩種極端不同的例子：上師和同修。同修的梵文意指我們在靈修道路上從別人身上得到友好的指導和支持。有些老師較喜歡這種角色，沒有奉獻、臣服或傳統師生階級關係的負擔。在泰國森林中的大師佛使比丘就不願學生向他鞠躬，雖然這是當地遇見任何出家人或大師的習俗。他反而要學生坐到身邊，把學生當成「同修」，一起加入熱烈的對話和詢問，鼓勵學生尊重自己和自己的見解。

傳統上師的作風與此相反。有些佛教老師、喇嘛、禪師、印度教師、哈西德（Hasidic）和蘇菲傳統的大師，都是透過這種角色傳法。上師是偉大而智慧的大師，本身就是靈性修行的化身，透過特殊的教法指導我們，我們要向他臣服，放棄自己的自由。對待上師的方式是聆聽和服從，而不是討論和發問，有時還要把上師當成神的化身或完全開悟的大師來禮敬，因爲他已全然覺醒，每一個動作都是有意義的。我們與上師相處時，會經歷臣服的歷程，去除自我中心，成爲充滿上師精神的載具，在其中發展開放和無我。

在同修和上師這兩種極端之間，還有許多不同的風格，老師的教導方式會結合自身的人格特質和讓他得到覺醒的方法。經典有一段著名的對話，佛陀帶領訪客參觀森林寺院中群聚的師生，他說：「喜歡提問的學生，就會到我最有智慧的門徒舍利弗（Sariputtra）那裡；重視持戒的學生就會找優婆離（Upali），他是最能持守僧侶生活的人；想要學習神通的人就會找神通第一的目犍連（Mogallana）；被禪定的專注吸引的人就會到大迦葉（Mahakassapa）那裡。」

第九章談到有些傳承和老師會強調神祕的異象、狂喜或強而有力的超常意識狀態，有些人則尋求在日常生活中實現神聖。有些學派強調身體的修行，如哈達瑜伽（hatha yoga）、拙火瑜伽或蘇菲的呼吸法；有些學派強調行動，透過服務帶來慈悲和鮮明的神聖感；還有些強調透過禪修、禱告、異象和專注，直接開啓或轉化心靈；有些學派著重於強而有力的超常意識狀態，深入探究我們是什麼人、意識與生命的本質到底是什麼；其他還有臣服的道路、奉獻的道路、在每個當下放下渺小自我的道路，告訴上帝或宇宙：「不要照我的意志，要照你的意志。」

令人驚訝的是，教學風格的多樣性無法根據其傳承清楚分類，在每個偉大的傳承中，都能找到強調不同方法的老師。有些禪師充滿愛心地奉獻自己，有些要求激烈的訓練和破除人心的質問；有些嚴謹的哈達瑜伽老師只強調身體，有些把哈達瑜伽當成工具，透過身體得到神聖的覺知。

每個傳承中都有某些老師像搗蛋鬼一樣，出其不意地戲弄學生；有些是嚴格的老師，會指出學生的每一個錯誤，試圖削弱其自我和驕傲；有些老師透過肯定和鼓勵來教導，培育學生的優點；有些老師像教授一樣教導；有些老師以愛和慈悲，或在各方面展現足夠的空間和幽默感，使我們在其中融化、敞開自己。

如何選擇老師

老師應該是其修行傳承的典範和大師，最好對各種學派也有足夠的認識，才能對形形色色的學生因材施教，否則就會發生下述事例。一位在印度認眞修習拙火瑜伽的學生，卻愈來愈緊張、激動、散亂，絕望之餘，他詢問一位著名的西藏喇嘛出了什麼問題。仔細討論後，這位喇嘛回答：「很簡單，你的老師給了你錯誤的方法。」這位學生非常驚訝地說：「但我的老師只教這一種方法！」

如果已經有了老師，就可以反省是什麼因素吸引我們找這位老師和他的特殊修行方法，我們帶著什麼期望，結果又如何？我們學到了什麼，又有哪些地方感到失望？我們是否想繼續用這種方法？

如果要尋找新的老師，就應該直接詢問他如何教導，他如何看待修行之路，目標是什麼？他的修行採用什麼方式？他如何指導學生？我們能否花時間跟隨這位老師？是否眞的能得到他的親自指導？這位老師給學生什麼樣的支持，來度過靈性旅程困難的部分？老師周圍的團體讓你有什麼感覺？接下來要看看他對我們有什麼要求，這種要求是否健康而適當？有哪些必要的承諾？老師期待什麼樣的師生關係？要花多少時間？費用是多少？

尋找老師時，我們必須傾聽自己的心，必須誠實地觀看自己。我們到底在尋找什麼？這位老師和這種修行方法能不能提供我尋找的東西？是什麼因素吸引我們找這位老師？老師和修行方法是否適合我的性情、對我有幫助，或反過來說，是否會強化我的恐懼感和神經質？如果我是非常羞怯、隱藏多年的人，它是否能幫助我進入一個大型而外向的團體，或者反而讓我不知所措，更加羞怯？我是否需要接受嚴格禪師的訓練，他會用棍棒要求學生坐正，或者我從小就是受虐兒童，這種做法只會重現、強化痛苦而負面的自我感？我現在的靈性週期處於哪個階段——靜默或服務、打坐或研讀？

我們不一定能回答這些疑問，但光是提出這些疑問，就有助於我們避免最明顯、最笨拙的錯誤。開始修行時，最好給自己一段嘗試錯誤的時間，嘗試期可能要一個月，一、兩次密集禪修，甚至一年。不管要花多久時間，重要的是能了解老師、了解他與我們和其他學生的關係，以及了解這個修行方法。

不論是正在選擇或回顧以前的選擇，都必須對老師所代表的完善與智慧有信任和尊重的感覺。我們尋找的老師要具有靈性和私人生活上的成熟感，能整合身體、世俗、情緒和神祕的各個面向。最好尋找有幽默感的老師，即使是嚴格的執行紀律者也應該在自身的生命中展現出喜悅、自在、慈愛的精神。選擇老師就像擇偶一樣，對自身的內在認識要有深入的尊重，並願意在適當的情況下做出承諾。

幾年後，我們與老師的關係會發生變化。老師也許能扮演許多角色，他們可以是良師與牧者，是聽告解的神父與旅程的嚮導，是靈性的接生婆和評論家，是光明存在的鏡子與模範。我們可以從經驗豐富的老師學到勇氣、自信、力量和清晰，利用他們的指導、能量和愛來喚起自己的愛與力量。我曾有幸跟隨兩位年長的女性大師，她們在教導中放入大量喜悅和愛的精神，和她們在一起時，我整個人都被這種精神洗滌、充滿，一個大大的擁抱就能使我狂喜數天。她們兩人都很長壽，生活中有各種哀傷與歡欣，擁有許多子孫和學生。她們的教導對學生有很高的要求、沒有妥協的餘地，但她們的態度卻充滿智慧與了解。

我的另一位老師經常讓人感到意外，他總是帶來驚奇，觀看事情的方式有時令人震驚。他具體展現出勇氣，若能將眞理帶進生活，他願意把生活扭轉一百八十度。他的整個生命是如此願意在佛陀的精神中投入心靈的覺醒，所以他能讓周遭的人也去質疑、改變和覺醒。

老師與傳承

請記住，當我們選擇一位老師時，也同時加入了一種傳承和世系。世系是古老智慧的媒介。在每一個偉大的傳承中，不論是巫師、療癒者、瑜伽士、神祕學派的女智者、偉大的拉比或沙漠教父，都活在他們的世系中。世系與傳承是神聖的容器，保存以前發現和世代累積的修行方法與智慧。世系是覺醒之光代代相傳的形式，包括正式的經典、古老的吟唱、儀式、禪修技巧和教誨故事，都是喚醒心與靈魂的媒介。有經驗的老師用世系的修行方法和儀式創造神聖的空間，以喚起虔誠和智慧，使意識超越平常的限度。

選擇一位老師時，我們被拉進一個世系的強大潮流，接受它的世界觀、願景、可能性及限制。在各種最有智慧的傳承中，較高層次的教導會引導成員體認並超越自身傳承的限制，發現自身內在的神聖是超越所有形式的。所以在獻身給一位上師時，學生最終必須看見自己內在的上師，以禪宗公案來說，就是學生必須超越所有疑問和解答。

選擇一個世系或一套修行方法，就像選擇老師一樣，是個神祕的過程，我們受到其中某個靈性之流的吸引。同樣地，要信任你自己，並尋找整合、喜悅和成熟的團體。我通常向學生建議要選擇「品牌」，那些有千百年歷史的傳承，不論是教誨、訓練和願景，都是許多世代的老師和學生用智慧之心淬鍊而成的。

當我們考慮加入一位老師時，要看看他在該世系或傳承的位置。其他靈性領導者如何看待他？他在他的傳承中是否受到尊重、具有影響力？這些考慮好像是在美國的靈性市場購物。不幸的是，從某個角度來看確實如此，但這不是在選購自己喜歡的顏色或符合自身形象的汽車，而是深入尋找一條眞誠的道路，以跟隨自己的直覺和靈性的渴望。當我們專注、誠實、努力地看重自己和遇到的人，必然會有好的結果。

如何跟隨老師

一旦決定跟隨某個老師，要如何好好跟隨呢？一開始可能不容易，我們會遇到陌生的習俗和做法、新的語言、新的禱詞、唱頌和觀點，也必須應付進入新團體時的笨拙感。除此之外，還常常要面對入門的儀式。有些禪寺收學生之前，學生必須在門外坐著不動一整天，甚至數天（在日本某些地方，要坐在雪地上），這是爲了證明眞誠接受教誨的精神。多數傳承都有初階的密集禪修、儀式或程序，讓新來的人有入門的方法。爲了回報靈性的教導，我們常被要求展現尊重之意。

跟隨靈性老師，要具備兩種最重要的特質，就是一般常識和發自內心的承諾。若具有一般常識，就不會把老師和方法過度理想化，也不會違背自己或自身的良好判斷力。常識是對自己的尊重，也表示願意看清事物的眞相。

發自內心的承諾是跟隨老師的第二項關鍵，不管他的修行風格爲何，這是老師最看重的部分。有了承諾，就能用所有能量來跟隨一條道路與其上的訓練（如禱告），而通過必然存在的困難和疑惑。在老師的經驗指導下，以眞心誠意的承諾來修行，我們遇到的喜悅與困難就會持續照亮我們的道路。

跟隨老師學習靈性修行時，也會和老師建立關係，這也需要我們的承諾，我們在其中學習以愈來愈深入的方式信任老師、方法和自己。我們會一再被要求堅持下去、留在其中、獻身其上，全心全力投注於修行和老師。我們可以提出任何必要的問題，然後全力以赴，看看自己在幾年的全心修行後是否有所不同。

達賴喇嘛說，判斷修行是否有效的最好方法，就是看看修行五年、十年或二十年後的結果。對於第十四次轉世的達賴喇嘛，這麼說或許很容易，但納斯魯汀也有類似的說法。有位婦女誇耀兒子已經完成學習，他說：「夫人，上帝一定會給他更多功課！」在堅持和承諾之下，才會有眞正的靈性成長。

最重要的學習：平衡的能力

我們如何從師生關係中得到最大的收穫呢？在亞洲和傳統的西方靈性文化中，大家都知道外在該有的行爲舉止：如何鞠躬、禮敬的形式、奉獻什麼東西、可能得到什麼回報。大家知道最好向老師或上師提出什麼問題，也知道從他們的指導能得到什麼收穫。那些文化對靈性傳承的規則已有常識，但美國的學生並不知道可以期望什麼收穫，所以要直接詢問老師和資深學生，藉此了解進入該團體的最佳方式、老師和學生平常接觸的方式、何時可以請教老師、遇到困難該怎麼辦。我們想從老師身上獲益時，會想知道如何讓老師好好了解我們，可以在什麼時間和地點與老師談話，好讓他指導我們個人的道路。我們必須準備好接受老師的指導，在我們卡住或恐懼的地方得到回饋和幫助，在失去平衡時得到平衡感。

讓學生重新得到平衡的能力，是有經驗的老師所具備的才能之一。我的老師森林修行大師阿姜查曾說，這是他身爲老師最常做的事。有一天，我問他對不同的學生、在不同的時候，爲什麼會給出彼此矛盾的指示，看來好像既不一致又不明確，我覺得不像眞正的開悟。阿姜查大笑回答：「道路不像你想的那樣，我教導的道路比較像這樣：我看著自己熟悉的道路，這條路可能很黑又有濃霧，我看到學生快要掉進右邊的深溝或走上右邊的歧路時，會大喊：『到左邊，走到左邊。』稍後，同樣或另一位學生快要誤入左邊的深溝或歧路時，我又會大喊：『到右邊，走到右邊。』每當他們偏離道路，我就會提醒他們。這就是我所做的。」

在修行中，有經驗的指導能讓我們活在當下、開放自己。有智慧的老師能喚起學生的力量與智慧，他能慈悲地指出學生性格中最大的難題，要求我們做困難的事，並以足夠的關懷喚起我們內在的偉大。

阿姜查時常要求學生做困難的事：傳統的苦修訓練、艱難的閉關活動、日復一日的辛苦練習，不管那是不是我們想做的事。他會在寺院四處走動，如果有人看起來像遇到困難，他就會走過去問：「你今天痛苦嗎？」如果他們說不會，他會說：「好，祝你今天愉快。」如果他們說會，他就說：「我想知道是誰的錯。」然後微笑離開，他也可能說：「哇，不知道是不是有人在執著什麼。」然後走開。他一直引導我們回頭了解自己的內在經驗，發現自己是怎麼陷入糾結之中，也發現自己能如何學會解脫。

好老師會透過自身的存在，帶來覺醒的精神。阿姜查指導泰國叢林和森林中的六十間寺院的僧侶長達三十餘年，我跟隨他的那幾年，最溫暖、也最感動的記憶就是他在我們陷入自身的問題時，是多麼與我們同在。我們徹夜不眠地打坐時，他也和我們一起打坐；我們打掃森林步道時，他教我們製作竹掃帚，以及讓清掃成爲美妙的禪修；我們在節日慶典前清掃整座寺院時，他也與我們同在；一位富有的人捐錢在山頂蓋了一間巨大的禪堂，即使是這麼遙遠的洞穴寺院，阿姜查也帶領我們一起清理通往禪堂的路。在泰國冬季最寒冷的地方，我曾和他及其他僧侶一起在森林中光腳走了五哩以上的路，只爲了接受附近一個貧窮村落供養的粗食。因爲非常寒冷（將近攝氏零度），我牙齒打顫，光禿的頭頂快要凍僵，我在棉製僧袍裡又裹了一層毛巾，以抵抗寒風。我們抵達村落時，阿姜查轉身微笑問我：「冷嗎？」我說：「是的，我冷死了，不知道能不能撐下去。」他微笑對我說：「對，眞的很冷，眞的很冷。」我很慶幸他就在我身邊。

同樣的精神也見於一位臨濟宗老禪師身上，我曾跟隨他學習。我參加過許多嚴格的禪七訓練，每天從清早開始就坐著不動，處理公案，直到半夜，只有短暫的休息時間可以走動、吃飯。起初我非常失望，因爲這位大師沒有與我們一起打坐，但我後來發現原因何在。他坐在禪堂旁的房間，每天和五十位學生進行四、五次個別會談。雖然他每天要進行兩百次以上的會談，但每當我看見他，都覺得他比我更清明、更活在當下。他確實與我們同在。

在付出中學習

我們從這種方式得到支持和教導時，就會了解成長的力量能產生非常多靈性生活。我們可以用一種充滿智慧的角度看待自己想加入的靈性修行和老師，就是看我們能爲他們提供什麼。在靈性生活中，最終能使我們快樂的，並不是我們能得到什麼，而是我們能給予什麼。當我們丟棄舊有的觀點、恐懼、限制、長久緊抓不放的障礙，就會把自己給出去，並發現一種非常基本而又嶄新的存在方式，讓自己像靈性的小孩一樣重生。當我們帶著能量、創造力和我們的心趨向完整時，就把自己給予了團體。

當我們給出自己，團體會產生一股強烈的喜悅。美國人的傳統也有這種情形，這是村民一起興建穀倉的精神，是一百個人合唱《彌賽亞》的美感，大家一起爲更大的目標服務。加入靈性團體會有既美好又實現自我的部分，就是服務、付出自己的精神。這種給予和接納的心、對神聖的尊重，就是僧伽（sangha或satsang）的精神。僧伽的特徵就是以佛陀神聖之名聚集起來的一群人。團體並不是以宗教之名聚集的人所創立的，而是大家一起帶著誠實、尊重和善意來支持神聖的覺醒。眞正的團體在於我們能根據眞理和慈悲來說話，這種靈性團體的感覺是非常奇妙的，能讓我們在道路上得到療癒與轉化。

當我們考慮加入一個團體時，想知道我們能付出什麼，以及團體讓成員覺醒的方式，就必須看一看資深的學生。這個團體的學生是否愈來愈成熟？他們是否受到尊重、接受更深入的修行方法、有沒有機會服務或教導別人？學生是否有辦法像老師一樣實踐所學？資深的學生是否快樂而有智慧？

讀者會發現，討論老師和團體時，我會談到喜悅、技術、慈悲，卻不談本領和奇蹟。有些老師具有強大的力量，我們可能在他們周圍看到異象、感到狂喜，或身體的能量被喚醒，甚至暫時轉化意識，這確實都有可能發生。若這種力量不是出於僞裝，可以很有幫助，但也可能使人入迷或造成困惑，這取決於力量是如何運用的。可是，這種力量絕不是必要的。除了這種力量被誤用所造成的問題（稍後會談到這點），更重要的是能了解一項基本事實：沒有人能使我們開悟，沒有人能幫我們成熟，沒有人能替我們放下，絕對沒有人能爲我們做這件事。別人只能爲我們提供指點、激發靈感、讓我們有所感動，甚至使我們覺得走上眞正的道路，但最重要的是，老師能爲我們創造出神聖的空間，讓我們在其中覺醒。

我曾有幸向一位八十歲的瑞士女靈性大師學習，我們談到需要有眞正的老師來創造自由而受保護的環境，讓心與靈魂得以在其中敞開、綻放，正如開始修行時的渴望。如果老師創造這種神聖空間的能力、將信賴感與行動轉化成慈悲容器的能力夠強大，便足以讓我們老舊的部分死去、嶄新的部分重生，這是非凡的才能。我們不只藉此得到世系的古老智慧，更能得到自身的眞我。老師最偉大、最純粹的力量就是以自己的自由和喜悅形成的環境。

我曾花數年向一位印度年老上師學習，他很有智慧，充滿喜悅的精神能量。他對我們有許多要求，要深入探索、要打坐、要臣服、要深刻地信賴，但最棒的是他對我們全然的愛，不求任何回報，完全不想從我們身上得到一點點東西。在他身上完全沒有執著，對學生沒有期望，甚至不期望我們覺醒，他就只是一個清澈、喜悅的空間，不論我們遇到什麼情形，都能使我們敞開、帶來眞理。以那種方式被愛是非常特別的經驗：我的整個身、心、靈都來到開放、安詳的空間。

當他覺得學生已眞正了解他所教導的事實與重點，就會請學生回家。有些人需要幾星期，有些人需要幾個月，他會說：「回家吧，把這種精神帶進生活，你不需要一直留在外在的上師身邊。」

知道自己可以離開的時機，是非常重要的，就像留在老師和修行方法身邊一樣重要。離開的原因有時是因爲已學完適合我們的功課，有時是環境顯示那裡不適合我們，或是時機不對；我們常需要老師所不能給予的額外或不同的教導。

不斷更新

我們對老師的義務和長久的承諾，並不代表餘生都必須遵循他們的方式。我們終究必須選擇一位老師、加入一個團體，然後看看是否適合自己。即使老師和團體可能期望我們宣誓效忠、發下誓願、終生加入，但我們不需要立下一輩子的靈性誓言；即使是一輩子的誓言，也必須更新。沒錯，我們必須有耐心、有承諾，但眞正的屬靈誓言在乎的不是外在環境的變遷與要求，而是看重自身的完整、覺醒和慈悲。

我所知道的最好的西方老師在完成初階訓練之後，大部分都會再四處跟隨許多不同的大師。如果曾做出長期的承諾，就很難從一位老師換到另一位老師。許多曾找我討論的學生都覺得受到誓言的困擾，他們或是接受過西藏喇嘛的教導，對方要求他們承諾一輩子修行這種法門，或是曾發誓終生追隨一種特殊傳承、永遠遵循某種方式。可是他們有時會走到一種地步，誓言似乎成為靈修發展的障礙。和這些人討論時，要謹慎地確定他們並非下意識地違背自己的承諾。如果一同探討之後，確實發現誓言的修行體系已經不適合他們，或是他們的生活環境已經改變，使以前的承諾不再能幫助靈性的成長，我就會帶他們回到喇嘛或老師面前，要求用儀式解除先前的誓言，然後他們就能繼續往前走，追求靈性生活所需要的道路。

即使留在自己立下終生承諾的傳承中，仍須根據個人的福祉定期檢視承諾，並加以更新。某些佛教傳承要求學生保證在開始時花五年跟隨一位老師，對這個傳承有某種程度的了解後，就鼓勵學生尋訪其他大師，以擴展自己的認識和修行方法。

跟隨老師的眞正目的，終究是為了指導我們發現本自俱足的心的自由，所有靈性教導都有這個目標，每一位有智慧的老師的天賦就是鼓勵學生找到自己裡面的佛性：在所有生命裡面的自由、獨立和喜悅。

無論我們跟隨一位老師多久，不管是幾個月、幾年或幾十年，能遇到一位眞正的靈性貴人、良師與嚮導來追求自身的自由，都是一種祝福。我們因他們的存在而得到祝福，他們的存在提醒我們可能達到什麼境界；我們因他們的直接指導而得到祝福；我們因他們提供的訓練和修行方法而得到祝福；我們因他們有技巧地教導如何運用靈性修行來培養自己所需的耐心，進而能運用耐心，而得到祝福；我們因他們深刻的愛而能面對創傷，因他們在心中為我們的最高益處著想，而得到祝福。

當我們找到有經驗的老師與可以信任和尊重的世系時，就找到可以照亮內心和道路的燈塔，讓我們有機會發現眞誠與永恆，並把光明帶給全世界。

第17章 心理治療與禪修

現代心理治療最擅長的部分，很像共同禪修的過程，治療師和案主坐著，一起學習專注於案主無法碰觸的自我部分和層面。

佛法與心理學的交會

每當佛法傳入新的國家，如中國、日本和西藏，就會受到其他本土文化和宗教極深的影響。在這種交會中，就發展出嶄新的修行方式，比如禪宗和密宗。現在的西方正發生這種過程。西方的「內在修行方法」中，對佛教和所有當代靈性生活產生最重要影響的就是西方心理學的理論和實務。在西方世界，許多認真走上靈性道路的學生和老師，都發現轉向心理治療來幫助自己的靈性生活是必要或有益的，而許多尚未這麼做的人，其實也可能從中獲益。

什麼是西方心理治療能做，而傳統靈性修行與禪修不能做的呢？我們常看到西方學生遇到內心深處的傷口，起因於西方家庭系統的崩解、童年的創傷、現代社會的混淆，心理治療以直接而有力的方式處理療癒的需求、重建健康的自我感、消解恐懼和分隔，並尋找具有創意、關愛與完滿的方法來活在世上。

我們談過這些議題無法與靈性生活區分開來，我們並不是為了得到涅盤才要得到心理的歸宿。身、心、靈得到開啓時，每遇到一個新的層面，一方面會展現出更大的自由和慈悲，另一方面又會呈現出背後更深、更細微的妄想。深入的心理工作和禪修工作必須一起進行。我們必須承認美國人修行時，在靈性生活揭露的許多深層議題，有許多是無法單靠禪修得到療癒的，比如早年受虐、成癮、愛和性方面的困擾等問題，都需要有經驗的療癒者以親近、自覺而持續的支持來解決。在大型靈性團體中，上師、喇嘛或老師很少有時間透過這種過程仔細指導我們，許多靈性老師也不擅長處理這些問題，有些人甚至不曾處理過自己的問題。

相反地，現代心理治療最擅長的部分，很像共同禪修的過程，治療師和案主坐著，一起學習專注於案主無法碰觸的各個自我部分和層面。心理治療不但擁有多數禪修方法所具有的專注性質，還有研究和探索的性質。在這種共同禪修中，治療師投入傾聽、了解和感受，或許能引導案主更加正視自身痛苦、糾結與困擾的根源。我曾接受數位優秀治療師的治療，從中獲益良多，他們幫助我了解心靈的各個層面，並得到療癒，而這些是多年禪修一直沒有碰觸到的。

即使是緬甸最著名的禪修大師，偉大的馬哈希禪師，也承認西方學生必須面對這些新的問題。他第一次到美國教學時，就聲明有許多學生因爲各種在亞洲很少見的問題而痛苦，他稱之爲「心理學的痛苦」（psycho-logical suffering）。達賴喇嘛與西方心理學家對話時，也對西方實務中看到的低自我價値感、創傷和家庭衝突，感到震驚。這些問題都必須受到重視。

錯誤的靈性觀念

有一種錯誤的信念，認爲只要有足夠認眞的禱告或禪修，就能轉化生活。這種信念常常妨礙老師和學生運用西方心理學的有效方法。不幸的是，許多東方和西方靈性傳承的學生誤以爲自己若經歷困難，就只是因爲修行不夠久，或沒有根據正確的方法修行。

第二種錯誤的信念就是好學生必須能獨力面對整條靈性道路，若轉向外界求助，就表示自己無能或失敗。有些團體認爲轉向外界的方法（如西方心理學）就等於承認自己的體系和老師不具備一切的解答，因而覺得受到威脅。在修行中，對心理治療的位置感到困惑，主要來自一個錯誤的觀念：「靈性」和「世俗」是不同的範疇，靈性比較「高超」，而世俗比較「低下」。我們可能曾受到教導，認爲禪修時「靈性」層面的經驗就好像魔術一樣，具有轉化存在的所有其他層面的能力；以爲在佛教修行的巨大「覺醒」，或在基督教、印度教的奉獻中體驗的神聖合一，就足以改變自己的識見、療癒我們的心、達到與生命最深層的眞理和諧一致的境界。

產生這種信念是有原因的，因爲在這種經驗中會感受到極度的和諧，而且會有持續很長一段時間的回響。但靈性旅程的這種經驗只代表初步的成功，經驗必然會盤旋回來，我們要學習把每一個新的洞見全然整合到生命歷程之中。在這個過程中，並沒有高超或低下的層面，沒有哪一個領域比其他領域更神聖，而是能面對每一種使我們痛苦的緊縮、恐懼和認同的模式，並從中找到覺醒與自由。

事實上，在靈性修行中處理個人情緒問題的需要，比一般認爲的重要許多。在我們每年長達三個月的密集禪修中，至少一半以上的學生發現自己無法做傳統的內觀禪修，因爲要面對許多未解決的哀傷、恐懼與創傷，使得過去未解決的發展問題成爲禪修的內容。在每一種傳承中，即使是最成功的西方尋道者，在精進的禪修和深入的洞識之後，都要重新面對生活中所有其他部分的痛苦模式、恐懼和潛意識。我們可能在禪修中體驗到了解和安詳，但回到日常生活的問題、探視家人，甚至談戀愛時，舊有的痛苦、神經質、執著、妄想的模式都會突然像以前一樣強烈。我們必須找出方法，讓這些議題融入我們的道路。

有一位在大型印度教團體裡做得很成功的西方老師，最近把教學責任交給兩位資深學生，沒多久就產生極大的混亂和衝突。一位資深學生開始濫用自己的角色，另一位則疏離而遲鈍。經過數次激烈的集體討論後，發現不只這兩位資深學生有問題，許多忠誠的學生也心不甘情不願地承認老師本身雖然沒有濫權，卻遲鈍、疏離、無能得令人痛苦。這位教學三十年、高齡七十四歲的老師非常誠實地決定開始接受心理治療，以處理自己生命中的這些議題。

東方修行方法在西方進行了數十年，我們現在非常清楚地看見，不將個人心理問題融入修行會產生何種結果。下一章〈國王的新衣〉將有許多討論，檢視老師和團體的關係會如何產生這種失敗，某些例子甚至有非常悲慘的結果。個人生命的議題通常是自身最大的痛苦與神經質、最深的執著、最巨大的妄想的來源，所以會害怕面對它們，可能不自覺地以靈性修行來逃避它們。當某些學生離開佛教或基督教的聚會所和寺院，發現自己在十年或十五年的追求之後，仍未眞正面對自己的人生及使自己受限而糾結的根本恐懼和痛苦時，是多麼失望啊！

心理治療的效用

有經驗的心理治療師能以特殊的方法和工具來處理生命最痛苦的部分，爲問題或困難提出知識理論，找出共通模式、特殊發展過程和有害的防衛方式，這些是西方文化主要的痛苦來源。治療師熟悉問題背後的家庭系統、信念、故事和身分認同，有可能在安全的定期會談中討論這些因素，而心理治療會談就是全心處理生活中造成難題的部分。許多實例都顯示心理治療如何幫助進行靈性修行的人，容我舉幾個例子。

一位在靈性團體修行多年的學生，對自己在團體外成功維持生計的能力缺乏自信，對金錢也感到擔心和困惑，認爲金錢是危險而沒有靈性的，直到許多朋友建立事業和家庭，他才知道自己需要協助。他一開始尋求諮商只是爲了知道自己應該留在團體中，還是要離開並接受職業訓練。但諮商使他面對深層的恐懼和不安全感，對過去的生活方式感到懊悔。治療使他了解自己的生活其實受到他對冷酷的商人父親的反應所支配。他看見自己一生逃避金錢和成功的模式，以及這種模式如何使靈修生活產生困擾，這種情形已經持續多年。最後，他面對這些恐懼和反應，進而看見自己有許多未加運用的才能和選擇。於是他離開團體，進入藝術學校，成爲非常成功的設計師。他仍持續禪修，並在以前團體的董事會服務。他現在能爲團體和修行帶來新的力量，而不是像以前一樣充滿不安全感。

另一位學生耗費十年在印度和日本旅行與禪修，經歷一連串痛苦的關係後，決定嘗試接受治療。他的治療是一段解開童年受虐、對性感到害怕與著迷、深度羞愧與憤怒的長期過程。在禪修的數年間，他成功地逃避這些議題，但每當他試圖建立親密關係，就被這些問題淹沒。他了解自己的人生，甚至是禪修生涯，幾乎都是對早期受虐的反應。在治療中，他開始聚焦於內心深處對愛的渴望、他的羞愧感、對性的困惑。對他而言，學習信任治療中的親近關係是一段緩慢的過程。他停止旅行，持續學習親密關係，現在的他比以前任何一段時光都更爲快樂、完整。

第三個例子是在靈性訓練的過程中轉向心理治療，她從非常年輕時就開始禪修，是非常投入的修行人，喜歡禪修的平靜與團體的照顧，但也有點被動、害羞、缺乏安全感。她宣稱自己想成爲禪修老師時，她的老師說她必須成爲更成熟的人才可能當老師。他建議她在禪修團體之外謀職維生，同時找團體中一位受人敬重的女性治療師探索羞怯和內在的不安全感。開始治療後沒多久，就顯示她被收養的事實是她被動順從的關鍵，這在她的靈修生活一直被忽略。她探索童年的心結時，無價值感、哀傷和困惑都傾瀉而出，開始質疑從兩歲就收養她的養父母。經過長期的尋找，她終於找到親生母親，艱辛而充滿淚水的團圓爲她開啓了新生命。她了解自己會成爲盡責的女兒和禪修學生，其實是爲了確保自己不會再度失去歸宿。透過持續的治療和禪修，她首度找到自己的方式和看法。隨著過去的身分認同得以鬆脫，她的生活開啓了全新而自由的巨大空間，進而展開眞正成熟的歷程，並開花結果，有一天終能帶領她成爲優秀的禪修老師。

當我們尙未完成情感生活的基本發展任務，或仍不自覺地與父母和家庭有所牽扯，就會發現自己無法深化靈性修行。若不處理這些議題，就無法在禪修中專注，或無法把禪修的學習帶進自己與他人的互動。無論緊繃的模式和不健康的自我感是出於童年的根源或更古老的業習，若不加以面對，都會在自己和子女的生活中不斷重複出現，光靠時間是無法療癒的。事實上，如果一直忽視它們，一段時間後，它們會變得更加根深柢固。

由於覺察力不會自動從某個生活層面轉到另一層面，深埋著恐懼、創傷和防衛的部分仍會被切割開來，所以我們會遇見在親密關係中仍然困惑和遲鈍的茶道大師，或是能讓身體消融在光中的瑜伽士，他的智慧卻在進入市場時消失殆盡。

心理治療有如一種靈性道路

比較心理治療和禪修的方法時，必須了解每一種技巧都只是學習的工具，而非最終的答案。禪修和禱告是培養專注、平衡、探究、臣服和放下的方法，同樣地，這些特質也都能透過有技巧的同伴，用自覺的方式具體應用於生活的難題，我們可以稱之爲心理治療。我們必須學習去認識靈性生活可能會在什麼時候從心理治療獲益。就像深入的禪修需要有技巧的老師，靈性道路有時也需要有技巧的治療師。只有深入注意生活的整體，我們才有能力好好愛人、自由生活。

佛洛伊德談到他所努力的整體目標就是讓人學會如何去愛、如何對世人有所貢獻。德國詩人里爾克（Rilke）這麼說：「一個人類愛另一個人類：這可能是全世界最難的任務……其他功課都只是爲這項功課做準備。」如果靈性修行無法使我們明智地盡責、去愛和工作，並與生活的整體連結，我們就必須接受其他能治療問題的方式。

最後一個實例或許可以說明靈性生活和心理治療二者能如何並行。有位禪修學生是帶著七歲兒子的離婚單親媽媽，她找我討論工作的瓶頸和生活的沮喪。禪修爲她提供某種程度的平靜、對失落的洞識及放下的能力，但我建議她同時接受心理治療。

在治療中，她立刻了解自己的婚姻和離婚是在重複早期童年的經驗。她先生在兒子四歲時離開她，就像她父親在她三歲時離開一樣。她在治療中運用深度呼吸來打開身體和感受，她在呼吸時注意到深處交替出現的恐懼、哀傷、被遺棄的感受，都是她一直無法在禪修中面對的強烈感受。在治療師的支持下，經過幾個月學習信賴和打開感受，她在會談中面對父親遺棄的痛苦核心，看見三歲的自己在樓梯上眼睜睜看著父親轉身走出她的生命，再也沒有回來。這種遺棄的痛苦一直令她無法承受。

她感覺到自己如何把遺棄的感受帶進身體，在遊戲場、大學、婚姻中一再重演。她從三歲的那一刻就做出結論：她不值得被愛。治療師要她在呼吸中感覺所有的感受。當她做好心理準備，他請她仔細觀看父親，她原以爲這個男人會離開是因爲不愛她，但仔細觀看時，卻看見一個受驚而痛苦的男人。在這種深入的狀態中，治療師請她想像自己在父親的身體裡，那是什麼感受呢？她感覺到緊張和難以承受的哀傷，他是一個陷入可怕婚姻的不快樂男人，爲了自己的人生而逃離。

他爲什麼不轉身告別呢？他不愛她嗎？「不，」她在驚訝中啜泣地回答：「他非常愛我，所以無法回頭看我。」接下來，治療師請她感受這個場景的每一部分，並以不同的方式想像這個場景。

最後，他請她回到三歲的自我，並深入詢問：她一輩子相信自己是因爲不可愛而被遺棄，這是眞的嗎？她看出這是一個悲傷的三歲小孩編出來的故事。治療師問：「身爲妳父母的女兒意味著什麼？」她看見這種情形創造出來的自我認同。他接著問：「這就是妳嗎？是妳眞正的身分嗎？」這時，開啓了一個特殊的空間，她在其中看見自己的心靈包含了父母和其他可能性，心靈的意識包含了所有可能性。她一面呼吸，一面放下，進一步開啓安詳、純粹覺察而永恆的心靈，超越原有的侷限身分，一種深刻的安寧與療癒感充滿了她的心。

長達數個月的治療會談都聚焦於過去建構的身分認同與其他可能性。透過這個過程，她的憂鬱症逐漸減輕，並產生新的能量來撫育小孩和進行工作，禪修也大有進展。幾年後，她認識另一名禪修學生，首度開始建立健康的關係。

聽了這個故事之後，我們可能會問：禪修和心理治療是同一件事嗎？心理治療能達到靈性工作的洞識和自由嗎？要回答這個問題，我們必須先承認有許多不同的治療方式，就好像有許多不同的禪修方法一樣。有些學生可能因爲對心理治療抱持陳腐、錯誤的觀念而拖延不接受治療，他們可能想像自己躺在診療椅上，一週又一週地自由聯想和重述童年故事，持續數年之久；或受分析師鼓勵去深化過去的怨恨和憤怒，把怒氣和指責發洩出來。他們怕這只不過是白費工夫的「重新安排鐵達尼號甲板上的座位」（意指「徒勞無益的活動」）——只調適生活中的問題，卻永遠無法超越自身渺小而侷限的身分認同而得到自由。

治療方法與治療師的選擇

雖然總是會有一些治療方法是侷限的，有些治療師是二流的，但最有智慧的治療方式提供的認識遠遠超越其上。東方和西方心理學都承認潛意識和過去制約的力量會使恐懼、貪婪、攻擊性、妄想留存下來，良好的治療會處理潛存的恐懼與執著、羞愧和著迷，以及僵化的情形，並提供鬆脫的方法。每一種情形都是錯誤身分認同的一部分。處理這些問題的有效方法包括觀想、角色扮演、故事敘說、藝術治療、夢工作、身體工作等等。技巧嫻熟的治療師了解早期童年發展的各種理論、健康自我感的必要結構，以及激發道德發展、自我接納、個體化的各種過程。

就像傳統靈性訓練一樣，榮格學派的治療、芮克式治療、心理綜合學、各種超個人心理學、各式呼吸工作和身體工作，都各自發展出開啓意識的方法，以深入了解思想和文字背後的自我。當這些治療方法加上與治療師建立親密而有自覺的關係時，就能讓老舊的模式與恐懼浮現，並在安全、愛、信任、沒有執著的氛圍中得到療癒。在這種關係中，能激發開放的感覺、對自我有更清晰的了解，而靈性生命的眞理也能進入切身的實踐之中。

當然了，選擇一位老練而有智慧的治療師很重要。如果佛陀是你的治療師，可能一切都不成問題了。選擇治療師就像上一章談到選擇靈性老師一樣，要仔細考慮各種條件。

治療師不只要有很多經驗，也必須展現出明顯的整合感和親切感。他是否向案主分享自己特殊的靈性道路並不重要，但他必須尊重靈性生活，以及治療和禪修背後的專注、慈悲、寬恕等原則。最後，重要的並不是特殊的治療技巧，而是在覺察和慈悲中進行的深入關係，這是療癒的來源。由此得到的心靈感動，是認識神聖與治療自身限制的深刻途徑。

當我們長久以來總是受到每個相遇的人的批判時，僅僅是看到一雙不帶批判的眼睛，就是非常特別的療癒。知名的靈性老師拉姆．達斯偶爾爲人進行治療時，就是坐著將他的手放在案主的心上三到五個小時。他這麼做時，會看入對方的雙眼，用心傾聽任何需要開啓的部分，然後傾聽超越其上的細微沉默。以這種方式接觸另一個人、也被對方接觸，可以在關係上創造出全新的可能性。我們可以在其中述說自己的故事，感覺慣常的恐懼和侷限，以及緊縮的身心認同。然後，我們可以在另一個人的面前詢問這是不是眞正的我。在最好的治療中，我們可以對任何靈性道路所說的無我和不執著，得到深刻的認識。

這意味著我們可以把心理治療當成所有痛苦和妄想的解答嗎？不盡然。心理治療就像禪修，有時會成功，有時卻不行，端視我們當時的狀況、是否做好心理準備，以及投入的程度而定；不但取決於治療師的技巧，也取決於方式是否適合、時機是否合宜。即使它「成功」了，就像禪修能產生深入的開啓一樣，療癒通常也只是一部分，只是一生開啓過程的起點。在這個過程中，禪修和心理治療都不是解答，意識才是答案。就像禪修的洞識還不足以完全找出靈性旅程的道路，心理治療的洞識也一樣不夠。

許多學生在長期心理治療後嘗試禪修，尋找心理治療找不到的沉靜、深刻的認識和自由。但許多禪修學生卻發現需要在心理治療中得到療癒，而在多年禪修後轉向心理治療。

重要的是我們願意追求完整，願意打開生命的每一個深層面向。我們帶著這種認識，也許能同時運用東方和西方心理學的力量和工具，以巧妙的方式在二十一世紀的社會中過著靈性的生活，並在每一種範疇中找到心的解脫。

第18章 國王的新衣：老師的問題

一般說來，這些問題起於靈性會忽視或否認我們自身的人性。

當知愚人、智人，佛性本無差別……前念迷即凡夫，後念悟即佛。

——禪宗六祖慧能

談到靈性生活的危險與希望，就不能忽略老師和教派的問題。電視福音傳播者、神職人員、療癒者和靈性老師濫用宗教角色的情形，不論在國外或西方本土都相當常見。我身爲一個靈性團體的領導者，見過許多學生深受老師的惡行所苦，也聽過許多禪學大師、印度教老師、喇嘛、禪修老師、基督宗教的牧師、神父、修女等人的這類故事。

威廉·詹姆士說，宗教是人類自我中心歷史上不朽的一章，馬克·吐溫認爲宗教是人嘗試去相信、期望是眞理的東西。學生的理想化信念加上老師個人的問題，就會產生古老童話《國王的新衣》所描述的現象。因爲沒有人願意說出事實，老師的惡行便會一直存在。靈性修行需要處理個人生活的潛意識部分，同樣地，我們也必須從整體的角度了解靈性團體的潛意識，以及領導靈性團體的老師的潛意識，否則我們就會遵循理想的化身，而非跟隨心的道路，也可能會以靈性的痛苦、個人的災難與一顆破碎的心收場。

曹洞宗的創立者道元禪師（Dogen）說：「禪師的生活是一個連續不斷的錯誤。」意思是靈性生活的核心就是許多錯誤加上向錯誤學習的坦然胸懷。道元禪師的說法也隱隱指出老師有時會誤導整個團體，造成許多巨大而痛苦的錯誤。靈性老師的角色是保護學生的心與幸福，指導他們在慈悲中覺醒，因此這些錯誤會造成極大的哀傷和痛苦。

老師的問題無法與團體劃分，靈性團體會反映老師的價值觀和行爲，也會涉入老師的問題。由於靈性團體非常重要，只有團體生活成爲修行中被自覺到的部分時，我們的心和靈性生活才能得到整合與完滿。

未經處理的團體問題往往是很痛苦的部分，因此需要運用所有靈性技巧、極大的敏銳度、慈悲，以及對眞理的深刻投入，才能面對這些問題，並加以處理。我們需要運用個人修行的相同原則：爲魔鬼命名、具有療癒力量的專注、解決區隔的情形、檢視不斷重複的狀況，並在自身的認識之心中找出轉化的種籽。

並不是所有團體都有濫權的情形，若老師和學生眞的承諾要過一種有自覺的生活，智慧而整合的教導就會成爲我們的修行之路。想了解如何做到這點，就要誠實看待既存的問題，以下將從清楚地命名開始。

爲問題命名

老師和團體最常在四個層面陷入困境。第一是濫用權力，最常發生這種情形的團體，權力集中於一位老師，且無論已對學生造成什麼後果，大家還是希望追隨這位老師。結果在教學中，權力取代了愛。有時老師會爲了自己的目的操縱學生的生活，裁定婚姻、離婚與生活的方式，甚至對不服從的學生施虐。濫用權力可能會伴隨老師的自我浮誇和自我膨脹，隨著完整階級制度的建立，分出受喜愛和不被喜愛的學生、會被「拯救」和不會得救的學生，產生祕密派系、威脅恫嚇、恐懼害怕，以及依賴和獨裁。

當派系意識混雜了權力的濫用，就會滋生不當的傲慢、分門別類的心態與偏執，造成「我們與他們」相對的孤立態度，最壞的結局就是落得兵戎相見、監視窺探、掙扎求生的下場。有個團體發生過這種情形，我去拜訪帶著孩子住在其中的朋友，他們的老師因靈性能力而著名，受到數千名學生推崇、愛戴與敬畏。他是年長獨身的瑜伽士，過著隱居的生活，所以無人質疑他的品德與權威。這位老師建立了數間大型的修行道場與不容質疑的階級制度，接近他的人就是圈內人，擁有大量金錢和靈性的魅力。幾年後，開始流傳一些故事，談到老師暗中狎淫年輕女子，選出大量親信，擁有祕密帳戶、禁藥和槍枝。我的朋友像大多數學生一樣是忠誠的信徒，完全不理會身邊的流言。若是有這種老師，他們怎麼可能忠誠呢？直到某天，青春期的女兒說出親身經歷，證明許多謠傳都是眞的，他們才發現自己是多麼痛苦地深陷其中。他們立刻離開團體，永不回去。但直到今天，即使許多事情已公諸於世，仍有許多成員留下來，就好像什麼都沒發生過，永遠不談這些問題。雖然這個故事也包含其他因素的濫用，但權力的濫用是問題的核心。

容易造成問題的第二個層面是金錢。接觸靈性教導可能對人的生活產生很大的衝擊，使人變得很大方，而爲靈性團體帶來大量金錢。如果老師過著簡樸的生活而不習慣接觸大筆財富，或欲望因此而膨脹，就可能在有意無意間濫用金錢。我曾見過來自亞洲的老師因爲無法抗拒美國人的富裕生活，而開始聚斂財富，只開最豪華的汽車、住最舒適的房子。某些東方靈性團體的老師高估了自己的重要性，濫用團體的存款和基金，雖然他們很少達到某些電視福音牧師濫用金錢的程度，但在極端的例子中，東方和西方的靈性教導都曾被當作斂財的工具，還有祕密的銀行帳戶、高級生活與騙取學生金錢等行爲。

容易出問題的第三個層面是性欲造成的傷害。性的濫用在我們的文化中到處瀰漫，靈性團體也不例外。老師的角色可能被濫用，而產生僞善或祕密性行爲，違反其誓言或教義，表現的方式可能是利用、通姦、濫權或其他危害學生身心健康的行爲。我見過各種不同的情形，有的禪師在禪修課程中獵艷（「來坐到我腿上」），有些印度教老師甚至擁有祕密的後宮。我認識一位來自最嚴格教派的印度教老師，他原本嚴守獨身，後來卻和許多已婚的學生偷情。許多喇嘛、禪師、印度教老師、上師都有相同的情形，最後造成學生和團體的浩劫。

有時候，祕密的性行爲是以「密宗」之名或特殊教法進行的。最糟的情形就是牽涉到未成年男女，或是把愛滋病傳播給學生。潛意識的性欲太容易混雜入眞實的教法。一位剛過世的內觀禪修老師，生前常在密集禪修訓練中進行裸體約談，讓極好的教學才能攙雜了令人非常困惑的性欲。

第四個問題是老師和團體涉及酒癮或藥癮，這種情形有時是暗中進行，有時卻是公開的（禪宗傳承有一段歷史，有許多以酒醉著名的詩人和禪師）。有幾個團體因爲老師酗酒而公開鼓勵飲酒，造成許多學生仿效；有些佛教和印度教團體必須開始參加戒酒匿名會的課程，以處理酒癮的問題。藥癮雖然比較少，但也偶爾見於一些老師或團體。最糟的是，暗中對酒精和藥物上癮會結合性欲和權力的濫用。

進入靈性團體的學生不會預先設想自己會遇到這些問題，理想主義、幻想和期待會使人無法在修行中面對這些陰影。但近來的新聞事件、東方雜誌的文章與當代的趨勢，都讓學生更能察覺這些問題，而開始著手處理。整體說來，權力、金錢、性、酒精和膨脹的自我都是人性的難題，靈性老師自然無法豁免。當然了，許多靈性老師並不會濫用自己的角色，他們是美德和慈悲的典範，但因爲這些問題太普遍了，所以必須了解這些問題如何發生、爲何發生，才能在未來創造更多有自覺的團體。

問題爲何發生？

一般說來，這些問題起於靈性會忽視或否認我們自身的人性。亞洲或美國寺院和道場的老師和上師，大多是接受神祕而內在的訓練，幾乎不碰觸權力及可能濫用權力的困難議題。老師被放進管理者、神職人員、指導者和密友的角色，擁有極大的責任和權力。可是，許多靈系體系和修行方法明確地在靈性領域中排除性欲、金錢、權力等人性的部分。這種切割能培養出覺醒而熟悉某些領域（如禪修技巧、公案練習、禱告、學問、祝福，甚至強而有力的慈悲）的老師，卻使他們在個人生活的大部分領域發育不良。

學生也須謹記，覺醒有許多不同的層次，隨之而來的神祕異象和啓示也是如此。覺醒的過程包括深刻的經驗與整合的時期，不論最初的開啓多麼強烈，都必然留下許多個人生活中未受影響的面向。神祕的異象或「開悟」的滋味、頓悟的經驗或覺醒，都只是深刻靈性修行的起點，但這些最初的經驗有可能非常強烈，以致於許多人只根據這些經驗就開始教導別人。這些未經整合的經驗很容易造成自誇、自大的情形。

大部分老師都只是部分開悟、部分覺醒（不論他們自己是否承認）。佛教爲不同的覺醒階段命名，起初的階段是認識的改變，後面的階段是性格的改變。所以在最初的經驗之後，雖然能對覺醒提出激勵人心、名副其實的說法，但只有在這條路上走了很久之後，才能轉化我們最深層的欲望、攻擊性、恐懼和自我中心的根源。

這種情形在性欲上最爲明顯。性欲的力量非常巨大，它是所有人性的泉源，是舞動一生的創造力。所以，如果大部分靈性生活排除性欲的話，就會造成災禍。

幾年前，爲了更開放而覺察地了解團體生活的這個部分，我寫了一篇文章〈上師的性生活〉，登在

《瑜伽期刊》(*Yoga Journal*)。我訪談了五十三位禪師、喇嘛、印度教老師及其資深學生，詢問他們的性生活，以及他們與老師之間的性關係。我的發現非常簡單：鳥兒有性，蜜蜂有性，大部分的上師亦然。就像我們文化中的各種族群一樣，他們的性生活也各有不同，有異性戀、雙性戀、同性戀、戀物癖、暴露癖、單一性伴侶和多重性伴侶。有些老師獨身而感到快樂，有些卻覺得不幸；有些人結婚，保持一夫一妻的關係，有些卻常常外遇；有些老師暗中與人雜交，有些則公開；有些老師把有意識而做出承諾的性關係當成靈性生活的一部分，也有許多老師像一般人一樣，在性欲上並沒有開悟或對性欲缺少自覺。對大部分老師來說，所謂「開悟」並未觸及自己的性欲。

在亞洲的傳統中，誓約和戒律會保護老師和學生不觸及性和其他不當行爲。在日本、西藏、印度和泰國所持的戒律都可以避免偷竊、說謊、不當性行爲或毒品濫用造成的傷害，這是宗教團體的所有成員都了解而遵行的。即使在某些戒律較鬆弛或經過調整的地方(如中國或日本，有些團體允許飲酒)，但每個人都了解老師的行爲所應遵守的某些嚴格文化規範。例如，整個團體都會支持保守的穿著，避免師生間勾起性欲，大家也都知道酒精或權力的使用有適當的限度。

現代的美國卻常省略這些規定，不論是電視佈道家或東方的靈修老師，對金錢、權力和性欲都沒有明確的行爲規範。我們的社會爲老師提供金錢或權力，卻沒有任何清楚的指導方針；酒精和成癮的藥物在西方常被自由使用，卻不會造成太大的良心不安；對傳統的禁欲指示缺少明確的承諾時，要由誰來告訴老師可以喝多少酒呢？如果靈性修行對傳統戒律和誓約少了一般的承諾，就會導致老師和學生走入歧途。爲了老師和學生的長遠利益，團體需要清楚說明他們的誓約。

性欲、權力、金錢和成癮物質的誘惑是非常巨大的。我們曾邀請一位四十五歲的緬甸大師到南加州的沙漠舉辦佛教的密集禪修。他是第一次到西方帶領密集禪修，當時正值熱浪侵襲，大部分學生都穿著運動衫和短褲；而這位老師從十四歲出家以來，只見過穿著長裙和長袖上衣的婦女，學生的穿著對他而言簡直像是艷舞秀。數天以來，他在禪堂或會談時根本不敢抬頭看人。他雖然緊張不安，最後還是做出一些調整，但對他的定力仍是一大挑戰。

移情與投射

要進一步了解老師和團體的問題，就必須了解靈性關係中，理想主義和投射的強大力量。西方心理學所說的「移情」（transference）是指非常強大的潛意識歷程，我們會把往日具有重要意義的人的特質轉移或投射到現在具有權威形象的人身上。這時我們就像小孩一樣，不了解人有多麼複雜，容易把他們看成全然的好人或壞人，因而希望他們能照顧我們的所有問題，或是害怕他們會像父母一樣批評我們，或是期望他們像父母一樣給我們想要的東西。

人會把許多東西投射到老師身上，這種情形可以用戀愛來形容：我們「愛上」靈性老師。我們尋找真正的愛、完美的善、全然的正義，內心如此渴望，而將之投射到另一個人身上。在靈性的浪漫傾向中，我們會把老師想像成自己想要的人，而不是看見他們的人性。從小在家庭和學校就學習順從權威、不能質疑的人，更容易有這種傾向。

靈性團體很少談到移情，但在心理治療的關係中，會刻意討論移情，使案主最終能實實在在地與治療師和周遭世界建立關係。

移情和理想化對老師的影響不亞於學生，它們會創造不真實的氛圍，常助長老師的孤立。當老師顯得不安全或孤寂時，學生會更加投射這些感覺；當學生把老師視爲完美的人，老師就更容易有這種錯覺。

老師四周可能圍繞許多仰慕他的信徒，卻沒有同儕，沒有人可以讓他開放而誠實地談話。老師沒有什麼私生活，總是爲團體的靈性需求盡責，常常扮演結合母親、父親、告解神父、療癒者、管理者、大師、顧問等角色的人。很少人了解老師在他的角色中有多麼孤立，這種情形在只有單一領導者的團體中更爲明顯。移情的歷程會強化老師的孤立，也是老師發生不當行爲的關鍵原因之一。一段時間之後，老師自身未滿足的需求和未解決的問題就會出現，並在團體內延燒。

我認識一位溫文儒雅的中年已婚男子，他因爲印度的上師要學生追隨他，而突然落入老師的角色。起初他以絕佳的力量和謙卑教導大家，但愈來愈多學生跟隨他之後，他陷入角色之中，因爲不安全感而試圖展示自己沒有的通靈力量，與女信徒做愛以尋求安慰，並辯稱這些行爲是「高級教學」的一部分。他已在移情作用中迷失了自己。

移情的問題有時會因爲學生的特質而變得更嚴重。我們已注意到靈性團體常吸引孤單寂寞、受過創傷的人，參加靈性修行的人有時是爲了尋找家人、愛、不曾擁有的好母親、好父親，他們想在生活艱難的社會中尋找療癒、友誼和支持，希望靈性團體提供不曾有過的美好家庭。如果靈性團體的修行方式不討論成員未解決的家庭議題和痛苦，這些缺憾就可能持續並強化。當許多活在潛意識中、有許多心理需求的成員一起生活、修行時，很容易在靈性團體中重新創造出舊有的痛苦家庭體系，在潛意識中以新的「靈性」版本活出過去的恐懼、憤怒或沮喪。瑪格麗特．米德（Margaret Mead）如是說：「不論是誰發明出多少團體，家庭總是在不知不覺中出現。」

即使學生知道團體的問題，也可能因爲不想再度失去「家人」，而不敢面對問題或離開，就像受虐兒童因爲歸屬感如此重要，而選擇回到施虐父母身邊一樣。

如果團體成員無法處理依賴、不安全感和其他可怕的議題，就會造成更深的依賴、僞善和孤立。眞誠的靈性團體必須承認和自覺到這些問題。每個團體幾乎都難免有一些困擾和問題，有些團體的問題很普通，有些則涉及老師的不當行爲。雖然大部分老師不致於如此肆無忌憚，但只要有這些情形（理想化、自我膨脹、區隔劃分、混淆老師的角色與需求），就仍可能導致濫用和利用。

如何處理老師與團體的問題

誠實詢問

不當的行爲是老師和團體一起造成的，解決之道也在於這兩者。了解這些困難的關鍵就是覺察。覺察是解決問題的第一步，包括誠實詢問，以下提出的問題可以拿來破除自誇的妄想和靈性的浪漫傾向所造成的嚴重問題。

在靈性團體中，是否有人要求你違背自己奉行的倫理行爲或完整感？團體受到的要求，相較於上師和上師身邊的人，是否有雙重標準？是否有祕密、謠傳的問題？重要成員是否濫用性欲、金錢或權力？他們是否常要你捐錢？是否要求你獻出身體？是否不允許你和老朋友來往？你是否覺得依賴、上癮？修行方法是否毫無幽默感（這是非常重要的跡象）？團體是否有一種沉重感、厭惡正常生活的感覺？你是否被要求盲信，而不是靠自己看清楚？是否有一些強而有力的事蹟，但其中卻沒有愛？是否強調組織和會員身分，卻不看重達到解脫的修行方法？是否有不寬容的氣氛？最年長、最資深的學生是否快樂、成熟？他們是否有地方學習、教導、傳佈自己的教法，或是一直保持學生和兒童的角色？

注意團體是否根據宗派意識或分離主義，或是有基要派的性質。如果我們愛上一個團體或老師，可能會很難分辨，因爲我們覺得自己是被揀選的人，比全世界其他人看得更清楚，而覺得陶醉。但這種信念必然會造成孤立、上癮，失去眞正的智慧和慈悲。

如果學生激烈地宣揚「唯一的道路」，通常表示其中有自己也不知道的不安全感，其下常有巨大而隱藏在潛意識中的恐懼或懷疑。波斯聖者瑞比亞（St. Rabia）說過一個故事，有一天瑞比亞生病了，幾個朋友來看她，他們開始批評世上的每一件事，表示自己才是眞正的聖者。她嘲笑他們說：「你們一定對這個世界很感興趣，否則就不會如此熱烈地談論。想打壞某件商品的人，必須先買下它。」宣稱只有少數被揀選的人才能覺醒或得到解脫的說法，絕對不是眞的。覺醒是每一個人、每一個生物與生俱來的權利，不可能只有一條正確的道路。

每一個人都必須學習成爲自身的權威，光是這點就足以使我們得到自由。不要忘了佛陀對困惑的羯臘摩村民所說的話，我們必須爲自身的生命尋找自我，不管別人抱持什麼觀點，只有在修行方法顯然有益時，才去遵行。我們必須帶著一顆愛心來問：我是否變得更孤立、可憎、迷失或上癮？我是否使自己愈來愈受苦？我是否愈來愈清明、自由？我是否更認識眞理、更慈悲而包容？

回答這些問題比提問更爲困難，我們必須對自己說實話、必須在團體中說實話。在這些情境中，需要練習爲魔鬼命名，並學習以慈悲和清明大聲說出來。我們必須與老師談這件事，看他們是否能了解，以成爲矯正問題的力量；我們必須堅持不再有利用的行爲。多年前，我在這種精神之中代表我們的董事會飛往亞洲，直接詢問一位不願回應在美國受到不當性行爲指控的資深老師。我們堅持他要誠實回答我們的團體和老師，提出解釋、道歉，重申他的倫理標準，才能重新被我們的團體接受。某些團體認爲對上師、喇嘛、大師或牧師提出質疑是不敬或不屬靈的，對團體的方向提出質疑則被認爲是迷惑和不成熟的跡象，但我們必須願意問自己的團體：「我們是否迷失、執著、上癮？我們是否受益、覺醒、開放？」信仰中的每一個問題、修行方法和老師的任何錯誤觀念、利用的行爲或不明確的道德準則，都必須提出來討論。開放而誠實地討論團體的福祉是非常有益的，具有療癒和轉化的作用。以誠實和善意來爲魔鬼命名，具有消除妄想的力量。

提出這些問題可能令人感到痛苦而具有爆炸性，往往難以處理。充滿指責、恐懼、偏執的憤怒或祕密會議是毫無益處的。對眾人抱持寬容和關懷的精神非常重要，團體可能需要一段時間才能學會這種精神。從外界尋找智慧長者的支持，可以創造安全的會談空間，對後續的了解和恢復是非常必要的。如果老師的心胸夠寬大，就能與團體一起逐漸成熟。

若要做到這一點，老師必須能處理自身潛藏的問題根源，包括舊有的創傷、文化和家庭的影響、孤立、上癮或自傲。有些團體的大師後來參加匿名戒酒會或接受心理諮商，有些團體則組成決策委員會，以避免老師的孤立感。

如前所述，處理老師和團體的問題所需的基本原則，和個人禪修的基本原則是相同的。我們必須不斷爲困難命名，爲持續存在的問題找出根源，並承認每個人心中的恐懼；我們必須以覺察和誠實，加上對自己與所有相關的人深刻的慈悲，才能把這些處境當成修行來學習。

採納好的部分

處理老師的複雜人性時，牢記其他幾個原則會很有幫助。其中之一就是「採納好的部分」。

我的第一位老師阿姜查的行爲是無懈可擊的，從許多方面來看都是模範上師，親切而有深刻的洞識、對人充滿愛。在他之後，我又向一位著名的緬甸大師學習，參加長達一年的密集禪修。他是個愛抱怨、舉止粗魯的老人，會向狗丟石頭，愛抽緬甸雪茄，早上會一面看報紙一面和美麗動人的年輕女尼談話。

在私人晤談中，他是非常優秀的老師，訓練過數千名學生，確實是經驗豐富的禪修指導者。但我看了他在其他情境的表現，內心不禁充滿懷疑，認爲「他不可能開悟」。我掙扎了好幾個星期才做出結論：他是個偉大的禪修老師，卻是個差勁的榜樣。我了解自己可以採納對我有益的部分，但不是全盤接受他這個人，我不需要模仿他。之後，我開始喜歡他。現在想到他，我內心仍充滿感激之情，我並不想效法他，但很感謝他教導我許多美妙的事。

認識光環效應

若要採納好的部分，就要認識有智慧的關係的第二個原則，避免光環效應。光環效應是指未經檢視的假設，認爲禪修大師或靈性老師如果在某部分很好，所有部分就必然都很好，如果他們認識內在的洞見，也就了解育兒之道和汽車修護。在靈性團體中，很容易看見這種幻想一再重演。

一對不切實際的夫婦向他們的老師詢問生產的問題，這位老師是一位著名的西藏喇嘛，從小在寺院中長大，一直保持獨身，一點都不了解生產，但他根據西藏的鄉野傳說提出一些建議。他們據此在山中的自宅生產，造成悲慘的結局：母親和小孩都差點死去。

還有一位學生追隨一名很有魅力的印度上師，上師的愛與教導爲他的生活帶來極大的喜悅和安詳。這位學生是同性戀者，和彼此相愛而忠誠的伴侶同居了十幾年，但上師說所有同性戀者都是可怕的罪惡，會使人下地獄，讓這位學生的生活幾乎全毀。他的關係破裂，瀰漫童年的祕密罪惡感和自恨再度困擾他。最後，他靠外界的幫助而看見上師或許為他帶來了願景與美妙的禪修指導，但對同性戀其實一無所知。他了解這點後，才能以同樣的慈悲心對待他所重視的教導與自己的生活。

我們會一再看見生活某個層面的智慧不會自動轉成其他層面的智慧，每一位老師和每一種修行方法都有其優缺點。

力量不等於智慧

為了區分靈性生活的精華與糟粕，我們必須分辨智慧與力量的差異。力量包括通靈能力、特殊的靈性能量、為學生創造願景的能力，或只是單純的個人魅力。許多力量強大的人並沒有智慧，許多有智慧的人雖然充滿愛與開放，卻不具備特殊的力量。千萬不要被愚弄，雖然這兩種特質有時會同時出現在一個既有智慧又有力量的老師身上，但兩者常被混為一談。力量強大的老師有可能也有智慧和愛心，但也可能沒有：力量不能證明任何事。當老師為法、神聖和眞理服務時，每一個人都能得到益處，但力量成為服務老師私利的工具時，就必然會造成許多問題。

建立明確的倫理準則

維持一個有智慧的靈性團體的最重要原則，就是建立所有人都須遵守的明確倫理準則。每個偉大的靈性傳承都有其倫理準則，但這些戒律是否得到公認、受到重視並遵行？一位禪師告訴我，道德戒律對學生非常重要，必須遵守，但禪學大師已經「解脫」，當然不受到限制。你能想像他的團體會有哪些問題嗎？

如果你的團體對老師和學生沒有明確的準則，就要提出詢問，找出這些準則。若有必要，可以向傳承中受敬重的長者或團體中有智慧的朋友尋求協助。內觀禪修團體有正式的戒律，學生和老師都要遵守佛陀的五個戒律，這些戒律明確指出老師常見的不當行爲，要求必須承諾不因爲金錢、性欲、成癮物質而傷害別人。這種團體也會設立倫理委員會，並有一套方法來處理學生或老師發生的問題。關於這種準則的實例，請參閱本書附錄。

在佛教寺院的傳統原則中，違反倫理準則時的解決之道是復原與和解的療癒過程。有時必須向團體懺悔和道歉，有時必須重新立誓，有時會要求一段悔過、反省的時期。建立準則時，需要包括處理不當行爲的明確過程，用坦率誠實的話語、慈悲和不間斷的支持來建立倫理標準，團體要定期開會，選出倫理委員，還要有適當的溝通管道與技巧。

介紹《國王的新衣》時，我談的問題好像很直接、容易處理，事實並非如此！這些問題都是團體生活最痛苦、最激烈的部分，需要每個人用極大的毅力和智慧來處理。唯有帶著這種精神，才可能得到療癒。

寬恕的空間

處理團體、老師和我們自己的各種問題時，必然需要某種程度的寬恕。寬恕並不是赦免學生、團體成員或老師造成傷害的行爲，也不表示我們不能公開說眞話、採取強烈的行動，以避免未來的問題。寬恕只是表明我們不會把某人從心裡移除。我們從寬恕的觀點了解每個人都受到不當的對待，也都造成別人受苦，沒有人能豁免。當我們看入內心、看見自己不能寬恕什麼時，就表示我們相信犯錯的人與我們不同。可是，犯錯者的困惑、恐懼和痛苦，眞的與我們的不同嗎？

幾年前，我們的佛教團體經歷一段痛苦的時期，一位老師在禁欲的密集禪修中與學生發生性行爲。我們進行了一連串充滿困惑與憤怒的會議，試圖了解這件事是怎麼發生的、我們又該如何處理。但提出這些重要的問題時，常帶著憤慨的語氣，直到有個人在最艱難的一場團體會議中站起來，以非常溫和的語氣問團體：「在這房間裡的每個人，有誰不曾因性欲而做出蠢事呢？」大家露出微笑，每個人都了解自己也在其中。從這一點出發，我們開始放下指責，向每一個與此痛苦情境相關的人發出智慧與慈悲的回應。

離開團體

即使嘗試了解和寬恕這些問題，但有時我們遇到的情況實在太糟糕，這時，最好要離開團體。有些老師和團體因爲過於自大、極度不自覺的口是心非和害怕，而不願或無法面對自身的問題。有些不健康的系統已無法改善；有時我們在剛加入時就感覺到危險的訊號；有時已加入一段時間，面對老師和團體的眞實問題與持續否認，而知道自己必須離開。

正如牟敦提出的警告：

> 世上最危險的人就是不接受任何人指導而進行默觀的人，他只信賴自己的識見，只遵守內在聲音的吸引，卻不聽其他人的話。他用自己的心確認上帝的意志……若他以全然自信的力量與他人溝通，讓他人覺得他是真正的聖徒，這種人足以毀滅整個城市、宗教制度，甚至整個國家。正是因為這些空想家，世界才會傷痕累累。

在幻滅中成長

當我們因爲團體發生問題，或是老師和團體不願處理自身的問題，而離開團體時，我們會經歷極度的痛楚。在靈性修行的過程中，我們的心有好幾種碎裂的方式，但這種背叛是最難以承受的方式。當我們發現原本信任的老師或所愛的團體竟然是僞善而有害的，會碰觸到許多學生最深處的失落感和憤怒，再度覺得自己像小孩一樣，重新經歷父母的離開或死亡，或是勾起不公平或被背叛的最初經驗。當我們因爲老師而感受到這種強烈的失敗時，可以自問：「我對這種失落起反應時，內在的感覺是幾歲？」我們常覺得自己還很幼小，因而看見強烈的感受不只是針對當前的處境，而是指向過去未解決的問題。這種感受甚至可能是不斷重複發生的受虐或遺棄模式的一部分；也可能我們曾經放棄自己的努力，希望別人來拯救。若是如此，就必須問自己一些嚴厲的問題：我爲什麼被這個體系吸引？難道我不曾懷疑所發生的事？我如何在潛意識中參與其中？

幻滅是靈性道路的重要部分，是強大而激烈的入口，是最純粹的老師之一，能教導我們覺醒、獨立、放下一切。幻滅就是剝除各種希望、想像和期待，它開啓我們的眼睛時，所造成的痛苦卻常關閉我們的心。幻滅的挑戰非常巨大，就是要我們開啓雙眼，同時仍與慈悲的心連結。不論我們的心被撕裂的原因，是出於內在修行的暗夜或團體遇到困難的暗夜，我們都能運用這種經驗學習更深的意識和更有智慧的愛。

靈性的背叛和失落所需要的療癒歷程，要花很長的時間。在盛怒和哀傷之後，是內心極大的空虛，好像內心有個東西被抽掉了。但這種空虛並不只是老師或團體的背叛造成的，而是以我們曾背叛自己的各種方式，始終存在那裡。最後，我們必須回頭面對自己，感覺我們試圖依靠外界來塡滿的內心空洞。我們必須找出自身的佛性，從這些困難中發現眞正需要學習的功課。

對某些人來說，幻滅和困難固然令人非常難受，卻是回歸自己必要的過程。我並不是指我們必須受到虐待，而是指這種經驗有時就像錯謬的老師，可以造就聰明的學生，即使學生覺得已喪失信心，但事實卻是我們永遠不會失去信心，只是暫時感覺不到。當我們說「我失去了我的心」，是指暫時感覺不到我們的心，但心就像信心與永恆的眞理一樣，始終在我們裡面。

眞理並不專屬於佛陀或任何大師，就如阿姜查常說的：「法、正道，就像地下水一樣，只要肯挖掘，就會發現它。」

我們和靈性團體、老師之間的關係所面臨的嚴酷考驗，可以把我們起初的理想主義轉化成智慧與慈悲；我們會從追求完美變成表達智慧與愛，然後就能了解鈴木禪師的名言：「嚴格說來，並沒有所謂開悟的人，只有開悟的活動。」因爲解脫不是可以被擁有的東西，任何人如果認爲「我已開悟」，就與這句話自相矛盾。智慧、慈悲、覺醒都不是一種成就，不是一件過去的事，如果沒有在此處鮮活地實現於自身或團體之中，我們的任務就非常明顯了：接受此時此刻在我們面前的任何情形，在內心轉化成智慧與慈悲。

冥想：反省自己修行方式的陰影

就像每個團體都有陰影一樣，每套學說教法也有陰影，陰影就是自己無法看清的生活面向。每一種教導也會產生其近敵，就是此教導最容易被誤用或誤解的方式。花一些時間反省自己選擇的修行方式有什麼優點和限制，是非常有用的，你可以藉此思考這些部分是不是自身靈性生活的議題。下述實例指出你可能會遇見哪些陰影。

內觀禪修和類似的佛教修行方式可能會導致心如死水、懼怕世界、從世界退縮；禪宗和吠壇多的不二論者也可能造成類似的問題：失去連結、無法腳踏實地。任何形式的理想主義、超脫俗世的教法，把地球上的人生視爲夢境或強調更高超的世界，都會使我們自滿、忽略道德、冷漠疏離。著重身體的修行方法如哈達瑜伽，可能會以身體的完美取代心的覺醒。拙火瑜伽會讓學生追求身心的興奮感，而不是眞正的解脫。克里希納穆提之類反對任何訓練或方法的學説，會導致人留在智性中探討靈性生活，卻無法提供任何深入的經驗；需要大量研讀的修行方法也有相同的情形。道德修行常有許多嚴格的規矩，強調什麼是純淨、什麼是不純淨，可能會強化低落的自我價值感，或造成僵化與自以爲是的情形。密宗修行可能假借修行之名，成爲放縱欲望的藉口。奉獻的修行方法可能無法發展清明與分辨的智慧。力量強大的上師可能會讓我們認爲無法靠自己完成。喜悦歡慶的修行方式，如蘇菲的旋轉舞，可能使學生不認識生命中無法避免的失落與哀傷。強調痛苦的修行方式則使人錯過生命的歡悦。

當你思考這些陰影時，要想一想自己的靈性道路和傳承，讓自己體會其優點與缺點、長才與可能產生的誤導。注意你可能陷入的地方，以及還需要更多學習之處。請記住，這些方法本身並沒有任何錯誤，它們只是開啓和覺醒的工具，有可能被善加利用，也可能在不知不覺中被誤用。隨著你在自身靈性生活的成熟，就能爲自己的修行方法負起責任，以智慧反省你在什麼地方陷入糾結，你需要什麼，才能在生活的每一種範疇都得到自由。

第19章 業：心是我們的園地

心是我們的園地，每一個行為都有意圖，意圖有如被栽種的種籽。好比我們用銳利的刀割某個人，若意圖是害人，我們就是兇手，但如果我們是外科醫生，意圖就是治療和救命。雖然是相同的行為，但有不同的目的或意圖，就分別成為可怕的行為或慈悲的行為。

業：因果的法則

日日夜夜，不論是獨自一人或在團體中，不論是遇到美妙的環境或面對困難，我們都一定有行動。我們要如何將內在的認識付諸實現？我們如何知道自己的行爲是否明智呢？智慧行爲的關鍵就在於認識業。

業（karma）已經成爲日常用語，有許多例子可以說明，我們會說：「這是他的業障」或「他會得到自己的業報」。我甚至在廣播中聽見一個汽車經銷商的廣告，他在柏克萊銷售低價的舊款汽車，宣稱這是他的業，不得不這麼做，並說：「來這裡買車占便宜是你的業。」報紙的廣告甚至說，只要花十五點九五美金就能確保下輩子有更好的業報、賺更多錢，「保證下輩子投胎爲人」（保證擁有財富或連本帶利賺一筆）。在美國文化中，「業」的概念和使用竟已淪落到這種層次！

佛陀在《華嚴經》中描述掌管宇宙中千萬個可能世界的法則，其中有快樂和痛苦的世界，有分別由火、水、金屬、雲，甚至花朵形成的世界。經上說每個宇宙都遵行同一個基本法則：你若在任一個世界中種下芒果的種籽，就會長出芒果樹，若種下蘋果的種籽，就會長出蘋果樹。現象界的每個世界都是如此。

業的法則指出因果所決定的模式會在累世中不斷重複出現。業的意思就是每件事的發生都有原因，每個經驗都以先前的經驗爲條件，所以我們的人生就是由一連串相關的模式所組成。佛教徒認爲，了解這一點，就足以有智慧地活在世上。

業有許多不同的層次，業的模式掌管宇宙的巨觀形式，比如銀河系的重力；也掌管最微小、最細微的形式，比如人的選擇會影響每一刻的心理狀態。舉例來說，在物質生命的層面，如果看著一顆橡樹，可以看見「橡樹」展現出好幾種不同階段的生命模式。在某個階段的橡樹模式是以橡實存在，接下來是樹苗，另一階段是大樹，而下一階段是大樹上長出的綠色橡實。嚴格說來，並沒有明確的「橡樹」這種東西，只有橡樹的模式，某些元素透過這種模式遵循業的循環法則，也就是水、礦物、陽光的能量經過特殊的組合，使之一再從橡實變成樹苗，再長成大樹。

心智的傾向和習性也類似業的模式，我們會一再重複，就像橡實和橡樹一樣。佛陀談到這點時，他問：「你因爲自身的業而在累世生命留下的骨頭堆積起來，與地球上最高的山相比，哪個比較高？我的朋友，你所堆積的骨頭比世上最高的山還要高啊！」

業的心理狀態：人格

我們住在制約模式的大海裡，一再重複這些模式，卻很少注意這個過程。若想清楚了解生命中的業，可以觀看日常活動中的因果過程，以及觀察心智的重複模式如何影響行爲。舉例來說，誕生在某個時代的某個文化中，會學會某種習慣模式，若生在沉默的捕魚文化中，就學會保持沉默；若生在喜歡表達自己的地中海文化，就容易大聲說話、用姿勢表達感受。社會的業包括父母、學校和語言的制約，會創造整體的意識模式，決定我們以什麼方式經驗現實和表達自我。

這些模式和傾向常比我們以為的強烈許多。不論環境為何，我們的生活方式都來自舊有的習性。我祖母住在老人公寓大樓，多數居民的生活方式都是安靜的久坐，唯一有新鮮事的地方就是大廳，有興趣的居民會到那裡看看有什麼人進出。大廳裡有兩群人，一群人固定坐在那裡找樂子，玩牌、向進來的人打招呼，他們之間以及與周遭環境的關係是愉快而友善的。另一群人喜歡抱怨，總覺得每個進來的人都有問題，他們會向訪客抱怨：「你有吃到他們今天煮的可怕食物嗎？」、「你看見他們把布告欄弄成什麼樣子嗎？」、「你有沒有聽說他們怎麼亂花我們的房租？」、「你知道我兒子上次來的時候說了什麼嗎？」這群人和生活的主要關係就是抱怨。每一群人都帶著他們生活多年的模式來到這棟大樓。

長期重複的環境和心態會成為我們所謂的「人格」。創巴仁波切被問到下一世出生的是什麼，他開玩笑說：「你的壞習性。」我們的人格被過去的原因所制約，有時很容易看出來，但大部分習性源自久遠且遺忘、未被注意到的過去。

在佛教心理學中，業習制約下的人格，是根據心智的三種基本潛意識力量與自動傾向來分類的，有些人是「欲望型」，這類人最常見的心理狀態是貪婪、缺乏感、不滿足；有些人是「厭惡型」，這類人最常見的心理狀態是批判、不喜歡、厭惡、怨恨；第三種是「困惑型」，這類人最基本的心理狀態是懶散、誤會、與人缺少連結、不知道如何做事。（譯注：這三種類型即所謂貪、瞋、癡。）

觀察自己進入房間時的典型反應，便能測出你是哪一類人。如果你最強烈的習性反應是欲望和匱乏感，就容易環顧四周，看看自己喜歡什麼、可以得到什麼，你會看到自己被什麼東西吸引、注意到美的東西、欣賞美麗的插花、喜歡某些人的穿著、發現某些人散發性的吸引力或想認識刺激的人；如果你是厭惡型的人，進入房間時就不會先看你想要什麼，而是看看哪裡不對勁，「太吵了；我不喜歡壁紙；大家的穿著不當；我不喜歡整個感覺。」如果你是困惑型的人，走入房間時就會看看四周，不知道如何與人建立關係，心中納悶著：「這裡發生了什麼事？我要如何適應？我該做什麼？」

原始的制約反應其實是非常強而有力的過程，會增長成強大的力量，爲整個社會帶來戰爭、引發種族歧視、驅策周遭許多人的生活。我們第一次遇見自己裡面的欲望和厭惡、貪心和怨恨時，可能會認爲這些力量無傷大雅，只是一點匱乏感、一點不喜歡、一點小困惑。但觀察自己的制約反應時，就會看見恐懼、貪婪和逃避其實很強烈，掌控了人格的許多面向。透過觀察這些力量，就能看見業的模式如何運作。

在禪修中開始仔細觀看我們的人格時，第一個衝動常常是想擺脫自己舊有的習性和防衛方式。一開始，大部分人會發現自己的人格有很多問題、難以相處，甚至令人討厭。我們觀看自己的身體時也一樣，從適當的距離、角度和光線來看時，會覺得身體很美，但愈仔細觀看就會發現愈多缺點，於是我們嘗試節食、慢跑、護膚、運動、度假，以改善身體。這些方法雖然有用，但我們仍卡在這副與生俱來的皮囊裡。人格比身體更難改變，但靈性生活的目的並不是要擺脫人格。有些特質是與生俱來的，有些受到生活和文化的制約，不論是何者，我們都不可能沒有人格。在這個地球上，我們都有一副身體和一個人格。

在業中學習

我們的任務是學習認識這副身心，並在其中覺醒。了解業的活動就是覺醒的一部分。如果不去覺察，生活就只是一再遵循過去的模式；但如果能覺醒，就能做出有意識的選擇，決定如何回應生活中的各種情境。我們的意識反應就能創造未來的業。我們也許能、也許不能改變外在環境，但帶著這份覺察，就一定能改變內在的心態，這就足以轉化我們的生活。即使面臨最惡劣的外在環境，也能選擇要以恐懼和憎恨來面對生活，或是以慈悲和了解來面對人生。

生活模式的轉化必然發生在內心。要了解如何處理生活中業的模式，就必須看見業的兩個不同面向，一個是過去的業造成的結果，另一個是現在的反應會創造未來的業。我們接受過去行爲的結果，這是無法改變的；但現在的反應也會創造新的業。我們種下業的種籽，產生新的結果。「業」這個字在梵文常常和另一個字「報」（vipaka）放在一起，稱爲「業報」（karma vipaka）。業是指行爲，報是指結果。

面對經驗的每一片刻，我們可能會用有益的（覺醒的）或有害的（潛意識的）方法。有害的反應如貪婪、厭惡和困惑，都必然製造更多苦難和痛苦的業；有益的反應是出於覺察、愛和開放，必然會產生幸福與快樂。透過有益的方法，可以創造新的模式，轉化我們的生活。即使是出於貪婪、厭惡和妄想而有的強烈模式，其中也有善巧回應的種籽。對逸樂的欲望可以變成自然而慈悲的行動，將美感帶入社會和周遭的世界；批判、厭惡的氣質可以透過覺察轉化成所謂「分辨的智慧」：帶著慈悲的清明、看清世上一切幻覺的智慧，並以眞理的清明來幫助、療癒別人；即使是困惑和脫離生活的傾向，也能轉化成智慧而寬廣的平等心，這是智慧與慈悲的平衡，以安詳和了解擁抱一切。

傳統上，佛學常以死亡與再生來討論業。佛陀談到他在開悟那一夜看見的異象，就是自己千萬次的前世生活，以及許多其他生命的前世生活，都是根據過去行爲的結果所產生的業而死亡與再生。但我們不需要用佛陀的異象來了解業，他所描述的業的法則會在生活中的每一刻出現，我們可以看見每一天如何發生死亡和再生，我們每一天都出生在新的環境和經驗中，好像新生命一樣。事實上，這種生死經驗發生在每一刻，我們在這一刻死亡，在下一刻再生。

死亡的那一刻（或說是任何一刻的變遷）有四種業：重業、近業、習性之業、隨機之業。上述每一種業都比下一種業具有更強的力量。傳統的解釋是以大門打開的牧場裡的牛來比喻。重業就像兇猛的公牛，它是我們做過的極好或極壞行爲所產生的力量，如果打開大門，公牛會第一個衝出去。近業是最靠近大門的母牛，代表變遷那一刻的心理狀態，如果打開大門時，沒有公牛出現，最靠近大門的母牛就會走出去。如果沒有特別靠近大門的母牛，就是由習性之業出來，這是日常習性的力量，如果沒有強烈的心理狀態，就是由平常第一個出現的母牛走出大門。最後，如果沒有強烈的習性在運作，隨機之業就會生起；若未出現較強烈的力量，就任由過去的狀況隨機形成我們的業。

每一個行動（或出生）產生時，都有維持與結束這個行動的力量。這些業力被比喻成花園，種下的種籽就是造因的業；施肥澆水、照顧植物，就是維持的業；遇到困難時，比如乾旱，就是對抗的業，即使種下充滿活力的種籽並加以施肥，如果沒有水，仍然會枯萎；最後就是有如火燒或地鼠啃食的破壞之業，會將種籽燒掉或吃光。

這是每一個世界、每一種環境的生命本質。一種情況接著另一種情況，但一切都必然會變化，外在環境的業會像馬尾擺動般不斷改變。在任何一天，財富或死亡都可能臨到任何人身上。

業的關鍵：心的狀態與意圖

行爲模式產生的業並不只是出於行爲。我們先有意圖，然後才有行爲，這個過程會產生業，所以要了解業的發生，另一關鍵在於覺察意圖。心是我們的園地，每一個行爲都有意圖，意圖有如被栽種的種籽，業的模式產生的結果就是種籽長出的果實。

好比我們用銳利的刀割某個人，如果意圖是害人，我們就是兇手，這會導致某種業的結果，但如果我們是外科醫生，意圖就是治療和救命。雖然是相同的行爲，但有不同的目的或意圖，就分別成爲可怕的行爲或慈悲的行爲。

我們可在每日生活中研究意圖製造業的力量，開始注意自己對日常問題做反應時的各種行爲。我們可能以自動的方式反應，忽視環境的困難或發出嚴厲的批判，也可能試圖保護或捍衛自己的做法。在這些情形中，心的意圖都被貪婪、厭惡或妄想束縛，而製造出未來的苦業，也就是在未來產生相等分量的反應。

生活出現這些困境時，若我們是想加以了解、學習、放下，或帶來和諧、產生安詳，就會以不同的意圖來說話行事。我們的行爲可能很類似、話語也相近，但若意圖是想產生安詳或帶來和諧，就會造成非常不同的業。我們很容易在工作或人際關係中看見這種情形。我們對同事或朋友說同樣的話，如果話語背後的精神是「我愛你，我希望我們能了解發生了什麼事」，會得到一種反應；如果背後的態度是責備、防衛和批評，只要語氣上有一點點「你有什麼毛病？」的意思，就會完全改變談話方向，很容易引爆衝突。

心理學家喬丹和瑪格麗特．保羅夫婦（Jordan and Margaret Paul）在《婚姻的迷思：我必須放棄自己，投你所愛嗎？》（*Do I Have to Give up Me to Be Loved by You*，遠流出版）中有兩段簡短的對話能說明這種情形。

對話一

吉姆：（疏離，聲音有點嚴厲）怎麼了？……

瑪麗：沒事。

於是吉姆埋首電視機前，不再說話。兩人之間的距離依然存在，甚至更遠。

對話二

吉姆：（眞誠、輕柔而好奇）妳好像不太舒服，怎麼了？

瑪麗：（仍然緊閉心扉而嚴肅）沒事。

吉姆：親愛的，我不喜歡這種距離，讓我覺得很不舒服。我是不是做了什麼事傷到妳？

瑪麗：（生氣地指責）對，你怎麼可以告訴山姆和安妮星期六要帶他們出去，卻沒有先問我或和我談一談？……

吉姆：瑪麗，我很想和妳談，可是妳對我大吼，我實在很難了解問題在哪裡。妳認爲我們可以好好談一會兒嗎？

瑪麗：好，我想我們確實需要談談。

我們在每個生活情境中的意圖或態度，會決定我們製造的業。日復一日，一刻又一刻，我們開始看見業的模式出自心的意圖。當我們開始注意，就可能愈來愈在自己的言行反應中，覺察相關的意圖和心的狀態。一般說來，我們對此毫無所覺。

比如我們決定戒菸，但出現抽菸的欲望時，我們會把手伸進口袋，拿出菸，取出一根，點燃，然後吸入。突然間，我們清醒過來，想起要戒菸。在自動導航、毫無覺察的生活中，我們會順著習慣動作取出香菸點燃。除非活在當下，在動作一開始就清醒，否則不可能改變我們的行爲模式或創造新的業，因爲一切都已發生了。就如前人的諺語：一失足成千古恨。

禪修中發展的覺察力使我們有足夠的觀察能力，能在每日生活中辨識自己的心和意圖。我們能覺察不同狀態的恐懼、匱乏感、困惑、嫉妒和憤怒，也知道什麼時候的行動會連結到寬恕、愛或慷慨。如果知道心的狀態，就能開始選擇接下來的模式或狀況、選擇自己要製造哪一種業。

請試著在生活中運用這種覺察力，在說話中練習，即使談到最微不足道的事，也要非常仔細地注意心的狀態和意圖。你的意圖是要受到保護、想抓住什麼、想捍衛自己嗎？你的意圖是出於關心、慈悲和愛而敞開自己嗎？一旦你注意到意圖，接下來就能覺察自己的反應；即使是不好的反應，也要繼續保持專注，觀察自己會產生哪種反應。

如果你不是出於良善的意圖，試著改變它，看看之後會發生什麼結果。一開始，你可能只會體驗到先前防衛態度的結果，但仍要堅持好的意圖，並觀察最後產生的反應。要了解業如何運作，只需要觀看自己的人際關係或與人最單純的互動。你可以選一個特定的關係或場所來實驗，嘗試只在心敞開而和善時做反應；若不處於這種狀態，請等待並讓不舒服的感受過去。正如佛陀的指導，讓自己的言語和行爲溫和地出現，伴隨溫和的意圖、適當的時機、爲著別人的益處。培養溫和、有益的意圖時，你可以在加油站或超市、工作場所或通勤時練習。我們的意圖會形成結果的模式。

我們更覺察自己的意圖和行爲時，就會更清楚地看見業，甚至業的果實似乎會更快出現，其實這是因爲我們開始注意它。當我們仔細注意，行爲的果實（不論好壞）似乎都會更快出現。研究這種因果法則時，就會看見自己或別人的行爲若是出於執取、怨恨、偏見、批判或妄想，就必然會帶來痛苦。我們也會開始看見傷害我們的人如何爲自己製造無法避免的痛苦。這使我們想更加注意，並在觀察因果法則時，直接看見心的有益和有害狀態。

從自身改變世界

注意業，會顯示生活如何受到心的意圖所影響。丹尼生（Ruth Denison）是位知名的內觀老師，她以最簡單的方式解釋業的法則：「業意味著你一定會有某種後果。」我們每天都種下業的種籽。我們只有一個地方可以練習業的所有影響，就是行爲的意圖。事實上，全世界之中，我們只能改變一個人的業，就是我們自己的業，但我們由心而出的行爲卻能影響全世界，因爲人都是互相連結的，如果我們能解開自己心中的業結，就必然能爲別人的業帶來療癒。有位曾經是戰俘的人探視倖存的同袍時說：「你是否已經原諒那些囚禁你的人？」倖存者說：「沒有，永遠不會。」原先的那人說：「那他們仍然囚禁著你。」

幾年前，我和妻子到印度旅行，她看見一個非常痛苦的異象，見到弟弟過世。起初，我認爲這個經驗是她在禪修中死亡—再生過程的一部分。隔天她又看見第二個異象，她弟弟成爲指導靈（譯注：指非物質的精神體爲仍在肉身的人提供指導），與兩位美國原住民一同前來支持、指導她。一週後，我們所在的道場收到一封電報，通知我妻子，她弟弟確實以她在異象中看見的方式過世，發出電報的日期就是她看見異象的日子。隔著半個地球的距離，她怎麼可能看得見弟弟過世？她能看見是因爲我們是彼此相連的。所以，改變一個人的心，也會影響所有人的心，以及全世界的業。

我幾年前指導一場密集禪修時，有位女子與早年受虐造成的痛苦搏鬥。她已憤怒、沮喪、哀傷了許多年，並長期以心理治療和禪修來治療這些創傷。在這場密集禪修中，她終於能原諒向她施虐的人。她在淚水中深深地原諒，並不是原諒那行爲，這是永遠無法寬恕的，而是因爲她不想再揹負心中的痛苦與怨恨。

密集禪修結束後，她回家發現信箱有封信，就是曾經虐待她的男子寫的，她與他已有十五年沒有聯絡。雖然在大部分情形下，施虐者即使得到寬恕，仍會對自己的行爲否認到底；這名男子卻不同，他寫道：「出於莫名的原因，我覺得必須寫信給妳，我這星期一直想到妳。我知道我帶給妳極大的傷害和痛苦，也爲自己帶來極大的痛苦，但我只是想請求妳的寬恕，我不知道自己還能說什麼。」她看著信上的日期，正是她完成內在寬恕工作的同一天。

印度有一個著名的故事，談到兩個信奉克里希納（Krishna）的王國。天神克里希納決定下凡拜訪，看看這兩個王國以他之名所行的事。他先來到其中一位國王的宮廷，這位國王以邪惡、殘忍、吝嗇、好妒而出名。克里希納帶著炫目的天光出現在宮廷，國王向他鞠躬說：「我主克里希納，歡迎大駕光臨。」克里希納說：「我要給你一個任務，我希望你走遍全國各省，看看能否找出一個眞正的好人。」於是國王走遍全國各省，拜訪上流和下層社會的人士、僧人與農夫、藝術家和療癒者，最後回到皇宮，等候克里希納再度出現。當克里希納來到，他鞠躬說：「我主，我已遵照您的指示走遍全國，卻找不到一個眞正的好人。雖然有些人表現出許多好行爲，但我認識他之後，卻發現最好的行爲背後仍出於自私、自利、鄉愿或欺騙。我找不到一個眞正的好人。」

克里希納接著來到另一個由知名女皇達瑪拉迦統治的王國，女皇以仁慈、親切、關愛、慷慨著名。克里希納也給她一個任務：「我要你走遍全國，爲我找出一個眞正的惡人。」於是女皇走遍各省，拜訪下層和上流社會的人士、農夫、木匠、護士和僧人。經過長期尋訪，她回到宮庭，克里希納再度來臨時，她鞠躬說：「我主，我已遵照您的要求，但任務失敗。我走遍各地，見到許多做壞事的人，他們受到錯誤的引導，做出引發痛苦的行爲。但我眞正傾聽之後，卻找不到眞正的惡人，他們只是誤入歧途，他們的行爲都是出於恐懼、妄想和誤解。」

兩個王國的生活環境都受到統治者的精神影響，而兩個國王遇見的事其實反映出他們的心。當我們注意、了解自己的心，並以智慧與慈悲善巧地回應，就爲世界和平盡了一己之力。透過工作與創造力，可以在生活中創造一個有益的外在環境。可是，我們身上發生的重大事件，如出生的地點、死亡的時間、生命中的重大變化及周遭世界，大部分都是古老而強大的業力模式的結果，這些都是我們無法改變的，它們的到來有如風與天氣，我們唯一能確信的天氣預報就是所有情況都會不斷改變。

在無常中為自己負責

要了解業，就必須回答一個簡單的問題：我們如何看待這些不斷變化的情況？我們創造了什麼樣的宇宙、我們選擇栽種什麼東西、我們在心的園地出產什麼，都會創造我們的未來。《法句經》談到佛陀開始教學時所說的一段話：

我們就是我們所思的內容，

隨著思想產生我們的一切。
我們用思想造出世界。
以不純淨的心來說話或行動
困擾就會跟隨你
有如輪子跟著拉車的牛轉動。

我們就是我們所思的內容，
隨著思想產生我們的一切。
我們用思想造出世界。
以純淨的心說話或行動
快樂就會跟隨你
有如你的影子，堅定不移地跟隨你。

原文：

心爲法本　心尊心使　中心念惡
即言即行　罪苦自追　車轢于轍
心爲法本　心尊心使　中心念善
即言即行　福樂自追　如影隨形

我們在世上終究無法擁有任何東西，包括我們的身體，但透過我們的意圖，就能形塑或引導心的模式。我們在心中種下的種籽，會製造未來世界的王國，可能是邪惡有害的王國，也可能是美好慈悲的王國。透過單純地覺察每一刻的意圖，可以建造一個美好的花園，創造持久的幸福快樂模式，遠超過我們的人格與有限的人生。

內觀老師希薇雅．布爾斯坦（Sylvia Boorstein）用一位好友的故事來描述這種力量。這位朋友是知名的醫生，擔任美國精神醫學會主席多年，是人人稱讚的紳士，爲人正直而仁慈，爲生活的每一件事帶來喜悅。他一向非常尊重病人和同事。在他退休年邁時，記性開始退化，常常認不出朋友。他仍住在家中，由妻子照顧他。希薇雅和身爲精神科醫師的丈夫賽摩爾是他們多年的好友，應邀到他家吃晚餐。他們已有一陣子不曾見面，不知道他的記憶是否更爲退化。他們帶了一瓶酒，按了門鈴。他開門時，一臉茫然地看著他們；雖然他們是多年好友，但他顯然不認識他們。他接著微笑說：「我不知道你們是誰，但不管是誰，請進來好好享受。」他用一如往常的親切態度招待他們。

透過心製造的業的模式，能超越時空的限制。在任何環境中喚醒慈悲與智慧的心，就能成爲佛陀。當我們喚醒內在的佛陀，就喚起宇宙的精神力量，爲全世界帶來慈悲與了解，甘地把這種力量稱爲靈魂力。需要強而有力的行動時，它能帶來力量，會帶來極大的愛與寬恕，但仍堅持眞理、述說眞理。在任何環境中帶來智慧與自由的，就是心的力量，讓精神王國得以出現在這個世上。

對甘地而言，這種精神一直與他的心相連，他總是願意傾聽全世界，隨時準備好向世界回應，向所有生命分享慈悲的祝福。他說：

在我的不合作之上，只要有最微小的理由，即使面對最惡劣的敵人，總是有最熱切的合作渴望。對我而言，非常不完美的凡人始終需要神的恩典，始終需要法則。沒有人不需要救贖。

關於寬恕的冥想

若能讀懂敵人不為人知的歷史，就會發現每個人的生命都有許多悲傷與痛苦，足以化解一切敵意。

——朗法羅（Longfellow）

寬恕是靈性生活最重要的禮物之一，它能讓我們脫離過去的悲傷。雖然寬恕是自發的反應，但也能刻意發展出來。就像慈心觀和悲憫的練習一樣，古老而有系統的修行也有培養寬恕的方法。寬恕是爲其他以心爲核心的禪修做準備，讓心變得柔軟，去除通往慈愛和悲憫的障礙。透過一而再、再而三的重複練習，就能將寬恕的精神帶入整個生活。

練習寬恕之前，必須先清楚了解寬恕的意義。寬恕絕不是合理化或赦免傷害的行爲。當你寬恕時，也可能說：「我絕不允許這種事再發生一次。」

你寧可犧牲自己的性命，以避免進一步的傷害。寬恕不表示你必須找到傷害你的人或對他説話，你可以選擇再也不見到對方。

寬恕只是心的一種行爲，放下你長久揹負的痛苦、怨恨與憤怒，讓自己的心得以放鬆，不論你多麼強烈地譴責另一個人的惡行，或因此而受苦，仍確定自己不會再把另一個人趕出心房。我們都受到傷害，就像我們也都傷害過自己或別人一樣。

對大多數人而言，寬恕是一個歷程。當你受到很深的傷害時，寬恕的過程可能要好幾年。寬恕會經過許多階段：悲痛、憤怒、哀傷、恐懼和困惑，直到最後，如果你讓自己感受身上揹負的痛苦，就會走到解除的階段，有如心的解脫。你會發現寬恕基本上是爲了自己，這是一種不再揹負往日痛苦的方式。傷害你的人不論仍在世或已過世，他的命運如何並不重要，重要的是你心中揹負的東西。如果寬恕是針對你自己、你的罪惡感、你對自己或他人所造成的傷害，需要的歷程是相同的，你將了解自己可以不再揹負它。

正式的寬恕冥想練習如下：讓自己舒適地坐著，閉上眼睛，讓身體和呼吸保持自然、輕鬆。身心都要放鬆，輕柔地把氣吸入心的部位，感覺你因爲尚未寬恕而揹負的所有阻礙和執著，包括尚未寬恕自己或別人的部分。讓自己感受心門緊閉的痛楚，輕柔地呼吸到心的部位之後，開始邀請寬恕，並加以擴展，背誦以下三段文字中的引言，讓這些話打開寬恕的心。重複背誦這些話，讓這些字句、影像和感受進入深處。

來自別人的寬恕：「我曾在有意無意間，因為自己的痛苦、恐懼、憤怒和困惑而以各種方式傷害、背叛或拋棄他人，讓他們受苦。」這時請回憶並觀想自己曾傷害別人的各種方式，看見並感覺你因爲自身的恐懼和困惑所造成的痛苦，感覺自己的悲傷與懊悔，並覺得自己最終能放下這個重擔，請求寬恕。描繪出仍然壓在你心上的記憶，然後一字一字地重複說：「我請求你的寬恕，我請求你的寬恕。」

寬恕自己：感覺自己珍貴的身體和生命。「我曾有意無意地以各種方式在思想、言語或行為中背叛、傷害或棄絕我自己。」請觀想你曾傷害自己的方式，描繪、回憶、在心中看見這些事，感覺你因爲這些行爲而揹負的哀傷，並覺得你能放下這些重擔，將寬恕從一件事擴延到另一件事，然後告訴自己：「對每一件我出於恐懼、痛苦和困惑，透過行為或怠惰而傷害自己的事，我寬恕自己，我寬恕自己。」

寬恕曾傷害你的人：「我曾被別人在有意無意間，以想法、言語或行為傷害、虐待和拋棄。」描繪、回憶這些事，以各種方式觀想，感受你因往事而揹負的哀傷，如果已做好心理準備，就去感覺自己能擴展寬恕而放下這個重擔，對自己說：「我現在能看見別人曾因為恐懼、痛苦、困惑和憤怒而以各種方式傷害我。就我已做好心理準備的部分，我寬恕他們。我在心中揹負這種痛苦太久了，因為這個理由，對於曾傷害我的人，我寬恕你們，我寬恕你們。」

輕柔地重複這三段寬恕的指示，直到你能感覺心中的放下。有些痛苦可能過於巨大而覺得無法放下，那就只要感覺自己揹負的重擔和苦惱或憤怒，輕柔地碰觸這塊地方，寬恕自己的無法放下。寬恕是不能勉強的，那只是假造的寬恕。只要繼續練習，讓言語和形象逐漸運作。時候到了，你就能將寬恕的冥想當成修行的固定部分，以智慧的慈心放下過去，讓心向每一個新的片刻開啓。

第20章 擴大修行的範圍：不分彼此的心

假設你把鄰里視為修行的寺院，你會怎麼對待你的寺院？你在那兒的靈性任務是什麼呢？

擴展法則的運用

所有靈性修行都與關係有關：與自己的關係、與他人的關係、與生活處境的關係。我們可以用智慧、慈悲、彈性的精神面對各種關係，或是用恐懼、攻擊和妄想來面對生活。不論喜歡與否，我們總是在關係中互相連結的。

前十九章的焦點大部分都在談如何透過療癒、訓練和了解靈性生活的週期與可能性，以智慧與內在自我建立關係。由於在生活的所有面向進行靈性修行是非常重要的，所以可以再用相同的份量分別談傳統修行在各個面向的運用，比如正當的生計和有自覺的性欲，婚姻和家庭生活、政治、經濟、社區生活中的修行，但本書已經談到主要的原則，可以用來了解各個面向，並在其中運用。

在政治、婚姻或商業中擁有智慧關係的法則，與內在生活的法則是相同的。每個領域都需要承諾和堅定的能力，也需要坐定的能力；我們在每一種關係裡都會遇到熟悉的魔鬼與誘惑，也需要爲它們命名、與困難共舞；各個領域都有其週期，也必須在其中學會對自己誠實。

要擴展我們的修行，就必須學習有自覺地把覺醒和慈悲的精神帶進每一個行動。愛因斯坦是現代最有智慧的人之一，他如此描述靈性生活：

人是整體的一部分，我們將這個整體稱為「宇宙」，人只是受限於時空的一部分。他經驗到自我、自己的思想和感受，覺得是與其他部分分開的，但這只是意識的一種錯覺。這個錯覺是我們的監獄，使我們受到限制，活在個人的欲望和周圍少數幾個人的情感之中。我們的任務必然是擴大認識和慈悲的範圍，擁抱所有生命和整個自然之美，使自己脫離這座監獄。

擴大靈性修行其實是擴大心的過程，使洞識和慈悲的範圍逐漸擴大，以涵蓋生命的整體。今年此時，在地球此處的人身之中，就是我們的靈性修行。

過去東方靈性修行大部分屬於寺院中的出家男女，歐洲幾百年來的默觀修行也多半屬於修道院。但在現代，寺院已擴展到整個世界，大部分人都不會過出家的生活，而是以平常人的身分尋求眞實而深刻的靈性生活。當體認我們所在之處就是我們的寺院，就有可能在當前的生活中修行。

一位孟買的年老上師就以這種方式教導我們：他讓學生跟隨他的時間剛好足夠眞正了解生活和愛，以及如何在其中獲得自由，然後就送學生回去，說：「和鄰居結婚，在自己的社區找工作，把生活當成修行。」而在印度另一邊的海岸，德蕾莎修女將成千上萬志願到加爾各答服務的人送回家，告訴他們：「你現在已學會在印度窮人身上看見基督，請回去服務家中、街上和鄰居身上的基督。」

沒有分別的心

傳統佛教的觀點認為，我們自混沌初開就以各種生命形式不斷輪迴，經歷無數轉世。我們被教導要從這個觀點來深思，看見一世又一世中，我們在每一種生命形式中當過彼此的母親、父親、兄弟、姊妹。因此，我們被教導要把每一個遇見的人當成自己鍾愛的子女、父母或祖父母。所以佛教國家常以親屬的敬稱來稱呼每個人：總統伯伯、市長阿姨、將軍叔叔、老師爺爺等等。我們都是一家人。

沒有分別的靜默之心最能直接感受到這一點。當心智靜止，心靈開啓時，世界是沒有分別的整體。正如西雅圖酋長投降讓出土地時，對美國人祖先的提醒：

> 這片土地是我們的母親，任何臨到土地的事，就也臨到地上的兒女。我們知道這一點。所有事物都是連結的，就像血緣凝聚一個家庭，所有事物都是連結的。
>
> 任何臨到土地的事，就也臨到地上的兒女。我們並未編織生命之網，我們只是網中的一股線。無論我們對這片網做了什麼，也就對自己做了什麼。

心沒有分別時，每件事都是我們的修行。專注沉默的打坐和任何領域的行動一樣，兩者沒有什麼不同，它們就像吸氣和呼氣，是生活中不可分割的兩面。禪宗傳統明確指出這一點：

> 靈性修行只有兩件事：打坐和掃花園，不論花園多大，都沒有差別。

我們花許多時間靜默、開放、覺醒，然後將這種覺醒表現在世界的花園中。有時我們必須先療癒自己的創傷，達到某種程度的內在幸福，但最終都自然會走向服務，渴望回饋世界。這種服務精神絕不是出於試圖改變世界所有錯誤的理想。當我們碰觸到自己內在的花園，就會把恩典帶給所有與我們接觸的人。琳・帕克（Lynn Park）的詩將它表達得淋漓盡致：

花時間禱告──
這是最甜美的油，可以潤滑進入花園大門的絞鏈
使大門可以輕易打開。
你可以隨時進入。
數算你的祝福。
打斷你骨頭的硬石
將為你建造愛的聖壇。
花園是你的家。
帶著它的芳香、隱藏在你裡面，進入城裡。
突然間，你的仇敵會買下數包種籽
屈膝種下花朵。

就在路邊的泥土中。
他們會稱你為朋友
對你來到他們中間引以為榮。
當有人問「那是誰？」他們會說，
「喔，從渾沌初開以前，
他就是我們一直鍾愛的人。」
這是曾經為了維護自身利益
而踐踏你的人所說的話。

拋開一切，除了你的花園，
拋開你的擔心、你的恐懼、你的狹窄心胸。
沒有人能奪走你的花園。

當我們擴展花園時，我們的行動就是充滿感恩、愛和慈悲之心的自然表現。當我們在每一個生命中體認到家族血緣時，就會產生這些感受。我們從周遭世界接受物質和靈性的營養，這就像吸氣；每個人都有某種天賦，快樂就是把這些天賦回饋給地球、社會、家庭和朋友，這就像呼氣。我們在彼此的連結中成長時，內心自然會滋長出世界公民的完整性與責任感。

日常生活有如禪修

擴大修行的範圍時，可能覺得時間不夠。現代生活的步調非常快速，現代人總是想得到更多東西。就連電視推銷產品時，也開始以節省時間的方法來取代性關係。我們是否有足夠的時間擴大自己的修行？記得有人向阿姜查抱怨，在他的寺院沒有足夠的時間修行，因為有太多瑣事要做：打掃、清潔、接待訪客、蓋房子、唱誦等等，阿姜查反問：「你是否有足夠的時間來覺察呢？」生活中的每件事都是覺醒的機會。

我們可以在此時此地學習看見自己的恐懼、執著、失落或妄想，在完全相同的這一刻，也能看見覺醒、自由、完滿生命的可能性。我們可以把這種修行帶到工作、社區、家中，任何地方。人們有時會抱怨很難把修行帶入家庭生活，認為單身時可以花很長的時間參加密集禪修，或到山中、外國的寺院旅行，誤以為這些地點和姿勢就是神聖的精神所在。但神聖一直就在我們面前，家庭生活和小孩都是美妙的寺院，小孩是奇妙的老師，教導我們臣服和無私，一再把我們帶到當下此刻。我們在道場或寺院時，如果上師要我們早起禪修，我們不見得願意，有些清晨會賴床不願起來，想著明天早上再說；但小孩因為生病或有需要而在半夜叫醒我們時，我們會毫無選擇也毫不遲疑地以全然關愛的專注，立刻回應他們。

家庭生活需要我們一再付出全心和全然的關懷，我們在禪房或寺院面對不可避免的疲累、不安或煩躁時，禪師或上師給予的指示也是如此。在家中面對這些處境與密集禪修面對這些處境，是完全相同的。事情愈來愈困難時，靈性生活也愈來愈真實。子女必然會生病或發生意外，悲劇必然會發生，這些處境需要我們持續以愛和智慧來面對，因而碰觸修行的精髓，並發現真正的靈性力量。

許多文化把養育出智慧健康的小孩視為一種靈性行動，養兒育女被認為是神聖的，小孩常常得到擁抱，也被社會之心擁抱，每一個健康的孩子都被視爲未來的達文西、紐瑞耶夫（譯注：Rudolf Nureyev，俄國芭蕾舞蹈家）、克拉拉．巴頓（譯注：Clara Barton，美國紅十字會創辦人），是獨特的人。我們的孩子就是我們的禪修。如果孩子在托兒所和電視機前長大，如果社會價値認爲賺錢比陪伴小孩重要，就會製造出一個充斥著不滿足、受傷、匱乏個體的世代。若想將修行擴展至撫育小孩和親密關係這種吃力的領域，就要有觀呼吸的耐心和堅定，願意把心帶回千萬遍。沒有一種價値會在一夜間就出現，孩子或彼此相愛的心也是如此。我們全家在泰國和峇里島度長假時，讓我看見關愛的尊重產生的力量。我的女兒卡洛琳向一位極好的老師學習兩個月的峇里島舞蹈，結束時，老師爲她安排一場告別的發表會，地點在學校，也是老師的家。我們抵達時，舞台和音樂已經準備好，接著開始爲卡洛琳著裝。他們花很長的時間打扮六歲的她，雖然這個年齡的專注力不過只有五分鐘。他們先爲她穿上絲質的莎籠，在腰際繫上美麗的鍊子，然後在胸前圍了十五層繡花絲巾，戴上金臂環和手鐲，接著整理頭髮，插上一朵金色的花。這種打扮遠遠超過六歲女孩的想像。

那時我不耐煩地坐著，自豪的父親急著照相，一直問：「你們什麼時候可以打扮好，上台表演？」半小時、四十五分鐘過去了，最後老師的妻子出現，解下脖子上的金項鍊爲卡洛琳戴上，她非常激動。這時我放下不耐煩，了解眼前發生的是非常奇妙的經驗。峇里島的小孩受到極大的尊重，被視爲社會的成員，不論舞者是六歲或二十六歲，都像藝術家般受到肯定和尊重，她的表演不是爲了觀眾，而是爲了神祇。卡洛琳受到尊重的程度就像藝術家一樣，她因而大受激勵，跳出優美的舞蹈。請想像你自己在孩童時如果受到這種尊重，會有什麼感受。就像佛陀千百世以來培養耐心、尊重和慈悲，使心得以成熟一樣，我們也可以把這種精神一點一滴注入家庭和愛的關係。

出現困難時，靈性修行不應成爲逃離生活的藉口。若遇到困難就停止禪修，不管哪種禪修都不可能有多大的進展，堅持投入是修行的支柱。在愛的關係中（如婚姻），承諾是成功的頭期款。承諾並不是安全感的契約，好像把愛當成商業交易——「如果你沒有改變，如果你沒有離開我，我就留在你身邊」。在有自覺力的關係中，承諾是指願意在一起，答應幫助彼此在愛中成長，尊重並促進伴侶的開放精神。

在撫育孩子和愛的關係中，都必然會遇到打坐時碰到的阻礙。我們會渴望自己在別的地方或跟別人在一起；會覺得厭惡、批判和恐懼；會有怠惰和沉悶的時候；會互相覺得厭煩不安，也會產生懷疑。我們可以爲這些熟悉的魔鬼命名，以修行的精神面對；我們可以承認這些困難背後的主體是恐懼，與伴侶一起討論這些困難，藉此深化彼此的愛。

走入世界

隨著生活環境的改變，我們學會在一連串困難中找到平衡，就會發現覺醒與自由的眞正意義。我們還期望找到什麼更好的寺院呢？我們可以把相同的原則從家庭生活延伸到社區、政治、經濟、全世界的和平工作、爲窮人服務。所有這些層面都要求我們帶著佛陀的特質進入。我們是否能把佛陀帶進當地的投票所？是否能像佛陀一樣有所行動，寫信給國會議員？是否能把食物分享給飢餓的人？是否能像佛陀一樣，爲和平、正義或環保走上街頭？我們能爲這些挑戰付出的最大禮物，就是心的智慧和偉大，少了它，就無法解決問題；有了它，就能開始轉化世界。

我記得第一次參加反越戰遊行時，抗議者對將軍和政治家的抨擊和仇恨，一如將軍帶到戰場上的攻擊和仇恨，我們只是在重新製造戰爭。但我相信我們可以超越這些障礙，藉由提出強烈的政治論點，以全心全力爲正義服務，而不把行動建立在仇恨上，不製造「我們」和「他們」的對立。金恩博士提醒我們永遠不要屈服於製造敵人的誘惑，他說：「當你爲正義挺身而出時，要確定自己的行動帶著高尙與紀律，只用愛做武器。」

一位知名的作家朋友爲波斯灣戰爭帶來的嚴重破壞憂心不已，她希望盡可能以個人而直接的方式回應這件事，於是在她居住的小鎭中央廣場靜坐。每天中午，不論日曬雨淋，她都帶著要求波斯灣和平的標語，安詳地靜坐。有時會有人對她咆哮，有時會有人加入，有時她獨自一人，但無論如何，她仍日復一日在廣場上展示她想要的和平。

有位禪師正以靜坐和非暴力原則訓練數以千計的環保及政治示威者，他們學習處理不可避免的衝突與其中的邪惡，以及把他們渴望的和平和整合帶入改變的過程。一位和平工作者與領導歐洲核武的將軍進行一場重要的晤談，他一開始就說：「身上揹負了捍衛全歐洲人民安全的重責大任，一定非常辛苦。」會議以這種互相尊重的感覺開始，使對話得以順利進行。

我們可以帶著世界公民的整合感和承諾，喚醒所有人的菩薩智慧，進入政治的領域。當我們將每個領域都視爲寺院，視爲發現神聖的場所，就能將靈性修行帶入街頭、進入社區。假設你把鄰里視爲修行的寺院，你會怎麼對待你的寺院？你在那兒的靈性任務是什麼呢？也許你會撿起眼前的垃圾，移走路上可能絆倒人的石頭；也許你會以覺察的神聖之道來開車，或是減少開車、少用汽油；也許你問候鄰居的方式會像你問候寺院中的兄弟姊妹一樣親切；也許你會成立機構來照顧病人或飢餓的人。

這並不容易。靜坐禪修很困難，以禪修的精神行動也同樣困難，你可能要花費數年才學會如何進入家庭或政治的舞台，並與自己最深處的慈悲保持連結。保持連結需要特別而自覺的努力，但是，神聖與眞實的事物就在這裡。

一開始我們可能會很困惑，因爲世界太複雜了。當我們獨自坐著，只需要面對自身的苦難；當我們在家庭和社會中行動，就必須面對連結我們與一切生命的苦難。我們有億萬個兄弟姊妹處在極度不公、貧窮的處境，其中的不公與悲傷實在過於沉重，似乎超過我們所能面對的，但內在有個部分知道這也是靈性生活的一部分，我們可以把這種苦難當成自己的一部分來回應，而事實也確是如此！沒有人能避開暴虐、失落、哀傷或死亡，在地球環境的破壞或拯救中，我們都是互相連結的。

我們必須記住，世界當前的問題基本上是靈性危機，肇因於人類狹隘的目光，因而失去彼此的連結、失去共同體的感覺，最嚴重的是與靈性價值失去連結。

如果不處理背後的根本原因，政治和經濟的改變並不足以減輕苦難。地球上最嚴重的問題，如戰爭、貧窮、生態破壞等等，都是出於人心的貪婪、仇恨、偏見、妄想和恐懼。若要擴展修行的範圍，面對周遭世界的哀傷，就必須面對這些內在的力量。愛因斯坦說，我們是核子的巨人和倫理的嬰兒。只有找到慈悲、良善和了解，以超越自身的貪婪、仇恨、妄想，才可能爲周遭世界帶來眞正的自由。

寬廣開放的心使我們得到力量，可以直接面對世界、了解自身悲傷的根源，以及我們在其中的份量。

艾森豪總統提醒我們有這種責任，他說：

> 人們製造的每一把槍、下海的每一艘軍艦、發射的每一支火箭，追根究柢都代表一種偷竊，因為這會造成某些人挨餓受凍。這個武裝的世界並不只是花掉金錢，還花掉勞工的血汗、科學家的天賦、兒童的希望，這根本不是一種生活方式……而是把人性掛在金屬做的十字架上。

做這件事的，是我們的社會，現代社會的每個人都必須承認自己是世界困境的一部分。我們可以從許多重要的層面來談全球的苦難，在每個領域盡自己所能，把慈悲和技能帶進經濟、教育、政府、服務和世界的衝突之中。在這種工作背後，我們必須找到心的力量，以眞理和慈悲面對不公不義。

在我們的世界中，力量有兩種來源，一種是仇恨的力量，使人敢去殺人；另一種更大的力量來自不怕死的人。這是支持甘地遊行、對抗整個大英帝國的力量，也是桃樂絲．戴（Dorothy Day）持續不懈爲紐約街頭窮人服務的力量。這種心的力量、生命的力量，會在每一種情境中改造、挽回人類的生活。

喚醒這個地球的慈悲和自由並不容易。我們需要在不誠實的時代展現誠實，在這個時代，爲我們的原則奮鬥比較容易，難的是實踐我們的原則。這個時代常忘記道、法、宇宙的法則，廣泛宣傳物質主義、占有的欲望、沉溺放縱、軍事安全，以之爲人類行爲的準則。我們必須在這個時候覺醒，這些方式不是正法，並未遵循和諧與幸福的永恆法則。從我們身上就能看見永恆的法則，我們必須在自己身上找到古老永恆的生命法則，根據眞理和慈悲來引導我們的行爲。

有自覺的行爲：五戒

若要擴展我們的認識和慈悲，我們的行動就必須合乎古老而自覺的行爲法則。這些法則是自覺的靈性生活的基礎，在每一種環境遵循它們，並使之完善，這種做法本身就是把所有生命帶往自由的修行。我在柬埔寨難民營看到清楚印證這些法則的實例，當時我和一位亦師亦友的柬埔寨僧人瑪哈何沙南達（Mahaghosananda）在一起，他是少數倖存的柬埔寨僧侶，在赤色高棉的勢力下，到一個貧瘠的的難民營建立一座佛寺。當時有五萬名村民在槍口威脅下加入共產黨，後來逃到泰國邊境的難民營。這座難民營的地下赤色高棉領導者威脅要殺害所有到寺院的人，但開啓之日仍有兩萬多人擠進滿是灰塵的廣場參加法會。許多都是傷心的倖存家屬，一個叔叔帶著兩名姪女，原有三個孩子的媽媽只剩一個孩子在身邊，學校被焚、村落被毀，幾乎每個家庭都有人被殺害或變成殘廢。我很納悶他要對這些極度痛苦的人說些什麼？

瑪哈何沙南達以村落生活流傳千年的吟唱揭開儀式序幕。雖然這些字句已沉寂了八年之久，許多寺院也已被摧毀，但這些話仍存在這些人心中，他們的生活就像地球上其他人一樣充滿悲傷與不公。瑪哈何沙南達接著吟唱一段佛陀最核心的話，先用巴利語（Pali）再用高棉語，一再複誦這些話：

永遠不可能以仇恨止息仇恨

唯有愛才能療癒仇恨。

這是古老而永恆的法則。

他一遍又一遍地吟唱，成千上萬人跟著他吟唱，邊唱邊流淚。這是令人驚訝的一刻，因爲他吟唱的眞理顯然比大家的悲傷更巨大。

每個偉大的靈性傳承都認識並教導基本的法則，談到智慧而自覺的人類行爲，不論稱之爲美德、倫理、道德行爲或戒律，都是不傷害別人的生活準則，願意把清醒與光明帶進世界。每個人都有能力在心的美德、完整與正直中得到喜悅。當我們彼此關心、在生活中不傷害別的生命，就能創造自由和幸福。

佛教修行要求五項基本戒律，不在言語和行爲中傷害別人，做爲最低限度的承諾。這些戒律要定期誦念，以提醒學生做過這些承諾。五戒如下：

我保證不殺害、不傷害活的生命。
我保證不偷竊，不拿不屬於我的東西。
我保證不做會造成傷害的不正當性行為。
我保證不說謊，不說傷人的話，不說閒話，不詆毀他人。
我保證不服用成癮物質，如酒精或使人恍神、失去覺察力的藥物。

美德的正面力量很大。如果生活不遵行這些戒律，人就會變得像野獸一樣。少了這些戒律，其他靈性修行就只是幌子。想像你在一整天說謊、偷竊之後靜坐修行是什麼樣的情形，再想像如果每個人都遵守一條戒律——不殺害、不說謊或不偷竊，這個世界會有多麼不同。我們眞的能創造出全新的世界秩序。

這些簡單的教導是實踐修行的完美方式，可以把認識和慈悲的範圍擴展到周遭世界。遵行五戒可以訓練專注和尊重，我們需要專注謹愼才能避免傷害別人。戒律清楚指出我們何時會偏離正道，何時會受恐懼、妄想纏擾而可能傷害別的生命。佛教僧侶不只遵守五戒，而是數百條訓練的戒律，透過這種修行而在言語、舉止、所有行為中產生精細的覺察和尊重。

基本的戒律並不是消極的，而是在生活中積極表現出慈悲心。不殺生可以滋長對生命的敬愛，願意關心、保護所有與我們共享生活的有情生命。不偷竊是智慧生態學的基礎，重視地球的有限資源，積極尋找與全世界分享祝福的生活和工作方式，從這種精神出發，就能走向自然而具療癒力量的簡樸生活。從不說謊出發，就能爲慈悲、了解和公義說話。從不造成傷害的性欲出發，就能在最親密的關係中表達愛、喜悅和溫柔。不濫用成癮物質、不願失去覺察，就能發展出在所有環境下都以最覺醒、最有自覺的態度來生活的精神。

戒律一開始是一種修行，接下來會成爲必需品，最後會成爲一種喜悅。心覺醒時，戒律自然會在世上照亮我們的路，所以稱爲明亮的美德。在極大的困難中仍堅持述說眞理、以慈悲行動的人，周圍的人可以看見他身上的光，他的芬芳甚於香水，足以上達神祇。知名心理學家維克多．法蘭克（Viktor Frankl）曾談到這個力量：

> 從集中營歷劫歸來的人，會清楚記得那些走過營房安慰有需要的人、給出最後一片麵包的男男女女。這種人也許不多，卻是人類精神可能性的證明。

每個人都有這種精神，有時隱藏，有時出現。這種光明、慷慨、和平，是我們給地球的最偉大禮物。擴展我們的修行時，我們會成爲一個圈子的核心，就像投入池水的石頭慢慢沉入池底時，引發的漣漪會擴延到池岸。身爲一個圈子的核心，我們會變得安詳，也會把這份安詳帶給別人，不受眼前生活的改變所影響。鈴木禪師說：「在變化中找到完美的平靜，就是在涅槃中找到自己。」

敬愛生命

擴大修行的範圍時，我們會在每一場相遇中、一刻又一刻中、一個人又一個人中，學會尊重的藝術。這不是理想化的修行，而是當下的修行。

布萊克如此描述：

一個人若要行善，對象就得是渺小而特定的個體。廣泛而籠統的善是偽君子、惡棍、馬屁精的藉口。

靈性生活不需要崇高的理想或高貴的思想，而是需要我們仔細溫柔地專注於呼吸、小孩、周遭的樹，以及與我們緊密相連的地球。

追隨佛陀的僧侶禁止砍斷樹木或植物，他們把不傷害和敬愛的精神擴展到身邊的一切生命。當代亞洲森林被破壞的速度一如亞馬遜雨林，由於體認到將來很快就沒有森林可以留給森林寺院和僧侶，有些禪修大師就帶領村民進入森林，把僧侶的袍子綁在最老最大的樹上，然後舉行出家儀式，把樹視爲佛陀的追隨者。泰國人和緬甸人非常敬重出家儀式，於是不砍這些樹，而使整區的森林得以留存。

這種不斷的關懷和專注就是我們的靈性修行。如果我們把每個相遇的人都視爲叔伯、阿姨和兒女，我們的心就會容易感動而有彈性。

彈性和尊重的關鍵在於傾聽的心，這不是一般人具有的觀念。甘地說：「我們必須重視眼前的事實，甚於堅持原有的觀點。」有個當代和平計畫就是根據這個原則，稱爲「慈悲傾聽計畫」。這群美國人和歐洲人接受訓練，以關心、專注和深度的慈悲傾聽困難處境的每一部分，他們最近派出好幾組人去傾聽世上最與世隔絕的人。有一組人到利比亞，用慈悲的方式坐著傾聽效忠格達費（Qaddafi）的利比亞軍人的觀點和故事。這種傾聽嘗試從對方的觀點來了解當事人。還有一組人到尼加拉瓜傾聽鄉下農夫和反政府武裝游擊隊員，了解各自的觀點、痛苦和困難。另一組人到中東傾聽黎巴嫩各黨派人士的看法。

當我們像住在寺院中一樣傾聽，彼此注意有如對方是我們的老師，尊重對方所說的話，視之爲神聖而有價值的，就能喚醒每一種偉大的可能性，甚至出現奇蹟。若想以最有效的方式在這個世界行動，就不能發自我們小小的自我感、侷限的自我認同與個人的希望和恐懼，而必須傾聽更大的可能性，促使行動連結到最崇高的意圖，發自我們內在既有耐心又慈悲的佛陀。我們必須學習接觸大於自我的某種東西，不論稱之為道、上帝、法或自然法則。我們能聽到深處的眞理之流。當我們根據這個眞理來傾聽、行動時，不論發生什麼事，我們的行動都是正確的。

甘地過世後發生的事，可說是傾聽之心的最佳實例。當時整個甘地運動的追隨者陷入混亂，印度獨立後一、兩年，幾位甘地的追隨者決定召開全國大會，討論如何繼續甘地的志業。他們想說服維諾巴．伯哈夫（Vinoba Bhave）領導這個會議，因爲他是甘地最親近的弟子、指定的繼承人，但他拒絕了，他說：「我們無法喚回過去。」經過多次懇求，大家終於說服維諾巴帶領這次集會，但他提出一個條件，就是延後六個月，讓他有足夠的時間從住家步行到會議地點，這幾乎要跨越半個印度。

他走過一個又一個村落，每處都停留，像甘地一樣召開會議，傾聽大家的問題，有時給予村民建議。很自然地，他走過許多非常貧窮的村落，因爲印度有許多這種村落。其中一個村落裡的人說生活困苦、飢餓、缺乏食物，他問大家：「你們爲什麼不種自己要吃的食物呢？」但大部分人不爲所動，他們說：「先生，我們會種，但我們沒有土地。」維諾巴想了一會兒，答應大家到德里時，會告訴總理尼赫魯（Nehru），看看能否立法把土地分給印度最貧窮的村落。

村民睡了之後，維諾巴仍在思考這個問題，整晚沒有入睡。他在早晨向村民道歉：「我太了解政府了，即使我在數年後說服他們立法撥贈土地，你們還是得不到土地。因爲這道法令要經過省、縣、區、村各級負責人，撥贈的土地給你們時，每個政府官員都要分一杯羹，恐怕沒有什麼可以留給你們了。」這是他眞實而難過的困境。

一位富有的村民站起來說：「我有土地，大家需要多少？」總共有十六個家庭，每家需要五英畝，所以維諾巴回答：「八十英畝。」這人因爲深受甘地和維諾巴的精神感動，便提供了八十英畝土地，維諾巴說：「不，我們不能接受，你必須先回家與妻子和將來會繼承土地的子女討論。」於是他回家得到家人的支持後，再回來說：「我們願意捐出八十英畝土地。」當天早上，最貧窮的幾個家庭得到了八十英畝土地。

隔天維諾巴走到另一個貧窮的村落，聽取最低階層的人述說飢餓和沒有土地的困境。他在會議中述說前一個村落的故事，另一位富有的地主受到感動，在家人的同意下，捐出一百一十英畝土地給二十二個最貧窮的家庭，窮人當天就得到捐贈的土地。

一村又一村，維諾巴不斷召開會議，持續上述過程，直到幾個月後抵達會議場所。他一路上已爲最窮苦的家庭募到兩千兩百英畝土地，他在會議中述說這個故事，許多人加入他，開始偉大的「印度土地改革運動」。接下來十四年，他和數千位受他感召的人走遍印度每一個縣、市、鄉、鎭，沒有政府的官樣文章和繁文縟節，爲最貧苦、最飢餓的村民募集了一千萬英畝土地。

這一切都起於對舊有的困境抱持傾聽的精神、對眞理的關懷，以及慈悲的初心。以這種方式生活，需要勇氣和單純：勇氣是誠實傾聽、面對世界的眞實面貌，單純是用不被矇蔽的雙眼與心，看見生活對我們有何呼喚。

這種勇氣是體認未曾有人活過我們的一生，即使是在最大的感召之下，也沒有可資追隨的確切計畫或榜樣。我們追隨的是未知的道路和不明的水流，需要極大的勇氣才能打開雙眼與心來前進。當我們以深刻的慈悲觀看，可能會發現必須一再改變自己的生活，放下自己不明智的部分，或是以新的方式把慈悲擴展到周遭世界。

以這種方式活出心的道路，稱爲活出菩薩的生活。菩薩的梵文由兩個字組成，菩（Bodhi）是指「覺醒的」，薩（Sattva）是指「生命」，合起來是指承諾要覺醒的人，承諾要使每一個生物都得到自由與幸福的生命，像佛陀一樣利用每一個環境來表現人類了解與慈悲的能力。據說即使太陽從西方出來，世界上下倒轉，菩薩也只有一條道路；即使面對最大的困難，菩薩的道路仍然是把了解與慈悲的精神活出來。擴展修行的範圍時，我們會發現心的能力可以見證世界的苦難，並體驗到心在對所有生命的慈悲中得以擴展、連結。

我們內在的菩薩知道眞正的愛是不會被打敗的，可以轉化一切。令人驚奇的是，活出菩薩的生活並不困難，也不是空想，只要把愛、開放和自由的精神帶入每一種環境，就能轉化周遭的世界。

一位記者要求甘地留下一句話給印度人民時，他的火車正要開動，他在紙上潦草寫下：「我的生活就是我要留下來的話。」

擴展修行的範圍，就是讓我們的生活成爲我們留下來的話。

關於服務的冥想

選一段安靜的時間，讓自己舒適地坐著，放鬆但保持清醒。感覺你的身體坐著，並感覺到輕柔的呼吸。讓你的心智清明、心靈柔軟，思考著支持所有人類生活的豐富恩典與祝福：雨水、植物、溫暖的陽光，想著人類的各種恩人：農夫、父母、勞工、療癒者、郵差、老師和整個社會。當你感覺到周遭世界，也要注意其中的問題：人類、動物與環境的需求。讓自己感覺心中想要有所貢獻的傾向，以及用自己獨特的能力爲世界付出時的喜悅。

當你做好準備，在心中向自己提出下列問題。每提出一個問題時，留一些時間讓心來回答，讓最深處的慈悲和智慧來回應。

想像五年後的自己，你最希望自己成爲什麼樣的人，那時的你已完成所有想完成的事，已用最眞誠的方式獻出所有你想獻出的事。你最大的快樂來源是什麼？你做了什麼讓你覺得最讓世界受到祝福的事？你對世界的什麼貢獻最讓你感到滿足？要向世界做出這種貢獻，你必須放棄什麼沒有價值的事？要對世界做出這種貢獻，你必須體認自己和他人有什麼力量和能力？要開始這種服務、這種貢獻，今天的你必須開始做什麼？爲什麼還不開始呢？

遵守五戒：以不傷害做爲送給這個世界的禮物

每一個偉大的靈性體系都會提供倫理行爲的指引，表明靈性生活和我們的言語行爲是一體的。有自覺的承諾美德和不傷害，是和諧、慈悲生活的基礎。遵循一種道德準則，在開始時可以視爲對自己與他人的保護，有了進一步的修行和深思，就能看見每一個誠實而完整的基本範疇會如何發展成修行本身，使你覺醒，並種下內在自由的種籽。每當你發展出一種美德，這個美德就會成爲自發的禮物，這是你的心送給所有生命的關懷之禮。

在佛教的修行中，建立美德和完整的方式之一就是正式遵守五戒。你可以有規律地做，以提醒你的意圖，並重新做出承諾。

遵守五戒的方式：在你平時固定禪修的地方，以安靜而警覺的方式坐著。如果你有一個聖壇，可以點根蠟燭、焚香或放一些花，然後保持放鬆，讓身體平靜、心敞開來，做好準備後，複誦下列戒律：

我接受訓練的戒律，不殺害、不傷害活的生命。
我接受訓練的戒律，不偷竊，不拿不屬於我的東西。
我接受訓練的戒律，不做造成傷害的不正當性行為。
我接受訓練的戒律，不說謊，不說傷人的話，不說閒話，不詆毀他人。
我接受訓練的戒律，不服用成癮物質，如酒精或使人恍神、失去覺察力的藥物。

複誦每一條戒律時，要感受到心的意圖，感覺心提供的力量和幸福感，以及對世上所有生命的慈悲感。

修行到某個階段，如果你想探討如何進一步運用這些戒律，可以嘗試以下練習：

從五戒中選出一項，用來培養和強化美德與覺察。用一週的時間，非常仔細地運用那條戒律，然後檢視結果，在下一週選擇另一條戒律。以下是運用各個戒律的可能方式：

一、戒除殺害：敬愛生命。用一週的時間，刻意在思想、言語、行爲中避免傷害任何生物。要特別覺察生活中被你忽略的生命（人、動物，甚至植物），並對他們培養出關懷與敬愛。

二、戒除偷竊：注意物質的東西。用一週的時間將消耗量減至最低，減少開車、消費，讓每一個身體動作都受到仔細的管理和尊重。接下來再以一週的時間實現內心自然浮現的慷慨想法。

三、戒除妄語：以心說話。以一週的時間避免說閒話（正面或負面的都要避免），也要避免談論任何你認識但不在現場的人（任何第三人）。

四、戒除不正當的性行為：有自覺的性欲。以一週的時間非常仔細觀察性的感受和想法有多麼常出現在你的意識之中，每一次都要注意伴隨而來的特殊心境，如愛、緊張、強迫性、關心、寂寞、溝通的渴望、貪婪、快樂、攻擊性等等。

五、戒除成癮物質。以一週或一個月的時間戒除所有成癮物質（如葡萄酒、烈酒、大麻、香菸、咖啡因）。觀察自己使用這些物質的衝動，覺察有這些衝動時，內心發生了什麼事。

第四部

靈性的成熟

靈性的成熟・偉大的樂章・開悟就是與萬物親密

第21章 靈性的成熟

人在靈性生活中成熟時，就更能與矛盾自在相處、欣賞生活的模糊之處，包括其中的諸多層面和內在衝突。於是便能了解生活中的反諷、隱喻，並發展出幽默感、擁抱整體的能力，以寬宏的心面對其中的美麗與醜陋。

水果成熟時，自然會從樹上落下。在靈性生活中，如果時候到了，心就像水果一樣開始成熟、變甜。我們的修行會從青澀、艱難的成長期（尋找、發展、改善自己），轉變成在奧祕中安住，從信賴外在形式轉變成安住於內心。曾有位年輕女子在剛開始修行時，因爲面對家庭的問題和父母信奉的基督教基要派會而極度掙扎，她寫道：「我是佛教徒時，父母怨恨我，但我是佛陀時，他們深愛我。」想在靈性上成熟，就要放下僵化和理想化的生命方式，在生活中找到彈性和喜悅。隨著靈性的成熟，就會帶來心的柔軟，自然表現出自在與慈悲。道家老子頌揚這種精神而寫道：

以道為中心的人，可以去任何他想去的地方而沒有危險。即使在巨大的痛苦中，他仍認識宇宙的和諧，因為他在心中找到安詳。

一九六〇到七〇年代，東方的靈性在美國開始流行時，其修行方法在一開始被理想化和浪漫化，大家嘗試用靈性來「達到高潮」、體驗超凡的意識狀態。許多人相信有完美的上師和絕妙的教法，只要加以跟隨就能達到全然的開悟，並改變世界。這種模仿和自我陶醉的性質被丘揚．創巴稱爲「靈性的物化」，表面上接受靈性傳承的儀式、服裝和哲學，實際上卻藉此逃避日常生活，只想成爲更屬靈的生命。

幾年後，大部分人就會發現，高超的狀態不會永遠持續下去，而靈性也不是離開日常生活，去尋找一種崇高、充滿光明層次的生活。我們發現意識轉化所需的練習和訓練，遠比我們想像的還要多；我們開始看見靈性道路的要求比它一開始所提供的還要多。去掉修行的浪漫憧憬之後，大家開始清醒過來，了解靈性要求我們以誠實和勇氣看清眞實的生活處境，包括我們的原生家庭、我們在周遭社會裡的位置。我們獨自或在團體中透過滋長的智慧和幻滅的經驗，開始放棄靈性生活和團體的理想化觀點，不再以之爲逃避世界或拯救自己的方式。

對許多人而言，這種轉變會成爲更深入整合和更有智慧的靈性工作基礎。靈性工作包括正當的關係、正當的生計、正當的話語，以及靈性生活的各種倫理面向。這種工作要求不再有切割分隔，並了解所有被推入陰影或加以逃避的事物，最終仍必須融入我們的靈性生活，沒有一件事會被遺漏。靈性在於我們是什麼人，而不在於我們追逐什麼理想；靈性不再是到遠方的印度、西藏或祕魯的馬丘比丘（Machu Picchu），而是回到家中。

這種靈性充滿了喜悅和整合，既是平凡的，也是覺醒的。這種靈性能讓我們在生活的驚奇之中安住，這種成熟的靈性讓神聖之光照亮我們、穿透我們。

以下探討靈性成熟時的特質：

非理想主義

成熟的心不會有完美主義：它安住在存有的慈悲中，而不在完美的楷模裡。非理想主義（nonidealism）的靈性不會尋求完美的世界，也不試圖使自己、身體與人格變得完美，不會根據外在某些極度純淨的特殊形象而對老師或開悟抱持浪漫的想法。因此靈性生活並不是尋求收穫或成就，而是去愛和自由。

納斯魯汀的故事說明了追尋完美的挫折感。有一天，納斯魯汀在市場遇見一位即將結婚的老朋友，這位朋友問納斯魯汀是否曾考慮結婚。納斯魯汀回答數年前曾想結婚，於是開始尋找完美的女人。他先到大馬士革，找到一位非常優雅而美麗的女子，但發現她缺少靈性。接下來，他到更遠的伊斯法罕，遇見一位非常有靈性，且能在世上自在生活、又很美麗的女子，可惜他們無法好好溝通。「最後，我在開羅找到了她，」他說：「她是完美的女人，充滿靈性、優雅、美麗、非常自在，每方面都很完美。」朋友問：「那你和她結婚了嗎？」「沒有，」納斯魯汀回答：「不幸的是，她要的是完美的男人。」

成熟靈性的基礎並不是追求完美，也不是要得到某種想像中的純淨感，它的基礎只是放下、愛、向一切敞開心房的能力。沒有完美的理想時，心就能把我們遇見的苦難和不完美轉變成慈悲的道路。在這種非理想主義的修行中，即使是無知和恐懼的行爲，也能被神聖照亮、穿透，引導我們對一切之中的奧祕感到驚奇，裡面沒有批判、沒有指責，因爲我們並不是嘗試使世界完美，而是使我們對地上一切的愛變得完美。牟敦就是以這種方式看待靈性，他說：

> 我好像突然看見他們內心隱藏的美麗，我看見的深度是罪惡或欲望都無法達到的，好像看見上帝眼中

的每一個人。如果他們能看見自己的本然樣貌，如果我們能以這種方式看見彼此，就不可能再有戰爭、仇恨、殘酷的行為……我認為那時的大問題就是我們會俯伏在地、互相敬拜。

仁慈

靈性成熟的第二項特質就是仁慈，這是以自我接納為基礎，而不是出於我們做過的無知行為或仍留在我們裡面的恐懼而產生的罪惡感、指責或羞愧，了解開放需要慈愛的溫暖陽光。我們太容易把靈性和宗教轉變成艾倫．瓦茲所說的「可怕的義務」。詩人瑪麗．奧利佛（Mary Oliver）寫道：

你不需要當好人，
你不需要用雙膝跪行
穿越一百哩的沙漠，表示悔改。
你只需要讓身體這個柔軟的動物
愛其所愛。

深入的自我接納會滋生慈悲的了解，就如我問一位禪師是否會生氣時，他回答：「我當然會生氣，但幾分鐘後，我會告訴自己：『生氣有什麼用！』然後就放下生氣。」這種自我接納至少占了靈性修行一半以上的份量，我們會被要求以仁慈接觸自我被否認、切斷、孤立的許多部分。成熟的靈性會反映出我們內心深處感恩與寬恕的能力，就如禪學詩人愛德華．艾斯比．布朗（Edward Espe Brown）在《塔薩加拉食

譜書》(*The Tassajara Recipe Book*)中寫道:

任何一刻,準備這一餐,
我們可能放出三萬呎的瓦斯
立刻進入空中
讓毒物落到樹葉、
蕨類和動物的皮毛上。
眼前的一切都將結束。
我們仍然繼續烹調,
將一切珍愛的
夢想放上餐桌,滋養
和保障我們親近又親愛的人。
在這個烹調的動作中,我訣別
我以前一直堅持你是唯一該被指責的人。
在這最後一刻,我睜開雙眼
凝視著你,帶著所有

被我壓抑了許久的
溫柔與寬恕。
如果沒有未來
我們還有什麼
好爭的。

耐性

靈性成熟的第三項特質是耐性。耐性能讓我們與法——即「道」和諧共處，就如莊子所說：

古時候的真人，
不以心對抗道，
也不試圖以自己的想法
來幫助道。
（莊子內篇大宗師第六：不以心捐道，不以人助天，是之謂眞人）

希臘左巴談到自己在耐性上學到的功課：

有天早晨，我在一棵樹的樹皮上看見一顆繭，一隻蝴蝶在裡面打洞，準備出來。我等了一會兒，感覺等了好久，覺得不耐煩，於是把繭折彎，向裡面吹氣，使之暖和。我盡可能用最快的速度讓它變暖，然後奇蹟在我眼前出現，繭打開了，蝴蝶慢慢爬出來，我永遠忘不了當時的驚恐，因為我看見牠的翅膀向後合攏、皺成一團，不幸的蝴蝶以全身的力量試圖打開翅膀。我把繭折彎，想吹氣幫助牠，卻失敗了，牠需要在耐性中孕育破繭的力量，因為展開翅膀的過程需要在陽光下慢慢進行。現在，一切都太遲了，我吹氣強迫蝴蝶破繭而出，卻皺成一團，因為牠的時候未到。牠絕望地掙扎，幾秒鐘後，就死在我的掌心。

成熟的靈性了解覺醒的過程需要經過許多季節和週期，它要求我們做出最深的承諾，在心中坐定，並向生活的每一部分敞開。

眞正的耐性不是爲了要有所得，也不是爲了任何成就。耐性能讓我們向超越時間的事物敞開，愛因斯坦描述時間的本質時解釋：「你若和一位美麗的女孩同坐兩個小時，好像只過了一分鐘，但你若坐在火爐上一分鐘，就好像過了兩個小時。時間是相對的。」佛陀談到要修行十萬大劫的時間，意思不是說要花上無窮的時間才能覺醒，而是指覺醒是超越時間的。覺醒不在於幾週、幾年或幾輩子，而是指現在就以愛和耐性打開自己，進入奧祕。

鈴木禪師說：「耐性這個詞的問題在於它意指我們正等待某種東西變得更好，我們在等待某種好東西出現。所以要更準確地描述這個性質，應該用『堅定』，這種能力可以在每一片刻中堅持眞理、發現開悟。」以最深入的方式來說，耐性就是了解我們尋找的是自己的本來面目，而它一直就在這裡。偉大的印度老師馬哈希在學生爲了他的身體即將死亡而流淚時，說：「你想我還能去哪裡呢？」靈性生活的成熟讓我們可以就只是安住在這裡，安住在過去一直存在、也將永遠存在的眞理中。

活在當下

靈性成熟的第四項特質就是活在當下。靈性的覺醒發生在此時此地的生活。禪宗傳統認爲：「狂喜之後，就是洗衣服。」靈性的成熟不只會在超越中展現，也會在內心展現，想要讓神聖照亮、穿透我們的每一個動作。超常意識狀態、超凡的心靈經驗、意識的巨大開啓都很重要，但其重要性不在經驗本身，而在於這些經驗促使我們轉而注意自己化身爲人，在人身中增長智慧、深化慈悲的能力。就如阿姜查所說：「就算是超凡的經驗，除非能連結到此時此地的這一刻，否則就一無是處，只不過是某種需要放下的東西。」靈性的狀態如果能照亮識見、開啓身心，就是重要的經驗，但仍只是返回永恆當下的通道，就如卡比爾說不管我們尋求的是什麼，「被找到的就是現在所找到的。」

在當下此刻，成熟的靈性允許我們「言行一致」，彼此的行動、話語及碰觸好像在反映最深處的認識。我們會變得更有活力、更活在當下。我們會發現自己的呼吸、身體和身爲人的限制，都是神聖的一部分。這種成熟會傾聽我們的身體，愛身體的每一部分，包括身體的愉悅和悲傷；它會傾聽心的聲音，熱愛心的感受能力。以這種方式活在當下，正是慈悲和了解的眞正來源。佛陀說：「只有在我們自己的身體裡，帶著它的心，才會看見束縛和苦難，也只有在此，我們才能找到眞正的解脫。」

整合而親身的神聖感

靈性成熟的第五項特質就是整合而親身的神聖感。「整合」就是不在生活中製造切割的區塊，不劃分神聖與不神聖；「親身」是在我們的言語和行爲中重視靈性。否則，我們的靈性就沒有任何眞正的價值。

整合而親身的靈性修行包括我們的工作、愛、家庭和創造力。個人和普世是相互連結的，靈性生活的普遍眞理只能在每一個特定的個人環境中實現。我們的生活方式就是我們的靈性生活，就如一位有智慧的學生所說的：「如果你眞的想了解一位禪學大師，就要和他的妻子談一談。」

靈性的整合感使我們了解，若想把光明和慈悲帶進世界，就得從自己的生活開始。眞正的靈性修行在於我們親身的生活，而不是任何特殊經驗或我們信奉的哲學。這種個人取向的修行方式，重視生活中個體和普遍的兩個面向，尊重生命是生與死之間的無常之舞，也肯定我們獨特的身體、家庭和社會，以及個人的歷史，包括我們擁有的一切喜悅與悲傷。從這個角度來看，個人的覺醒就是關乎所有生物的重要大事。

亞馬遜叢林有九百種黃蜂，每一種都會傳播一種特殊無花果樹的花粉，這些無花果樹是雨林中所有小型哺乳動物的主要食物來源，而這些小型動物又是美洲豹、猴子、野豬等動物的食物。每一種黃蜂都維繫了一條食物鏈上其他動物的生存。同樣地，世界上每一個體都有其獨特的貢獻。靈性生活的實現不可能透過模仿，而須經由個人身爲世上某個男子或女子的特殊天賦與能力來達成，這是眞正的無價之寶。當我們能肯定自己獨特的天命，就能讓自己親身的生活成爲佛陀示現的新形式。

質疑

靈性成熟的第六種特質是質疑。我們並不是要採納一種哲學，或是盲目遵循一個偉大的老師或一條迷人的道路，而是要體認我們必須爲自己而看見，這種質疑的性質被佛陀稱爲「擇法」（Dhamma-vicaya），也就是自己對眞理的研究。這是一種發現眞相的意願，沒有模仿，也不是追隨別人的智慧。曾有人告訴畢卡索，要他照事物的形狀來畫，就是畫出客觀的圖畫，畢卡索說他無法了解，那人就從皮夾拿出妻子的照片說：「你瞧，她眞的就是照片裡的樣子。」畢卡索看著照片說：「她好小，而且很扁平，不是嗎？」就像畢卡索一樣，我們必須用自己的眼睛來看事物。在靈性的成熟中，可以看見許多自主的感覺，而不是對權威的反應，但這要根據由衷的體認：我們就像佛陀一樣，可以覺醒。成熟的靈性有一種深刻的民主精神，所有人都能在其中爲自己找到神聖與解脫。

這種質疑結合了思想的開放、禪宗的「不知道」的心，和一種「分辨的智慧」，能區分有益與無益的事，能一直睜開願意學習的雙眼。帶著開放的態度，我們就能一直學習。

質疑使我們既能運用傳統的偉大智慧、向老師學習、成爲團體的一部分，同時仍與自己保持接觸，能在非常尊重自己的整合與覺醒中看見眞理、述說眞理。這種質疑可能不會使我們對自己更加確定，但能讓我們對自己更加誠實，而靈性修行也能在這種精神中充滿趣味與活力。達賴喇嘛被問到當前的流亡生活時，以這種態度回答：「有時我認爲這種達賴喇嘛的生活是最艱苦的生活，當然了，它也是最有趣的生活。」

彈性

靈性成熟的第七種特質是彈性。靈性成熟使我們像竹子一樣，可以在風中擺動，以我們的心與認識來回應世界，尊重周遭不斷變化的環境。靈性成熟的人已學會留在當下和放下的偉大藝術，彈性使他們能了解並不是只有一種修行方式，也不是只有一種美好的靈性傳承，而是有許多方式；並了解靈性生活不是採納某種特定的哲學、整套信仰或教法，不能據此反對某人或某事。這是一種心的自在，了解所有靈性工具都只是竹筏，用來跨越河流、達到自由。

佛陀在最早期的對話錄中，警告我們不要把竹筏當成彼岸，並反對採納任何僵化的主張或觀點，他接著說：「對一位不採納任何觀點的智者而言，這個世界怎麼可能會有任何造成衝突的事呢？」佛陀勸告大家以自由取代傲慢，並提醒追隨者，堅持某些哲學和觀點的人只是在四處打擾別人。心的彈性能爲靈性修行注入幽默感，讓我們看見千萬種可以覺醒的有益方法，有時適合正式而有系統的方法，有時卻適合出乎意料、不尋常而令人吃驚的方法。

瓊斯想到高中當籃球教練，他接掌舊金山殘障中心的球隊時，學會了這一課。他想讓球隊獲勝，卻在第一天發現只有四個球員來受訓，其中一位還坐在輪椅上。直到有位六呎高的黑人女性從男性盥洗室走出來，要求加入球隊，才打破僵局。教練發現光是要五個球員在球場排好、面對同一個方向，就花了四十五分鐘，於是決定丟掉原來的教學計畫。當他丟掉計畫，籃球隊反而開始成長，他們常練球，有啦啦隊長，還有熱狗可吃，不過場上常常是七或十二個人組一隊，而不是五人一隊。他們有時會在比賽中停下來玩音樂，邀請大家來跳舞。最後，他們成爲籃球史上唯一得分超過一百萬分的球隊，因爲計分員喜歡一直壓著計分板上的得分鈕，就只爲了聽得分的鈴聲。

來得容易去得快，在這種彈性中有極大的自由。我的老師阿姜查談到自己好像寧靜的樹，會結出果實，讓鳥兒有築巢的空間，在風中搖曳。彈性之道就是喜悅和寧靜。

擁抱對立面

靈性成熟的第八種特質就是擁抱對立面，這種能力可以讓心容納生命的矛盾。我們還是孩子時，會在父母提供我們所需時，把他們看成百分之百的好人；當他們無法滿足我們的欲望或不照我們的期望而做時，就把他們看成百分之百的壞人。小孩的意識發展最終會使他們清楚看見父母，了解同一個人裡面同時有好有壞，有愛，也有憤怒；有慷慨，也有恐懼。靈性修行的成熟也有類似的發展，我們不再尋找完美的父母、具有完美智慧的老師或上師，也不再嘗試找到全然美好的事物，以對抗全然不好的事物，也不會再區分受害者與施虐者。我們開始了解每一面都包含了對立面。

一位年輕女子是原生家庭裡的受虐者，她在早期的靈性修行花許多時間想療癒這種痛苦，在療癒過程中也成爲其他受虐者的諮商師，最後開始治療施虐者與加害人。處理加害人團體（幾乎都是男性）的第一年中，她很清楚什麼是對的、什麼是錯的、什麼是不可接受的、誰是犯罪的人。可是，當她深入聆聽加害人的故事，才發現這些人幾乎都曾在童年時受到虐待。她面對一群表面上看來是四十、五十、六十歲的男子，其實骨子裡是一屋子的受虐兒童。她發現許多人都被母親虐待，相當震驚；進一步了解他們的故事後，又發現他們的母親也曾被父親或家族中的叔伯虐待，可悲的虐待模式可以一代一代地回推。她該怎麼辦？她能指責誰？她只能盡一切力量說：「不，這種行爲不能再繼續下去。」然後以心中的慈悲擁抱他們，因爲施虐者與受虐者是同一個人。

人在靈性生活中成熟時，就更能與矛盾自在相處、欣賞生活的模糊之處，包括其中的諸多層面和內在衝突。於是能了解生活中的反諷、隱喻，並發展出幽默感、擁抱整體的能力，以寬宏的心面對其中的美麗與醜陋。

生命的這種矛盾其實一直在我們眼前。某禪學大師的著名故事中，學生向他詢問：「大師，請告訴我什麼是開悟。」他們穿過松林時，禪學大師指著一棵樹說：「看見這棵樹有多高嗎？」學生回答：「是。」大師又指著另一棵樹說：「看見那棵樹有多矮嗎？」學生回答：「是。」大師說：「這就是開悟。」

當我們擁抱生命中的對立面，就容納了自己的生與死、自身的喜悅與痛苦，將兩面看成不可分開的。我們會同時尊重空性和表相形式中的神聖，了解蘇菲派所說的：「向阿拉祈禱，但要拴好駱駝。」當靈性修行成熟時，我們就學會接受修行中的對立面——我們需要老師，也要爲自己的修行負責；意識有各種超越的狀態，也要以個人的方式實現它們；有業力制約的力量，也有人性全然自由的能力——成爲靈魂之舞的一部分，以輕鬆幽默的態度擁抱它，與之完全和平相處。

智慧而慈悲的關係

成熟靈性生活的下一項體會就在於關係。我們總是與某種事物相關。我們在一切事物間找到智慧而慈悲的關係，就是找到全然尊重它們的能力。我們對生活中發生的事可能沒什麼控制力，卻能選擇如何與自己的經驗建立關係。成熟的靈性就是在關係中接納生命。願意與生活中的一切建立關係，就能進入修行的精神：視一切爲神聖的。我們的家庭生活、性欲、社會、地球的生態、政治、金錢，我們與每一種存有、行動之間的關係，都表現出道（法）。一行禪師喜歡提醒我們如何洗碗盤，他問：「我們在洗每一個杯碗時，是否能像是爲新生的佛陀洗澡呢？」每一個動作都有意義，所有的相遇都和整個靈性生活有關。同樣地，我們遇到困難和問題時的細心和慈悲，就是修行的評量。成熟的靈性重視社會和人與人之間的連結，沒有一件事可以從靈性生活中排除。

平凡

靈性成熟的最後一項特質就是平凡，在某些傳承中稱爲「開悟後的修行」，這是在特殊靈性狀態和副作用消退之後的平凡。尼撒哥達塔是不二論的大師，有人問他，他的意識和周遭的尋道者有何不同，他微笑回答，他已不再認同尋道者。沒錯，他會坐著等待早餐、午餐，飢腸轆轆，也許像其他人一樣不耐煩，但其下是有如海洋般的安詳與了解。他不會陷入或認同生活中任何變化的情境，所以他和周遭的人不同，不論發生什麼事，他都是平靜的。

平凡就是在此刻單純的存在，讓生命的奧祕自己顯現出來。梭羅警告我們「小心任何需要買新衣服的活動」時，是在提醒我們以單純來向每日的驚奇敞開。如果我們能尊重意識創造無限多形式的能力，平凡就是對此時此地感到興趣。這是呼吸或走路中的平凡奧祕，也是街上的樹或對某人的愛的奧祕。這不是因爲得到某種神祕狀態或非凡力量，也不是尋找某種特殊的東西，而是放空、傾聽。

惠特曼（Walt Whitman）在詩中祝禱這種平凡，他說：

> 我相信一枝草葉的貢獻不亞於
> 群星的工作……
> 流動的黑莓也能裝飾
> 蒼穹的宮室……
> 一隻老鼠就足以是驚動眾多異教徒的奇蹟。

靈性生活的平凡來自學會信賴的心，來自對生命恩典的感激。當我們就只是自己，不僞裝也不作假，就能在宇宙中安息。在這種平凡中，沒有高下之分，不需要改善什麼、不需要渴望什麼，只是在愛與了解中向世界的喜悅與苦難敞開。這種平凡的愛與了解能爲每一種處境帶來心的自在與安詳。就像道的水流，能在石頭間找到自己的路，或一點一滴磨去石頭，逐漸向下流，回到海洋，這種平凡使我們安息。

平凡具有極大的力量，這是靈性成熟的巨大力量，這種力量能自然地療癒自己，就像我們的清明與慈悲擴及周遭世界一樣自然。深受世人喜愛的日本禪宗詩人良寬一生充滿這種平凡的精神，並以此轉化他所接觸的人。據說良寬不曾對任何人說教或訓斥他人，有次他弟弟請他來家裡，與難以管教的兒子談談。良寬來了，卻沒對這男孩說任何話。他留宿一夜，隔天早晨準備離開。任性的姪兒爲良寬繫上草鞋時，感覺到一滴溫暖的水珠滴落下來，他抬頭一看，見良寬雙眼滿是淚水。良寬離開後，姪兒的行爲改善許多。

靈性成熟時，敞開、寬恕、放下的能力會愈來愈深厚，會自然而然地解開我們的衝突、化解我們的掙扎、鬆脫我們的困難，並有能力回到喜悅而自在的寧靜。

《道德經》的古老智慧指示我們：

我只有三件事要教你們：
單純、耐性、慈悲。
這三件事是你們最重要的財富。
在行動和思想中保持單純，
就能回到生命的本源。
對朋友和敵人保持耐性，
就與萬物之道一致。

對自己慈悲，
就使世上所有生命和解。

所以智者居住在道之中
為所有生命立下榜樣。
由於他不炫耀自己，
大家都能看見他的光芒。
由於他不需要證明什麼，
大家都能信賴他的話。
由於他不知道自己是誰，
大家都在他身上認識自己。
由於他心中沒有目的，
所以他做的每一件事都會成功。

第22章 偉大的樂章

靈性生活是革命性的，它讓我們踏出個人的自我認同、文化和宗教，更直接地體驗生命中偉大的奧祕、偉大的音樂。

靈性道路上的成熟爲我們開啓了千百種可能性。我們眼前的千萬種事物會以全新的方式展現神奇而迷人的性質，我們的思考和感受好像在廣闊的調色盤上打開各種顏色，我們會更深刻地體驗生命的美麗與哀愁，以嶄新的目光觀看，聽見生命中完整的偉大樂章。

深入傾聽時，偉大的樂章會流過每個人的生命。赫曼．赫塞（Hermann Hesse）筆下的悉達多，最後坐在河邊傾聽：

他現在正專注地傾聽，完全融入、全然放空，接納一切。他覺得自己已完全學會傾聽的藝術。他以前常聽到這一切，河水中各式各樣的聲音，但今天聽起來卻完全不同，再也不能分辨不同的聲音，無法分辨歡樂和悲嘆的聲音、童稚和雄壯的聲音，它們全都彼此相屬：思念者的悲嘆、智者的大笑、憤慨的哭泣、瀕死者的呻吟，都以千百種方式交織、連結、纏繞在一起。所有聲音、所有目標、所有渴望、所有悲傷、所有歡樂、所有善惡，全部聚在一起就形成這個世界，這就是事件的水流和生命的音樂。悉達多專心傾聽這道河流、傾聽千百種聲音組成的樂章時，他的靈魂沒有被任何一種特別的聲音束縛或吸引，而是聽到一切、整體、合一——千百種聲音的偉大樂章組成一個詞：完美。

我們尚未聽見這首偉大樂章時，便只活在有限的可能性中，只透過流行的神話來看世界。我們的文化四處販售貧瘠的神話與歌曲：物質主義和占有欲的神話訴說世間的商品可以換取快樂；競爭和個人主義的神話製造了許多孤立；成就和成功的神話造成坎伯所說的「攀上梯子，卻發現爬錯了牆」；年輕的神話製造出永保青春的文化，把廣告偶像當成現實模範。這些都是執著和分裂的神話。我們文化裡的故事讓我們屏息、想保持年輕、緊抓財產、尋找完美並將它留在膠捲上，就好像只會不斷重複歌曲中的一個小音符。

每當我們試圖固著於某個特定狀態、保持某種形象或緊抓某種經驗時，我們的個人生活、專業生活和靈性生活都會受到傷害。鈴木禪師以簡單的六個字總結所有佛教的教導：「不會永遠如此。」當我們試圖重複過去的經驗，就會失去生命的眞實感，無法開啓、綻放、展現和冒險。我們身體的每個分子在七年內就會全部被取代；我們的銀河像摩天輪一樣，每一千萬年會轉一圈；四季會變換，身體也隨之改變；萬物都會呼吸，在這種呼吸與運動中，我們全都連結在一起。這種相互連結的情形為我們提供了大量的可能性。靈性生活能讓我們向周遭的壯麗音樂敞開，而不只是接受我們的觀念或計畫所形成的有限音樂，或文化硬塞給我們的故事。由此，我們便能接觸奧祕。

我有個深入修習佛教多年的學者同事，他身兼精神科醫師和心理學博士，專門研究心靈的本質，還花了數年探討巫師的特殊儀式，並研修基督教和其他神祕傳統。他決心認識世界各種偉大的宗教，開始逐頁閱讀厚達數冊的《世界宗教百科全書》（*Encyclopedia of World Religions*）。這套書詳述世界各重要宗教的教誨，每個信仰體系都有數世紀的歷史，擁有千百萬信眾，包括各種古代宗教，如阿茲特克人、澳洲原住民、祖魯人、西伯利亞巫師、哈西德教派、巴比倫人、日本神道、佛教的十個學派、基督教的十二個宗派，還有數百種其他宗教。每個體系對善惡和人性都有有力的教誨，各自都有完備的創世故事，也都會談到神祇、靈魂和神聖，以及達到神聖的方法。

我問他從中學到什麼，他敬畏地說，讓他受到強烈震憾的不是宗教，而是其中閃耀的光亮。他了解所有偉大宗教都只是自成一套的文字和概念，就好像置放在生命偉大奧祕之上的屏幕，都是一群人面對無以名之、無法認識、不斷變化的生命樂章時，試圖加以詮釋、了解並感到安全的方式。

我們要如何尊崇這種奧祕呢？從覺醒的觀點來看，生命是各種模式的演劇，樹的模式、星辰的運轉、季節的模式和每種形式的人生模式，每一個模式都可以稱爲一首歌或一個故事。詩人穆瑞兒．盧婭瑟（Muriel Rukeyser）說：「構成宇宙的是世間的故事，不是原子。」當我們靜止、專注、覺醒時，就能看見和聽到這些讓所有生命得以出現的基本模式、故事與普世原型。

偉大樂章中的個人之歌

當我們的視野開啓，就能提出非凡的問題。我們此生被賦予什麼模式和故事？我們這一世要採用什麼「個別」形式？我們繼承了什麼神話和故事，面對奧祕時，我們繼續遵循什麼故事？

我們的宗教是物質主義或馬克思主義、是充滿希望或宿命論、是孤立或共有的呢？我們追隨的是罪與掙扎的宗教，還是苦難與拯救的宗教，或是恩典的宗教？在我們跟隨的故事中，救贖的來源是什麼？

我們參與自身故事的創造，可以演出個人的神話，扮演戰士、女神、永遠的青少年、偉大的母親、國王或王后、主人、奴隸或神的僕人。我們的生活是豐富或貧乏的故事、強調的是內在或外在呢？我們是不是受害者、失落的靈魂、受苦者、敗家子、勞碌命、征服者、調停者、照顧者或聖者呢？

我們在所有故事中做出選擇，也被選擇。生活環境為我們帶來某些主題、需要完成的任務、必須面對的困難，以及有待學習的功課。我們把這些東西放入自己的故事與歌曲，只要深入傾聽，就會聽見自己選擇了什麼部分，聽見自己面對奧祕時如何創造自我認同。但我們必須自問：這就是我嗎？

靈性生活是革命性的，它讓我們踏出個人的自我認同、文化和宗教，更直接體驗生命中偉大的奧祕、偉大的音樂。

禪修的目的就是向當下敞開，艾倫．瓦茲如此說：

> 我們可以這麼說，禪修並沒有理由，也沒有目的。從這個角度來看，禪修幾乎和所有其他事情都不一樣，除了玩音樂和跳舞之外。我們玩音樂時，並不是要達到某個點，比如曲調的終點；如果這是音樂的目的，那顯然最快的演奏者就是最好的。同樣地，跳舞不像旅行，並不是為了要抵達地板上某個特別的地方。跳舞時，舞蹈本身的過程就是重點，如同玩音樂時，玩本身就是重點。禪修也一樣，禪修就是發現生活的重點總是出現在當下的片刻。

圍繞在我們四周的，向來就是奧祕。這首偉大樂章交織了喜悅與哀愁。在生與死的高山與縱谷之間，我們找到每一種聲音、每一種可能性。靈性修行並不要求我們把較多的信念放在生命頂端，它的核心是要求我們覺醒，直接面對生命，藉此打開我們的眼睛和耳朵。崇山禪師參訪佛陀在印度開悟的地點時寫下：

一位偉人曾坐在菩提樹下。
他看見東方之星，得到開悟。
他絕對相信自己的雙眼，
也相信自己的雙耳、鼻子、舌頭、身體，
和心。
天空是藍色的，大地是棕色的，
於是他向真理覺醒
並得到超越生死的自由。

佛教的修行提供人類最偉大的可能性：覺醒的可能。爲此，我們必須像悉達多一樣傾聽整首歌。我們會知道這有多難：我們會面臨自己爲了避免人生苦難而緊握不放的所有故事；要面對悲傷與恐懼的故事，以及爲了逃離人生必然的艱難與哀痛而產生的自我緊縮感；因爲缺少恆久不變的自我和萬物，而感到空虛和失落。修行中會有一段時間，整個世界可能表現出侷限而痛苦的故事，生命在其中是無常的，充滿痛苦，難以承受。我們可能會渴望脫離這種痛苦和無常，但這些觀點都只是覺醒的第一部分。

覺醒的偉大故事的第二部分，與失落或痛苦無關，而是在偉大樂章中找到自己歌曲中的和諧，我們會在面對生命的奧祕時，發現安詳和自由。在覺醒中達到這種和諧，就會在每一個困難中發現隱藏的寶藏。

在生命無可逃避的無常、失落之中，在生命的極度不穩定中，隱藏大量的創造力量。在變化的過程中，會出現豐富的新形式、新生命、新的可能性、新的藝術表達、音樂，以及百萬種生命形式。這是因爲每一件事都在變化，才有如此豐富、無限的創造力。

隱藏在世間苦難、悲傷和痛苦裡的寶藏就是慈悲。慈悲是心對悲傷的回應。我們共有生命的美麗與眼淚的汪洋，生命的悲傷是每一顆心的一部分，它讓我們彼此連結，帶來溫柔、寬容和無所不包的仁慈，能碰觸每一個生命。

西藏有一種古老的修行，用來成爲「無限慈悲的菩薩」，把自己轉化成千手觀音，擁有慈悲的心，能療癒悲傷，爲所有生命帶來安慰。總之，重要的不只是世上的悲傷，還有我們的心對悲傷的回應。

萬物的空性是指神奇的無常之道——萬物在其中生起又消失，沒有任何常住不變的自性——在空性之中隱藏了合一的禮物。有位科學家計算一個人如果在今天深呼吸一次，有百分之九十九的機會吸進凱撒最後一口氣中的分子。這項事實也適用於心和行動，我們的生命無法自外於環境、人類，以及我們與所有既存事物的關聯。

靈性修行使我們有機會發現萬物的偉大故事：我們既是一切，也是無物。我們有可能體驗每一件事都在創造和慈悲中連結，並如佛陀般安住其中。萬物都是我們的一部分，而我們卻又不是它們，並超越其上。

艾略特寫下一首簡單的禱詞：「教導我們關懷，又不在意。」他捕捉到重視每一刻珍貴性的可能，又知道它轉瞬即在偉大樂章中消逝。我們可以敞開心擁抱生命的每一次綻放，同時又不執著，我們能尊重偉大樂章中的每個音符都注定伴隨萬物生起又消逝。

一個人有沒有覺醒，只要看他是否執著於一個侷限的故事。所以佛陀說：「沒有覺醒的人會執著他的思想和感受、身體、知覺和意識，認爲它們是堅實的、與其他部分是分開的。覺醒的人也有同樣的思想、感受、知覺、身體和意識，但他們不執著、不占有、不認爲這是自己的。」

一千種覺醒方式

當我們不執著於自己生命的故事，絕佳的可能性就會爲自己開啓，而將一己的所有故事（不論是既有的或選擇的）化爲菩薩之道。我們已描述過，菩薩這種存有會出現在每一種範疇、每一種可能的形式中，運用各個形式發展無限的慈悲，喚醒彼此連結的自由之心。藉著所有故事的奧祕，在一千種形式和環境中，菩薩誓願進入其中，爲眾生帶來覺醒。

有個偉大的佛教大師說：

只要宇宙仍然存在，只要還有活的生命，願我一直存在每一種形式中，以我的心驅散世界的不幸。

這不是要我們創造自誇自大的願景，拯救世界的並不是身爲個體的「我們」、那「小小的自我」，而是放下到任何其他地方的心願。我們願意就只是在我們所在之處，進入生命的所有面向，在每一個範疇都發現其中有公義、慈悲、耐心和美德。

菩薩沒有預定的故事可以遵循。成爲菩薩是去碰觸我們內在的佛陀精神，使之閃耀在個人生活中。佛教歷史充滿千種不同的描述，談到菩薩精神如何在世上顯現。每個地方都有許多菩薩。我有一位老師在洞穴居住多年，靜靜地散發慈悲給全世界；另一位是非常有錢的商人，也指導成千上萬、遍布世界的學生進行密集禪修，他的老師是緬甸內閣的高階官員，他在辦公室教導政府官員以禪修開始每天的工作；一位女性大師是偉大的現代佛教瑜伽行者，和女兒與孫子住在加爾各答，過著簡樸的居家生活，她在只有一個房間的公寓教學，爲所有訪客獻上驚人的祝福；還有一位是照顧瀕死者的護士，另一位是幼教老師。有些人嚴厲，有些人幽默；有些人住在森林中，有些人在寺院和道場；有些人在都市中，做平凡的工作、有平凡的家庭。

這些人的行爲都流露出智慧和慈悲的精神。他們依佛性而行動，以佛性連結一切眾生。他們不執著於個人的故事，而是活在與整體的連結之中。最近有幾位西藏紅教喇嘛拜訪新墨西哥州，一位學生安排他們坐熱氣球，但他們早上抵達時，卻發現空位只夠一位僧侶搭乘。訪問他們的記者詢問其他人是否覺得失望，他們微笑回答：「不會，他爲我們全體而遊。」菩薩會爲眾生的快樂而喜悅。

透過菩薩精神，我們的自我認同可以脫離小小的自我感，離開訴說「我不夠、我需要那個、我很生氣、我想得到這個」的故事。這些渺小的觀念脫落時，會產生信任的基礎，不再追求生命的控制或擁有，而活在一切的奧祕之前，生起巨大的快樂和滿足。我們的心變得更透明，周遭的故事也變得清晰易懂。

我們可以承認來自父母、社會、學校、師長、媒體的故事。當我們迷失在苦難中，執著、笨拙地演出一場戲，卻不了解其中的功課時，便能看見其中的苦難，然後學習像悉達多一樣傾聽──不讓自己受制於某個特定的故事，不只是個受害者或征服者、不只是屬靈或唯物──我們可以傾聽，並發現自己的呼吸如何影響整體之舞，周遭的整體之舞又如何影響我們的每一口呼吸。我們會發現走出某個故事的可能性，或是把個人神話從悲傷轉化成救贖、從困難轉爲慈悲與寬恕的勝利。

偉大的佛教聖者佛使比丘提出一個關鍵的問題：「誰能解開這個世界的結？」覺醒的心能回答這個問題。我們發現一項奇蹟：心智和心靈的每一個創作都能被轉化。

菩薩的工作就是解開世上的困惑與悲傷，找到自己的慈悲心，就能解開我們的悲傷；喚醒智慧的雙眼，就能解開我們的妄想。如果你懷疑這種轉化對世界的意義，請聽瑪格麗特．米德的話：「別以爲一小群覺醒的個人無法改變世界，事實上，這是改變世界的唯一方法。」

當我們發現自己如何創造痛苦的故事，就能學習解除這些故事。馮內果（Kurt Vonnegut）的小說《第五號屠宰場》（*Slaughter-house-Five*）寫到有天晚上，在偶然的情況下，倒退著播放一部有關第二次世界大戰的電影：

數架美國飛機滿是彈孔、傷患和屍體，倒退著飛離英國機場。穿過法國上空時，幾架德國戰鬥機倒退著追逐他們，飛機和機員吸住子彈和彈殼，並以同樣的方式處理地上墜毀的美國轟炸機，於是這些轟炸機倒退著飛起來，加入機隊。

機隊向後飛到失火的德國城市上空，轟炸機打開彈艙門，伸出神奇的磁性武器，可以吸入炮彈，放入圓筒狀鋼製容器，然後把容器放入機腹，這些容器被整齊排好，收藏起來……雖然有些受傷的美國人，有些轟炸機受創，回程經過法國上空時，德國戰鬥機再度升空，但每架飛機和每個人都變得完好如初。

轟炸機飛抵基地時，鋼製圓筒容器被船運回美國，當地的工廠日夜不停地運轉，拆掉容器的蓋子，取出危險的成分，轉變成金屬。令人感動的是，在工廠工作的主要都是女人。然後金屬被船運到遠方的專家，由專家負責把金屬埋入土裡，明智地埋藏起來，才不會再用來傷害任何人。

心製造的悲傷是可以解開的，我們可以釋放自己的悲傷，向超越所有故事的偉大樂章、向永恆的法則敞開。我們可以在一生中實現自己，同時又自由地活在其中。當生命故事不再束縛我們，我們就會發現故事中更偉大的部分。我們發現在男性女性、父母子女、地球重力與四季變換的種種形式的限制中，就是我們尋找已久的自由與和諧。個人的生命是整體奧祕的表現，我們在奧祕中，可以安住於變遷的核心、所有世界的核心。

平等心的禪修

平等心是一種奇妙的特質，是心的寬廣與平衡。雖然平等心會在禪修中自然滋生，但也可以用培養慈心和悲心的方法，有系統地培養平等心。當我們體認人生不是自己能控制的，就有可能在一切生活中感覺到平衡。我們只是偉大之舞中的一小部分，即使爲別人培養無限的慈悲，努力減輕世上的苦難，仍有許多處境是我們無法改變的。著名的平靜禱詞說：「願我擁有平靜，接納我不能改變的事；擁有勇氣，改變我能改變的事；擁有智慧，能知道兩者的不同。」智慧能體認眾生都是自身業力的繼承者，他們各自行動並接受行動的果實。我們可以深入地愛別人，爲他們提供協助，但他們最終還是必須自己學習，他們才是自身自由的來源。平等心結合了認識的心智和慈悲的心。

培養平等心的方法：以舒適的姿勢坐著，閉上雙眼，輕柔地注意呼吸，直到身心平靜下來，然後深思擁有平衡與平等的心有何益處。感覺一顆平靜的心能爲周遭世界帶來什麼禮物。讓自己感受內心的平衡與自在，然後開始重複默念以下語句：「願我平衡而平靜。」承認一切事物都會生起又消逝：包括喜悅、悲傷、快樂的事件、人、建築物、動物、國家，甚至整個文明，讓自己安住在他們之中。「願我學習以平等心和平衡心看見所有本質都是生起又消逝，願我開放、平衡而平靜。」承認眾生都是自身業力的繼承者，他們的生命會根據自身製造的條件和行爲而生起又消逝。「願我以慈悲心和平等心對待世上的事件，願我找到平衡、平等心和平靜。」

第23章 開悟就是與萬物親密

把祝福帶給我們接觸的所有對象，是多麼美妙的生活方式。以心尊重、祝福、歡迎，從來就不是以宏偉、不朽的方式進行，而是在此刻以最直接、最親密的方式進行。

創立日本曹洞宗的道元禪師說：「開悟就是與萬物親密。」我們呼吸的空氣、吹過四周的風、行走其上的土地、周遭的其他生命、生活中最熟悉的事物，就是我們沉睡或覺醒的地方。如同我的一位柬埔寨老師所說：「靈修就是關於吃，我們在哪裡吃、吃什麼、如何吃。我們常常試圖吃別人，卻不讓別人吃我們，佛陀看見這種苦難而流淚。」我們可以把世界看成我們吃人和被吃的地方，也可以看成我們都有機會彼此餵食的地方。

開始靈性旅程時，我們會了解自己所做的，其實大部分是在尋找愛與被愛。本書一開始就提出這個問題：「我是否好好愛過？」親密的開悟或許就是愛，但愛是神祕的，它是我們能做的某種事嗎？舊金山禪學中心經營一間安寧病房，有位老婦人住在裡面。她生命的最後幾年無家可歸、流浪街頭，當她住入病房、接受照顧時，開始對周遭禪學環境的靈性生活感到好奇，雖然已瀕臨死亡，但她仍決定練習覺醒和慈悲的教導。一天早晨，安寧病房主任去看她，她困惑地說：「我一直在想你們說的愛與放下，似乎非常重要，但我不知道要先做哪一項，我應該放下，還是去愛呢？」兩者或許是同一件事。

愛是神祕的，我們不知道愛是什麼，但它出現時，我們會知道。如果要尋找愛，就必須詢問哪裡可以找到愛，它就在此刻的此地。過去的愛已是記憶，未來的愛只是幻想，只有一個地方可以找到愛，找到親密和覺醒，就是現在。當我們活在過去和未來的思緒中，每件事都會顯得疏離、匆忙、不滿足。唯一能讓我眞正去愛一棵樹、天空、孩子或情人的地方，就在此時此地。艾蜜莉．狄金生（Emily Dickinson）寫道：「我們都疏離地思考狂喜，直到第一位朋友過世，才發現他是我們飲入狂喜的杯子，但當時卻不知道。」只有在永恆當下的親密中，我們才能覺醒，這種親密使我們彼此連結，讓我們有歸屬感，在其中體驗到愛。藉此，我們超越了孤立、緊縮、有限的自我感。

如果探究使我們不能親密、不能愛的原因，就會發現原因總在於期待、希望、思想或幻想；讓我們不能覺醒的也是同樣的期待。覺醒並非遙不可及，而是近在眼前，如佛教經典所說：「覺醒不是什麼新發現的事，它一直存在。不需要尋找或追隨別人的勸告，而是要學習傾聽此時此地自己內在的聲音，你的身心都會變得清明，了解萬物合一。不要因爲這些教導很簡單，就懷疑其可能性。如果不能在此地找到眞理，還能在什麼地方找到呢？」

各種偉大的靈性傳統用許多方式描述覺醒和愛，有的將愛的表達當成開悟的行動；有的說開悟是靜默，而愛是由衷的了解；有的說覺醒就是在各種有形領域中的自由，而且超越所有形式。佛教的開悟稱爲解脫，意指心不會被捲入貪婪、怨恨和無知的力量，而能自然閃耀光芒。心不受這些力量束縛時，就有眞正的親密與愛。在萬物之間就有覺醒，愛能碰觸和容納萬物，而自由和無畏能進入每一種領域。所以，我們不需要脫離生活，而是安住在生活的核心，就能與萬物親密。

東非有個部落在孩子出生前就培養眞正親密的藝術。在這個部落中，孩子的生日和其他文化不同，不是誕生的日期，也不是受孕的日子。他們把生日訂為母親心中第一次想到這個孩子的日子。當母親想和孩子的父親生小孩時，就會離開村落，獨自到樹下坐著傾聽，直到聽見她想受孕的孩子的歌。聽見之後，她就回到村落，教孩子的父親唱這首歌，然後在做愛時一起唱，邀請孩子加入他們。受孕後，她會對子宮裡的寶寶唱這首歌，然後教村裡的老婦人和接生婆唱，因此在生產和出生的奇蹟時刻，孩子會在這首歌的迎接下誕生。出生後，所有村民都會學唱這首屬於這個新成員的歌，在他跌倒或受傷時唱給他聽，在歡慶的時刻或儀式和成年禮時唱這首歌。小孩長大後，這首歌也會成為婚禮的一部分；臨終時，他或她所愛的人也會聚集在床邊唱最後一次。

聽見這種故事，會讓人嚮往這種親密，可以被人如此深入地支持、傾聽。這種傾聽的同在就是禪修和眞實靈性生活的核心，以全心注意的覺察力活在當下，本身就是深刻親密的行動。人生的每一個行動都有這種可能性，包括呼吸的奧祕、身體的碰觸、別人的動作和聲音。這種簡單的同在是靈性修行的起點，也是頂點。

親密的能力建立在深入的尊重，允許事物如實呈現自身、被人發現。親密可能起於任何時刻，這是臣服的行動，是無所不容的禮物。我會在佛教婚禮中談到這種親密性質，以及我們學習與自己保持連結並尊重別人時，這種親密會逐漸增長。我以親密的眞言教導新婚夫妻，不論他們想從對方那裡得到什麼，不論他們想像婚姻應該如何，不論發生什麼出乎意料的情形，眞言只有一句話：「這也是，這也是。」

親密的學習並非易事。在分裂的文化成長，身上帶著創傷和渴望，實在很難活在當下，很難彼此尊重。就像禪修時緊隨著呼吸的氣息，或是經行時注意每一步步伐，透過一次又一次的學習，才能放下恐懼和使我們彼此遠離的狀況。這些障礙和恐懼、過去傷痛的回憶，會在我們彼此靠近、接近當下的奧祕時出現。我們常感到猶疑躊躇，想要退縮，但這也是可以用親密的注意來碰觸的議題。然後，在某一刻可以放下自我，開放地留在此地，覺醒而活在當下。當世界一次又一次爲我們提供覺醒的機會，我們所能做的就是與它相會。

就像魯米所說的：

今天就像其他每一天，我們醒來，空虛
又害怕。不要開門學習
和開始閱讀，放下揚琴。
讓我們所愛的美麗成為我們所做的事。
有千百種方法可以跪下親吻大地。

每當我們停下來親吻土地，就體認眼前的每一位男女、每一天，有多麼獨特。我們再也不會以這種方式看它。我們在親密中發現一種美麗與優雅，使萬物都有價值。生命如此短暫，所以珍貴。魯米再次提醒我們，不要哀傷獨坐：

當你走到花園，

會去看刺或花呢？

花多一點時間觀賞玫瑰和茉莉吧。

活在當下的能力在我們裡面增長時，就會發現心與萬物共處的自在。印度有位偉大的老師，每當學生向他提到禪修、工作或關係中的困難，就會提醒學生這一點。他會非常親切地傾聽，然後微笑說：「希望你享受它。」懷特（E. B. White）以相同的精神寫下：「在這個世界航行，有兩種方式，一個是改善生活，另一個是享受生活。」這是個矛盾的悖論，因爲享受和改善都是必要的。我們追求靈性的覺醒時，常常忘記享受；爲了找到眞正的喜悅，我們又必須經歷哀傷，把整個生活接納到心裡，然後產生深刻而眞摯的喜悅。

紀德（André Gide）寫道：

知道喜悅比哀傷更罕見、更困難、更美麗。

一旦有了這個極端重要的發現，

就必須擁抱喜悅，有如道德責任。

當我們開始與萬物親密，就會在這個主軸中找到安寧、幸福和完整。我們體認到自己和周遭所有生命都注定在此處，我們屬於此處，就像樹、太陽和旋轉的地球一樣，於是出現一種療癒、開啓與恩典。萬物的和諧是爲我們而有的，就像諾利其的朱利安夫人（Dame Julian of Norwich）的智慧，她如此精采地宣稱：「一切都必然安好，所有事態也必然安好。」我們在親密中發現深刻的歸屬感和完整感，使我們能碰觸所遇見的一切。

大約二十五年前，我首次以僧侶身分在泰國森林修行時，被教導在進出寺院時，要跪拜三次。對我而言，跪拜是種新的經驗。接著我又被指示在進出食堂、老師的住處和自己的小屋時，也要跪拜。最後又教我，身爲僧侶，遇到比自己資深的僧侶時，也要跪拜三次，對剛出家的我而言，意思就是要對遇見的每一個僧侶跪拜。一開始我很難做到，對於我尊敬和推崇的僧侶，跪拜並不難，但有時要向一些我認爲無知、驕傲或不值得的僧侶跪拜，有些人只比我早一、兩個月出家，我就要向他跪拜，實在很傷我的自尊心。可是，我持續向寺院、自己的小屋、每一個出現在我面前的僧侶跪拜。一段時間後，我發現內心的批評使我痛苦，也使我與別人疏遠。我開始在每一個人身上尋找某種優美、高貴或有價值的特質，於是我開始享受跪拜，我願意向每一個僧侶、寺院、所有兄弟姊妹、樹、岩石跪拜。跪拜成爲一種優美的存有方式。

當我們能與自己親密，就能向周遭一切跪拜並祝福一切。詩人葉慈爲藝術和單戀努力了數年，直到五十歲時，他坐在倫敦的咖啡館，突然領悟眞正重要的是我們能祝福別人，也被別人祝福。

我的第五十年來了又去，
我坐著，一個孤獨的男人，
在擁擠的倫敦商店，
一本翻開的書，一個空杯子
在大理石桌上。

我注視商店和街道，

身體突然發光！

大約二十分鐘

我的快樂，如此巨大，

我是被祝福的——也能祝福別人。

不論面前是什麼，都能找到祝福的能力，這就是開悟，就是與萬物親密。這是不需要理由的自由和快樂，是我們帶給每一刻、每一次相會的禮物。

八十歲的西藏大師卡魯仁波切拜訪波士頓時，到新英格蘭水族館參觀，看見各種彩色的海洋生物。他很高興看見這些美妙的生命形式，離開每個水槽前，他會輕輕拍打玻璃，因爲他看不懂禁止拍打的英文標誌，然後口中複誦六字大明咒「唵嘛呢叭咪吽」，再深深凝視最後一眼，才走到下一個水槽。有位學生問他：「仁波切，你爲什麼拍打水槽呢？」他微笑地說：「我想讓裡面的生物注意我，並祝福牠們也能得到自由。」

把祝福帶給所有與我們接觸的對象，是多麼美妙的生活方式！學習如何祝福、欣賞、尊重地傾聽、以心歡迎，實在是一種偉大的藝術。這絕不是以宏偉、不朽的方式進行，而是在此刻以最直接、最親密的方式進行。

另一位偉大的西藏上師大寶法王在生命的最後一年，在錫金有如宮殿的寺院的高貴會客室接見幾位美國訪客。大寶法王是個擁有數十萬信眾團體的靈性導師，他雖然生病了，仍親切地挪出時間，盡可能接待訪客。這幾個訪客是我的朋友，都覺得他非常溫暖、樂於接納，他與他們談話、鼓勵、祝福他們，他們覺得很棒。離開時，一位朋友說：「我覺得剛才好像和自己最親近的朋友談話。」對大寶法王而言，每位訪客都是他最好的朋友，每一刻都全心關懷和祝福面前的人，沒有其他更重要的事。

正是在每一刻的親密中，才得以實現一切靈性生活，不要到別處尋找佛陀。一位哈西德教派的拉比說：「我並不是向大師學習話語中的智慧，而是看他如何繫鞋帶和解開鞋帶。」

幾年前，我和妻子，還有兩位記者朋友，爲美國國家廣播電台訪問達賴喇嘛。身爲靈性領導者和西藏流亡政府的領袖，他像大寶法王一樣非常忙碌，但他親切地問候我們，親自倒茶給我們喝，很有耐心地回答每一個問題，特別重視靈性和社會責任的教導。之後他問我們還有沒有問題想問他，我們回答：「沒有了。」他詢問：「你們不想拍我的照片嗎？」「想！」我們這才想起這件事。我們帶了好幾台相機，但訪問時太興奮而忘了。達賴喇嘛建議我們把相機交給他的隨扈，大家才能一起合照。他站起來，張開雙臂圍繞我們，一邊兩個人，我們都笑得合不攏嘴。拍完照後，他轉向我，握住我的手。由於他曾到我們在麻薩諸塞州的一個中心訪問和演講，知道我是佛學老師，我以爲他會問我教學的情形，比如「事業做得如何？」因爲我們畢竟在同一家公司工作。但他沒有問我這些，而是緊握我的手，看著我，關心地說：「你好瘦，要多吃一點！」這是達賴喇嘛對我的祝福。

要活出心的道路，就要致力於覺醒的生活，也要關心自己遇見的一切，不論是困難或美麗，都要親密地將它帶入自己的存在與心。尋找自己眞正的道路時，我們會遇到許多令人驚奇的事，要像偉大的禪師冒險進入森林尋找遺失的牛，而在過程中發現自己眞正的本質，然後返回，進入世界，以雙手送出祝福，如經上所說：「我帶著酒瓶和雜物進入市場，我走入商店和人群，我看見的人都已經開悟。」

我希望這本書和其中關於覺醒、慈悲與親密的練習，可以爲你的生活帶來祝福，你將得到沉默、了解、寬恕的祝福，也會以你的心和雙手爲周圍的人帶來祝福。

如同禪宗詩人芭蕉（Basho）提醒我們：

寺院的鐘聲停止了
但聲音仍不斷從花朵傳出來。

附錄 內觀禪修老師的倫理準則

美國和歐洲的內觀禪修老師從一九七五年開始定期聚會，幾年下來，我們愈來愈了解身爲老師的責任，以及這個角色需要關切的事。亞洲佛教僧侶老師的行爲，受到二百二十七條戒律和亞洲習俗的嚴格規範，但當代西方社會有許多佛教團體是由未出家的老師帶領。

我們都體認到靈性生活的基礎在於我們與周遭生活建立覺察而關懷的關係，我們了解在沒有出家誓言和亞洲習俗的情形下，需要爲西方人建立清楚的指導方針。爲了保持這種認識，並爲了我們自身和整個團體的長期利益，身爲老師的我們，同意繼續維護長久以來被教導的五個佛教訓練的基本戒律。此外，在這項協定的討論中，我們精心修改這些戒律，使其在歷史上這個特殊時刻和此地的特殊文化背景中，與我們的老師角色相稱。身爲西方的內觀禪修老師，我們爲自己制定下述指導方針。

一、我們接受不殺害的戒律

接受這項戒律，就是承認所有生命相互連結及我們對所有生命的尊重。我們同意在所有行爲中提升對不殺害和不傷害的認識，並在一些困難領域中，如墮胎、安樂死、殺死害蟲，努力了解這項戒律的意涵。雖然我們之中有些人建議素食主義，有些人不贊成，但我們都承諾在尊崇生命的精神中實踐這項戒律。

二、我們接受不偷盜的戒律

我們同意不拿不屬於我們的物品，尊重別人的財產。我們同意以尊重和環保的方式，有自覺地使用地球上的所有資源。我們同意誠實地處理錢財，不會侵占奉獻給法的目標的金錢。我們同意在教學上，不會因爲學生的經濟狀況而有所偏袒。

三、我們接受不妄語的戒律

我們同意說眞話和有益的話，在團體中避免閒話。我們同意培養自覺而清楚的溝通，培養慈愛和誠實的品質，以之爲言語的基礎。

四、我們接受不做出不正當性行為的戒律

我們同意避免因爲性欲而造成傷害，也避免利用性行爲或通姦。宣誓獨身禁欲的老師會根據其誓言來生活；已婚的老師會尊重自己的婚姻誓約，避免通姦。所有老師都同意不會利用教學的角色、權威和地位，而和學生發生性關係。

因爲我們團體中有幾位單身老師已經和以前的學生發展出伴侶關係和婚姻，我們承認這種健康的關係是有可能的，但需要非常謹慎、敏銳。我們同意在這種情形下，下述的指導方針非常重要：

1. 老師和學生之間的性關係絕對是不適當的。

2.在密集禪修或正式教學中，任何關於未來師生浪漫關係或性關係的暗示都是不恰當的。

3.如果未婚老師和以前的學生在一段時間後想要發展眞誠而堅定的關係，學生必須明確改由其他老師指導，這種關係的進行必須受到約束和敏銳的注意，比如絕不應該在密集禪修之後立刻發生。他們之間最後的正式教學至少是三個月之前，而且雙方要清楚了解師生關係已經結束，還必須有自覺地承諾，彼此絕不能因為建立關係而傷害到任何一方。

五、我們接受不服用使人恍神、失去覺察力的麻醉品的戒律

物質濫用顯然是巨大痛苦的原因，我們同意在密集禪修期間或禪修場地，不應該使用麻醉品。我們同意任何時候都不濫用或誤用麻醉品。我們同意若老師有藥癮或酒癮問題時，必須立刻由團體來處理。

倫理委員會

兩千多年前，在《波羅提木叉》（*Patimokkha*，佛教僧侶的戒律規定）中，佛陀制定了一套清楚的程序，處理違反戒律的男女出家人。較輕微的情形包括正式道歉、坦承不當的行爲、重新遵守戒律。較嚴重的情形下，就要由二十位長老舉行會議，討論不當的行爲，訂出停職時間和復職的方式，而停職的成員要回到團體時，必須召開第二次會議。在非常嚴重的情形中，就會解除犯戒男女出家人的出家生活。

就像這些長老團體制定寺院生活規則，以處理問題和不當行爲，我們也體認必須在我們的團體中設立這種協調會，以處理這類困難。我們同意分別在東岸和西岸設立持續運作的倫理委員會，各由四位因正直而廣受尊敬的委員組成：

1. 一位老師（由老師選出）
2. 一位董事會成員（由董事會選出）
3. 一位工作人員（由工作人員選出）
4. 一位團體的一般成員（由董事會選出）

如果老師的倫理行為受到質疑，則：

1. 由相關的團體成員直接和老師討論，嘗試解決問題。
2. 若結果不令人滿意，或是相關議題很重要，則團體成員必須告知倫理委員會。可以透過內觀禪修中心的辦公室接洽倫理委員會。
3. 委員會將會見老師，和（或）相關的人，可能同時會見，也可能分別會見，以處理和解決問題，或是在必要時決定任何進一步解決的步驟。
4. 對關係重大、可能需要停職的事，倫理委員會將洽詢內觀禪修的教師團體，共同訂出最好的做法。
5. 倫理委員會和教師團體會根據出家人的教團規則，一起訂出一套準則，以回應倫理問題。這些準則會告知整個團體。

此外，倫理委員會和教師團體也要提出倫理準則，讓工作人員和董事會履行自己在機構中的責任。制定和發展這些指導方針時，我們希望幫助和包容整個團體，不斷提升和探討倫理生活。我們不想讓倫理委員會成爲某種說教組織，一直想找出壞老師或壞學生來處罰。我們全都有責任來共同創造整合的環境。我們邀請學生和工作人員幫助我們創造這個環境，希望我們可以分享任何感受和關心的事。

我們希望最後送到倫理委員會的議題是少見且容易解決的。透過明確表達基本的佛教戒律，以及承諾身爲老師的我們要遵守和提升戒律，顯示我們都推崇美德的生活與眾生的解脫，就像傳統在背誦戒律之後的唱誦：

不傷害的五戒
會帶來快樂，
帶來福報，
帶來眾生的解脫。
願我們的美德向外發光。

譯後記 生命、心靈與文字共舞之旅

釋自鼐

「理解」不是指理解一個理性的概念，只是純粹的心理認知操作，……而是心靈的過程，依賴領悟中所有心靈力量結為一體的活動，才能領會活生生的人類經驗。

——狄爾泰（Wilhelm Dilthey）

一本書，是作者生命情姿的展現；翻譯則是譯者從心靈、文化背景出發，暫時放下主觀立場，進入作者心靈的摸索過程，以建設連結兩種文化的橋樑工程。這個工程是譯者試圖在字斟句酌中，盡量重現作者的原意，讓讀者能感知作者的語意、觀點、價值和生命經驗。希望，也能觸動讀者的心弦……

參與本書翻譯是一種心靈饗宴，但也是一項挑戰。翻譯的挑戰在於：本書靈性修行經驗和理論兼備，有作者修行的半自傳，和助人修行的指導內容。此書包含敘述生命經驗、禪修專有辭彙、修行歷程的操作、心理治療的過程和作者對現代人靈性修行的新詮。乍看淺顯易懂、引人入勝，但企圖詮釋時，卻發現作者淵博的宗教和人文素養背景：在佛教方面，作者援引南傳、藏傳和禪宗；關於靈修方面，更旁徵博引基督宗教、猶太教、回教、蘇菲教等傳統的靈修精華。此外，靈光一現的修行體驗境界，作者常以詩句表達，很難傳神地翻譯出來。翻譯此書所要求的條件很高，譯者需具備禪修和心理治療的常識、經驗，方能妥切詮釋本書。

對讀者而言，這是一本深廣度兼備的現代心靈啓蒙書。作者深入探討心靈修行的核心原則、歷程、問題和困難，並以優美的詩句、譬喻和具體經驗的故事佐證各章主題，堪稱「整合現代心靈和心理的小百科」。在書中，作者向現代讀者指出，東方的心靈修煉和西方的心理治療同樣重要，不可偏廢一方，或輕此重彼。但這不是技術，而是從與自己的內心連結開始，勇於傾聽內心長期被壓抑的聲音。眞誠的心是生命的價值和心靈修養的核心，修養在於眞正的生命經驗，而非概念的堆砌。「我是否好好愛過？」指引語從頭到尾貫串本書，唯有向內心連結，不持續向外攀求，方能回首發現心靈本具的豐富內涵，一直在心田中汩汩湧現。

重新翻譯本書，是累積許多因緣和感動與努力的結果。最初，一群出家法師在台北組成讀書會，從各自生命經驗出發，研討本書禪修與心理治療相互啓發的內涵。隨著研討進行，發現有些譯文不易了解，便邀請擅長翻譯英文心理書籍的易之新先生考慮重新翻譯。不久，獲知張老師文化同意重新翻譯本書，由易之新先生主持，組成三人翻譯小組，並邀請到對心理和禪修有長期興趣和素養的黃璧惠教授加入。

直接和翻譯工作有關，需納入檢討有多處：如英文的 mind 和 heart，都可譯成「心」，爲區別兩者：以「心智」對應 mind，「心靈」或「心」譯爲 heart。而 heart 蘊含直覺地「眞誠、全然投入」；mind 指理智心理活動，需從文脈掌握。另外第十章有關「消融自我」的部分屬南傳佛教內觀的「觀智」部分，原著以口語的方式擇重點說明；譯者爲尊重原作，多以「洞察」翻譯。有關「觀智」內涵，可接著閱讀佛教禪修相關的專門和當代禪師書籍，如馬哈希、帕奧禪師等人的著作。

本書能順利翻譯完成，感謝很多因緣的促成：易之新先生的統籌、督促和最後總潤筆、黃璧惠教授參與翻譯、原譯曾麗文小姐流暢的譯筆、協助自鼐錄音檔轉寫的衍融法師、張予齡、黃淑芳小姐，以及潤筆標點的陳國瑩老師等人。最後，更感謝張老師文化公司及執行編輯溫芳蘭小姐，全心支持翻譯本書後續的編輯、排版工作，讓此書再次與讀者見面。

最後，邀請你我敞開心眼，好奇地試圖理解另一個生命——作者——將會發現：本書作者以客體的他者出現在讀者心中，正邀請你我站在更寬廣的視域，感知那無限的心光，正在寰宇中交互輝映！

國家圖書館出版品預行編目資料

踏上心靈幽徑：穿越困境的靈性生活指引／
傑克．康菲爾德（Jack Kornfield）著；易之新,
黃璧惠, 釋自鼐譯. -- 初版. -- 臺北市：張老師, 2008.03
面； 公分. --（心靈拓展系列；D151）
譯自：A path with heart :
a guide through the perils and promises of spiritual life
ISBN 978-957-693-715-6（平裝）
1. 佛教修持　2. 生活指導

225.87　97001660

心靈拓展系列D151

踏上心靈幽徑：穿越困境的靈性生活指引

A Path with Heart: A Guide through the Perils and Promises of Spiritual Life

作　　者→傑克．康菲爾德（Jack Kornfield）
譯　　者→易之新、黃璧惠、釋自鼐
執行編輯→溫芳蘭
封面設計→徐　璽
發 行 人 →李鍾桂
總 經 理 →廖翰聲
出 版 者 →張老師文化事業股份有限公司 Living Psychology Publishers
郵撥帳號：18395080
10647台北市大安區羅斯福路三段325號地下一樓
電話：(02)2369-7959　傳真：(02)2363-7110
E-mail：service@lppc.com.tw
讀者服務：23141新北市新店區中正路538巷5號2樓
電話：(02)2218-8811　傳真：(02)2218-0805
E-mail：sales@lppc.com.tw
網址：http://www.lppc.com.tw（讀家心聞）
登 記 證→局版北市業字第1514號
初版1刷→2008年3月
初版10刷→2011年8月
I S B N→978-957-693-715-6
定　　價→400元
法律顧問→林廷隆律師
排　　版→立全電腦印前排版有限公司
印　　製→永光彩色印刷股份有限公司

國際中文版授權／博達著作權代理有限公司